Birgit Bauer

Rudi Benzien

JOHN-LENNON-REPORT

Rudi Benzien

JOHN-LENNON-REPORT

Verlag Neues Leben
Berlin

ISBN 3-555-00808-7

Lizenz Nr. 303 (305/8/89)
LSV 7001
Umschlag: Michael Anker
Typografie: Katrin Kampa
Schrift: 10 p Maxima zart
Gesamtherstellung: (140) Druckerei Neues Deutschland, Berlin
Bestell-Nr. 644 605 9
00780

Ich widme dieses Buch der Generation, die in den sechziger Jahren in diesem Land – mit der Musik der Beatles im Ohr – ihre Prägung erfuhr.
Ich bedanke mich bei allen, die Anteil am Zustandekommen dieses Buches haben, besonders bei Tony Sheridan und meinem Freund Franz Josef Degenhardt.

Berlin, den 7. März 1989 Rudi Benzien

„Eines macht mir allerdings große Sorgen – eines Tages wird irgend so ein Verrückter auftauchen, und dann weiß nur Gott allein, was dann passieren mag.
Alle möglichen Leute rennen hier mit Waffen herum und spielen Cowboy. Sie scheinen zu glauben, daß ein Revolver ein verlängerter Arm ist ...“

John Lennon (1965)

Der Tod eines Mannes

Am 8. Dezember 1980 tickt um 23.45 Uhr der Fernschreiber in der Redaktion der „New York Post“. Gelangweilt liest der Nachtredakteur die Meldung: REPORT OF A MAN SHOT. VICTIM REMOVED TO ROOSEVELT HOSP. NOTHING FURTHER AT THIS TIME.

Eine nächtliche Schießerei in New York – keine Sensation. Die Meldung landet im Papierkorb.

Als kurz darauf bekannt wird, wer der Tote ist, rast diese Nachricht um den Erdball: JOHN LENNON ERSCHOSSEN!

Die New-Yorker Radiostationen unterbrechen ihre Programme und senden *Beatles*-Songs. Vor Lennons letztem Wohnsitz, dem „Dakota House“, versammeln sich Tausende Fans in stummer Trauer. Wenige Tage danach finden sich 100 000 Menschen im Central-Park ein, immer wieder klingt ein Lied auf: *Give Peace A Chance.* 20 000 Lennon-Anhänger drängen sich in Liverpool auf dem St. George's Square, fünf Stunden lang spielen verschiedene Bands Lennon-Songs, im Schein flackernder Kerzen singen sie: *Give Peace A Chance.*

Und das geschieht: Die Schallplattenkonzerne machen sich, ohne zu zögern, an die profitable Vermarktung des Todes von John Lennon. Drei Tage nach dem Mord werden 300 000 Exemplare von *Imagine* und *Happy Xmas (War Is Over)* gepreßt und auf den Markt geworfen, dazu kommen 100 000 Platten von *Give Peace A Chance* und *The Ballad Of John And Yoko.*

Was war das für ein Mensch, dessen Tod solche Reaktionen auslöste? Ein egozentrischer Clown, ein genialer Musiker und Dichter, ein Mann, der seine Ideale verkaufte?

Als einen Mann, der mit seiner ganzen Persönlichkeit und seinem ungewöhnlichen Talent der Sache des Friedens und der Gewaltlosigkeit diente, sehen ihn viele.

Doch aus verklärter Fan-Sicht ergibt sich nur ein unreales, idealisiertes Bild, das mit der wahren Persönlichkeit Lennons wenig zu tun hat.

Mit dem Versuch, ihn in ein engbegrenztes Klischee zu pressen, ist ihm nicht gerecht zu werden.

Wer glaubt, sein Leben hätte ausschließlich unter dem Motto „All You Need Is Love" gestanden; wer in ihm nur den Streiter für die Idee des Friedens und der Gewaltlosigkeit sieht, der übersieht zum Beispiel all die Zwänge, denen er sich in einer gesellschaftlichen Umwelt ausgesetzt sah, auf die er zu reagieren hatte, auch mit Anpassung. Im harten Showgeschäft, in einer am Profit orientierten Unterhaltungsindustrie, hat der Erfolg seinen Preis. John Lennon hat ihn gezahlt.

Unter dem Zwang der Anpassung hat er oft gelitten, entrinnen konnte er ihm nicht.

Um so beachtlicher ist die Tatsache, daß er sich unter diesen Umständen zu einem politisch engagierten Künstler entwickelte, besonders mit seinen in den Jahren 1968 bis 1973 entstandenen Songs bekannte er sich zu den Idealen der Friedensbewegung, unterstützte er die Bürgerrechtsbewegung in den USA, bezog er Stellung gegen die amerikanische Aggression in Vietnam.

Unbestritten war John Lennon ein begabter Musiker und Songdichter, dem die Popmusik vieles zu verdanken hat.

Tragisch waren nicht nur die Umstände seines Todes, sondern auch die Tatsache, daß er am Ende seines Lebens resigniert, desillusioniert und müde dem politischen Kampf entsagt hatte und den Sinn seines Daseins in seiner kleinen privaten Welt zu finden hoffte.

Liverpool

Mit dem Beginn der industriellen Revolution im 18./19. Jahrhundert und dem Ausbau des britischen Kolonialreiches wurde Liverpool zum wichtigsten Handelsplatz für Baumwolle. Welch rasante Entwicklung Stadt und Hafen nahmen, machen diese Zahlen deutlich: Von 5 000 Einwohnern im Jahre 1700 wuchs die Bevölkerungszahl auf 119 000 im Jahre 1821 und auf 552 508 gegen Ende des 19. Jahrhunderts.
Die Bevölkerung der Stadt am Mersey stellte ein buntes Völkergemisch dar: Engländer, Waliser, Iren, Schwarze aus den überseeischen Besitzungen in der Karibik und Asiaten aus den fernöstlichen Kolonien und Indien. Einen besonders prägenden Einfluß auf den Charakter der Bewohner Liverpools übte die zahlenmäßig starke Bevölkerungsgruppe der Iren aus.

Die Liverpooler genießen den Ruf, eine besondere Art von Humor zu haben, von explosiver Aggressivität zu sein und eine starke Neigung zur Spontanität zu besitzen. Eigenschaften, die sich sicher nicht *nur* aus der Mischung der verschiedenen Bevölkerungsgruppen herleiten lassen, sondern ihre Ursache im gleichen Maße in den schwierigen sozialen Existenzbedingungen hatten und haben.

Zum Beginn unseres Jahrhunderts war Liverpool nicht nur die zweitgrößte Hafenstadt Englands, sondern auch eine Stadt mit bedeutender Industrie.

Wenn die Schlote qualmten, die Auftragsbücher der Fabrikbesitzer mit Aufträgen reichlich gefüllt waren, das Export- und Importgeschäft florierte, der Hafen bis an die Grenze seiner Kapazität ausgelastet war, dann ging es den Arbeitern Liverpools zwar auch nicht gerade rosig, aber ihr Auskommen hatten sie. Anders in den periodisch wiederkehrenden Krisenzeiten. Auf dem Höhepunkt der Weltwirtschaftskrise im Jahre 1931 stieg die Zahl der Arbeitslosen im Industriebereich um Liverpool auf 100 000.

Hatte schon die schnelle industrielle Entwicklung im 19. Jahrhundert und die steil ansteigende Bevölkerungszahl eine gezielte Stadtplanung nicht möglich gemacht, so wurde der optische Ein-

Liverpool. Im Hintergrund Prachtbauten des 19. Jahrhunderts Vorn ein stillgelegtes Hafenbecken

druck durch die sich wie Krebsgeschwüre ausbreitenden Slums noch trüber. Nicht selten wird dem Namen Liverpool das Prädikat „häßlichste Stadt Englands" beigefügt.

Die Situation in der Stadt am Mersey charakterisierte der anglikanische Bischof von Liverpool, Reverend David Sheppard, in einer im Herbst 1986 vom britischen Fernsehen ausgestrahlten Sendung mit den Worten: „Wirkliche Armut ist unter uns – das ist eine Tatsache. Den Briten in Wohlstand steht ein anderes Britannien gegenüber, in dem die Mehrzahl der Arbeitslosen, namentlich in Zentren großer Städte, kaum überlebt. Die Massenarbeitslosigkeit beraubt die Betroffenen jeder Möglichkeit, ihre Zukunft zu bestimmen." Auf die besondere Lage der Bevölkerung von Liverpools Merseyside, einem der größten industriellen Ballungsgebiete Englands, eingehend, stellte Bischof Sheppard fest:

Penny Lane

„Es gibt viele 25jährige, ja sogar 35jährige, die noch nie in ihrem Leben einen Job hatten."

Liverpool ist heute eine von der Wirtschaftskrise gezeichnete Stadt. Firmenschließungen, Pleiten, stillgelegte Schiffstonnage lassen die Arbeitslosenzahlen über den Landesdurchschnitt steigen. Die kleinen Geschäftsleute, die in der Nähe des Hafens und der geschlossenen oder mit verringertem Personalbestand arbeitenden Fabriken ihre Pubs und Läden betreiben, kämpfen um den Bestand ihrer Existenz; viele müssen aufgeben, Konkurs anmelden. Der Beginn dieser Krisenentwicklung waren die sechziger Jahre. – Eine Musikhochburg ist Liverpool lange nicht mehr.

Für Touristen, die sich auf nostalgischem *Beatles*-Trip befinden, hat sich die Stadtverwaltung einiges einfallen lassen.

Wer in der Mathew Street auf der Suche nach einem kleinen, dunklen Kellerclub ist, dem „Cavern", wo einst John Lennon mit seinen *Qarrymen* ersten Erfolg zu schmecken bekam, der findet „Liverpool's Original Beatles Museum & Informationscentre". Es schließt neben Ausstellungsräumen, in denen *Beatles*-Reliquien zu besichtigen sind, einen Hotelbetrieb und gastronomische Einrichtungen ein, es gibt Souvenir-Verkaufsstände, Räume für Live-Konzerte und Multimedia-Shows. Wer sich auf *Beatles*-Spurensuche begeben will, dem bieten sich fast hundert im Stadtplan markierte Punkte an:

Penny Lane, Strawberry Fields, Johns Haus, Pauls Schule, Ringos Pub, Georges Geburtshaus ...

Der erste Tag im Leben des John Winston Lennon

9. Oktober 1940.
Dieser Tag hätte auch gleich sein letzter sein können.

Das Geburtsregister des Hospitals in der Oxford Street verzeichnet als Geburtszeit sechs Uhr und dreißig Minuten. Zu diesem Zeitpunkt tobte einer der schwersten Bombenangriffe der faschistischen Luftwaffe über Liverpool.

Seit dem 3. September 1939 befindet sich England im Krieg mit Hitlerdeutschland. Auf den Zielkarten der Bomberpiloten sind

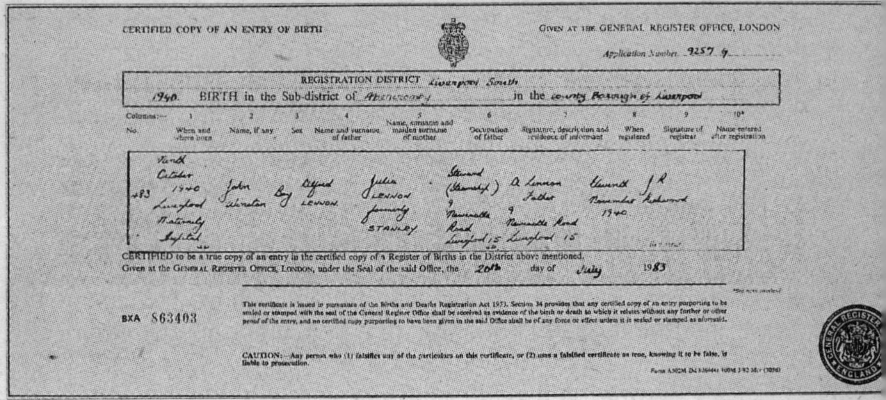

CERTIFIED COPY OF AN ENTRY OF BIRTH

GIVEN AT THE GENERAL REGISTER OFFICE, LONDON

Application Number 9257 G

REGISTRATION DISTRICT Liverpool South

1940. BIRTH in the Sub-district of Abercromby in the County Borough of Liverpool

Columns:—	1	2	3	4	5	6	7	8	9	10*
No.	When and where born	Name, if any	Sex	Name and surname of father	Name, surname and maiden surname of mother	Occupation of father	Signature, description and residence of informant	When registered	Signature of registrar	Name entered after registration
483	Ninth October 1940 Liverpool Maternity Hospital	John Winston	Boy	Alfred LENNON	Julia LENNON formerly STANLEY	Steward (Steamship) 9 Newcastle Road Liverpool 15	A. Lennon Father 9 Newcastle Road Liverpool 15	Eleventh November 1940	J R Kirkwood	

CERTIFIED to be a true copy of an entry in the certified copy of a Register of Births in the District above mentioned.
Given at the GENERAL REGISTER OFFICE, LONDON, under the Seal of the said Office, the 20th day of July 1983

BXA 863403

This certificate is issued in pursuance of the Births and Deaths Registration Act 1953. Section 34 provides that any certified copy of an entry purporting to be sealed or stamped with the seal of the General Register Office shall be received as evidence of the birth or death to which it relates without any further or other proof of the entry, and no certified copy purporting to have been given in the said Office shall be of any force or effect unless it is sealed or stamped as aforesaid.

CAUTION:—Any person who (1) falsifies any of the particulars on this certificate, or (2) uses a falsified certificate as true, knowing it to be false, is liable to prosecution.

Geburtsurkunde

Objekte im Hafengebiet markiert. Liverpools Hafen ist der Zielpunkt für die Schiffskonvois, die wichtige Versorgungsgüter wie Waffen und Munition für die englische Armee und Nahrungsmittel für die Bevölkerung aus den USA nach England bringen.

Die ersten Schreie des Neugeborenen gehen unter im Krachen der Detonationen.

Fred Lennon, der Vater des Babys, befindet sich irgendwo auf See. Der Großvater, angestellt bei der „Glasgow & Liverpool Bergungsgesellschaft" ist nur ab und zu für wenige Augenblicke im Hause, weil er auf einem Bergungsschiff arbeitet, welches das vor Liverpool verunglückte englische U-Boot „Thetis" zu heben versucht.

Zwanzig Minuten nach seiner Geburt – noch immer fallen Bomben, sinken Häuserzeilen in Schutt und Asche, brennt der Hafen an allen Ecken und Enden –, da hält ihn Mary Smith, die Schwester seiner Mutter, im Arm. Als sie das Baby liebevoll an sich drückt, explodiert in unmittelbarer Nähe der Entbindungsklinik eine Luftmine.

Fast fünfundzwanzig Jahre später, als John Lennon längst ein Stern Erster Klasse am Pophimmel war, kommentiert er diesen

Tag in seinem Buch „In his own write" in witziger Weise so: „Ich wurde am 9. Oktober 1940 gebohrt, als, glaube ich, die Nazmiefs unter Adoof Hitzler (der nur eins hatte) uns noch bombastierten. Mich haben sie jedenfalls nicht gekriegt..."

Die Eltern

Johns Vater, Fred Lennon, wurde 1912 als Sohn eines Berufssängers, der fast sein Leben lang durch die USA getingelt war, im irischen Dublin geboren. Frühzeitig verlor er die Mutter, und 1921, Fred Lennon war gerade neun Jahre alt, starb auch sein Vater. Fred wurde in das Bluecoat-Waisenhaus in Liverpool eingewiesen. Welche Erlebnisse und Erfahrungen ihn dort geprägt haben, darüber kann man nur Vermutungen anstellen. Eines hatte er während dieser Zeit sicher gelernt: wie man unter allen Umständen, auch unter den schlechtesten, überleben kann, ohne sich selbst zu verausgaben.

Als er fünfzehnjährig aus der relativ abgeschlossenen Welt des Waisenhauses entlassen wurde, war er hungrig nach Leben, nach Abenteuer. Nun wollte er sich für alles entschädigen, was er bis dahin entbehren mußte.

Eine Berufsausbildung hatte er nicht mitbekommen, dafür zwei neue Anzüge. Er fand Arbeit als Laufbursche in einem Büro. Aber bald schon merkte er, daß das Bürobotendasein nicht seine Welt war. Schon im Bluecoat hatte er den Traum gehabt, zur See zu fahren, der für Jungen aus Liverpool durchaus nicht ungewöhnlich ist: der Hafen, die in alle Windrichtungen auslaufenden Frachter und Passagierschiffe, die Lockung der Ferne... Fred Lennon musterte auf einem Liner als Schiffsjunge an.

Eine Woche nachdem er das Waisenhaus verlassen hatte, lernte er ein Mädchen kennen.

Julia Stanley, ein lebenslustiges Mädchen, dem der Sinn nach lustiger, lauter Unterhaltung stand, die auffälligen Putz und Geselligkeit liebte, war das Sorgenkind der Familie. Im Haus Stanley führte der Vater ein strenges Erziehungsregime, wogegen sich Julia auflehnte. Der Vater wollte, daß aus seinen Töchtern ordentliche Menschen werden, die die herrschenden gesellschaftlichen Normen respektieren und danach leben. Über das Verhältnis der Töchter zum Vater äußert sich Julias Schwester Mary: „Wir liebten unseren Vater, doch freuten wir uns insgeheim, wenn er auf See war und wir Mädchen ein bißchen über die Stränge schlagen konnten. Wenn ich ein Auge auf einen Jungen geworfen hatte, betete ich abends immer, Gott möge ein Schiffsunglück geschehen lassen, aber niemand sollte dabei zu Schaden kommen. Es ging ja nur darum, daß Vater mit seinem Bergungsschlepper auslaufen sollte."

Als Julia Fred Lennon mit nach Hause brachte, gab es Probleme. Die Wertvorstellungen der Stanleys waren andere als die des jungen Mannes. Fred Lennon ging nur selten geregelter Arbeit nach, dafür zog er mit seinem Banjo durch die Kneipen. Er brachte Julia das Banjospielen bei. Später zogen sie gemeinsam durch die Pubs, sangen und spielten. Ab und zu verschwand Fred Lennon für mehrere Monate, er fuhr auf Passagierschiffen als Stewart. Aber es folgten immer wieder längere Pausen, wo er jeder ernsthaften Arbeit aus dem Wege ging.

Julia gefiel diese Lebensart. Sie ließ sich ihren Fred nicht ausreden. Trotzdem dauerte es fast zehn Jahre, bis es zur Heirat kam.

Mit welchem Ernst die beiden an das Eheunternehmen herangingen, läßt sich ahnen, wenn man die Schilderung Fred Lennons hört: „Eines Tages sagte Julia zu mir: ‚Weißt du was, heiraten wir doch einfach mal.' Ich antwortete, dann müßten wir es schon richtig machen und ein Aufgebot bestellen. ‚Wetten, das machst du nicht', sagte sie. Also tat ich es doch, nur so zum Spaß. Ich und heiraten... Es war zum Totlachen."

Es ist dann auch eine sehr prosaische Hochzeit. Ohne Schleier, ohne Trauzeugen gehen sie am 3. Dezember 1938 zum Standesamt von Mount Pleasant. Nach der Trauung begeben sie sich auf Hochzeitsreise ins Kino „Trocadero". Als es Nacht wird, trennen sie sich. Julia kehrt zurück in ihr Elternhaus, Fred in sein möbliertes Zimmer. Am nächsten Morgen läuft sein Schiff zu einer dreimonatigen Reise nach Westindien aus,

Nach seiner Rückkehr lebte Fred eine Weile als ungeliebter Gast bei den Stanleys. Im Sommer 1940 ging er wieder an Bord eines Schiffes. Julia blieb schwanger zurück in Liverpool.

Auf der Geburtsurkunde des Neugeborenen stehen zwei Vornamen: John, diesen Namen hatte seine Tante Mary für ihn ausgesucht, Winston sollte nach dem Wunsch seiner Mutter sein zweiter Vorname sein, was eine Art Reverenz an den damaligen Premierminister Sir Winston Churchill war, der dem britischen Volk zum Preis von Blut und Tränen den Sieg über die deutschen Faschisten versprochen hatte. Wo sich Fred Lennon befand, wußte zu diesem Zeitpunkt niemand. Gelegentlich schrieb er Briefe an Julia, in denen er ihr mitteilte, daß er als Stewart auf einem Passagierschiff Dienst tat und bei Bordfesten als Sänger auftrat.

Jeden Monat einmal ging Julia Lennon zum Hafen in das Büro der Schiffahrtslinie, bei der ihr Mann angestellt war, und nahm seine Heuer in Empfang. John war gerade achtzehn Monate alt, da stellte die Reederei die Zahlungen an Julia ein, weil Fred Lennon abgemustert hatte.

In New York sollte Fred Lennon von dem Passagierschiff, auf dem er als Oberstewart fuhr, umsteigen auf ein Liberty-Schiff, eine Schiffsklasse, die speziell dafür gebaut wurde, um in Geleitzügen über den Atlantik kriegswichtige Güter nach England zu bringen.

Er versuchte, sich dieser Pflicht zu entziehen. Er begründete seine Entscheidung, nicht auf das Liberty-Schiff zu steigen, damit, daß es für ihn einen gewaltigen Abstieg bedeutet hätte, wenn er vom Oberstewart auf einem Passagierschiff als zweiter Stewart auf ein Liberty-Schiff gegangen wäre. Das war jedoch nur die halbe Wahrheit. Die von Amerika nach England gehenden Geleitzüge standen als sogenannte „Himmelfahrtskommandos" in schlechtem Ruf. Die U-Boote der faschistischen Kriegsmarine fielen wie Haie über die Konvois her, und viele Schiffe beendeten ihre Fahrt nicht in ihrem englischen Bestimmungshafen, sondern torpediert auf dem Grund des Atlantiks.

Der in großen Teilen der Bevölkerung während der Kriegszeit herrschende Patriotismus, die Bereitschaft, alles für den Sieg

Englands über Hitlerdeutschland zu tun, paßte nicht in Fred Lennons Lebenskonzept.

Kurz vor Auslaufen des Liberty-Schiffes betrank sich Fred Lennon und verpaßte vorsätzlich die Abfahrt. Er wurde interniert und bald darauf mit einem anderen Liberty-Schiff, das nach Nordafrika auslief, abgeschoben. Unmittelbar nach der Landung in einem Hafen an der nordafrikanischen Küste wurde er wegen Diebstahls verhaftet und für drei Monate ins Gefängnis gesteckt.

Geld für ihren Unterhalt und den des kleinen John sah Julia nun nicht mehr. Ab und zu kamen Briefe von Fred Lennon in Liverpool an, damit glaubte er seine Pflicht gegenüber Frau und Kind erfüllt zu haben. In einem dieser Briefe schrieb er seiner Frau: „Es ist Krieg, amüsier Dich gut, Liebling!"

Diese Aufforderung hätte er sich sparen können, Julia Lennon ging auch unaufgefordert ihren Vergnügungen nach.

Sie führte einen Lebenswandel, bei dem sie der kleine John störte. Aber es gab jemanden, der mit Argusaugen alles verfolgte, was Julia tat und ließ: ihre Schwester Mary. Fast täglich besuchte sie Julia, um nach John zu sehen, um zu helfen, wo sie konnte. Sie redete Julia ins Gewissen, ihren Lebenswandel zu ändern, sich mehr um ihr Kind zu kümmern. Ihre Ermahnungen blieben ohne Wirkung.

Mary war mit einem Molkereibesitzer verheiratet und führte ein Leben, das den Normen guter Bürgerlichkeit entsprach. Mit ihrem Mann wohnte sie in einem Doppelhaus in der Menlove Avenue im Liverpooler Stadtteil Woolton, einer noblen Gegend, einem „Bessere-Leute-Viertel".

Mary war von dem Augenblick an, wo sie John in der Klinik im Arm gehalten hatte, in ihren Neffen vernarrt. Was wohl seinen Grund darin hatte, daß sie ihre Kindheit und Jugend in der Gesellschaft von vier Schwestern verbringen mußte. Als junge Frau wünschte sie sich nichts sehnlicher, als einen Sohn zu bekommen. Aber ihre Ehe mit George Smith blieb kinderlos. Sie überzeugte Julia, daß es besser wäre, wenn sie das Kind zu sich in die Menlove Avenue nehmen würde. Julia war einverstanden.

Mary Smith erzählt: „Damals sagte ich, ich würde John gern mit in die Menlove Avenue nehmen, damit er dort bei mir und George aufwächst. Ich wollte, daß es ihm gut geht und er nie das

Gefühl haben sollte, jemandem im Wege zu sein. Ich hatte mich entschlossen, diejenige zu sein, die ihm das gibt, worauf jedes Kind ein Recht hat, ein harmonisches Familienleben."

Als John dreieinhalb Jahre alt war, wußte er genau, daß Mary Smith, die er Mimi nannte, nicht seine Mutter war. Mama sagte er zu Julia. Nachdem sich Julia Lennon lange Zeit nur selten in der Menlove Avenue hatte sehen lassen, kam sie nun fast täglich nachmittags für ein bis zwei Stunden. In dieser Zeit bildete sich ein sehr enges Verhältnis zwischen John und seiner Mutter heraus, das einen prägenden Einfluß auf die Entwicklung des Kindes gewann. Von Julia ging allerdings keinerlei Erziehungsanspruch aus, sie spielte mit ihm, gab allen seinen Wünschen nach, trieb mit ihm nur, was ihm Spaß bereitete.

Tante „Mimi", die „ihren" John liebte und ihn wie ihren Augapfel hütete, hatte jedoch Erziehungsarbeit zu leisten. Sie stellte Anforderungen, brachte ihm Normen bei, achtete auf deren Einhaltung. Kein Wunder, daß bei dieser Konstellation bei dem Kind der Wunsch entstand, immer bei seiner Mutter zu leben, was jedoch Julias Lebensumstände nicht zuließen. Wie sehr diese Erfahrung John Lennon seelisch, weit über seine Kindheit hinaus, belastete, läßt sich ahnen, wenn man sich die Zeilen des Songs *Mother* ansieht, die er schrieb, als er fast dreißig Jahre alt war.

> Mutter, du hattest mich, aber ich hatte dich niemals.
> Ich suchte dich, aber du suchtest mich nicht ...
> Vater, du hast mich verlassen, aber ich verließ dich nie.
> Ich brauchte dich, aber du brauchtest mich nicht ...
> Mutter, geh nicht weg.
> Vater, komm nach Hause.

Mary und George Smith waren entschlossen, ihren Neffen zu adoptieren. Fred Lennon und auch Julia waren damit einverstanden. Nur weil die beiden sich nie bereitfanden, die nötigen Formalitäten zu erledigen, kam es nicht zur Adoption.

Auf den Straßen zwischen Penny Lane und Strawberryfields

Als John fünf Jahre alt wurde, meldete ihn Tante Mary in der „Dovedale Primary School" an.

Es sah so aus, als würde eine „Wunderkindkarriere" für John Winston beginnen. Nach fünf Monaten konnte er schreiben und lesen. Der Direktor der Schule bescheinigte John, daß er ein sehr gescheiter Junge sei, der alles könne, was ihm Spaß mache, der nichts nach vorgegebenem Muster mache, sondern sehr schöpferisch sei.

Mit dem Eintritt ins Schulleben begann für John die Eroberung einer neuen Welt. Lebte er bisher wohlbehütet im abgeschirmten Kreis der Familie seiner Tante, in dem er eine bevorzugte Rolle spielte, so mußte er sich nun in der Schule und auf der Straße gegen Konkurrenz durchsetzen. Für seinen Tatendrang boten die Schule auf der einen Seite und die Straße auf der anderen neue, aufregende Möglichkeiten.

Mary Smith beobachtete argwöhnisch die Entwicklung ihres Neffen. Nun, wo er zeitweilig ihrer Aufsicht entzogen war, fürchtete sie, er könne negativen Einflüssen ausgesetzt sein. Sie wachte über seine Freundschaften. Nur wer aus „gutem Hause" kam, wurde von ihr akzeptiert. Daß sich John in der Schule gut machte, beruhigte sie.

Sie fürchtete, ihr John könne in die Spur seines Vaters geraten, dessen Lebenswandel sie ablehnte. Diese Furcht ließ sie nicht selten strenger zu ihrem Zögling sein, als sie eigentlich wollte. Dadurch zwang sie John, sich hinter ihrem Rücken auszutoben. Zu seinem Onkel George hatte John ein kameradschaftliches Verhältnis, weil dessen Zuneigung nicht so besitzergreifend war, wie die Liebe seiner Tante.

Als John schreiben und lesen konnte, fand Onkel George dann und wann kleine Zettel unter seinem Kopfkissen, auf denen stand: „Lieber George, würdest Du mich heute abend waschen und nicht Mimi?" oder „Lieber George, willst Du nicht mit mir ins Woolton-Kino gehen?" Nach Tante Marys Reglement mußte er sich damit begnügen, einmal im Jahr zum Weihnachtsspiel ins

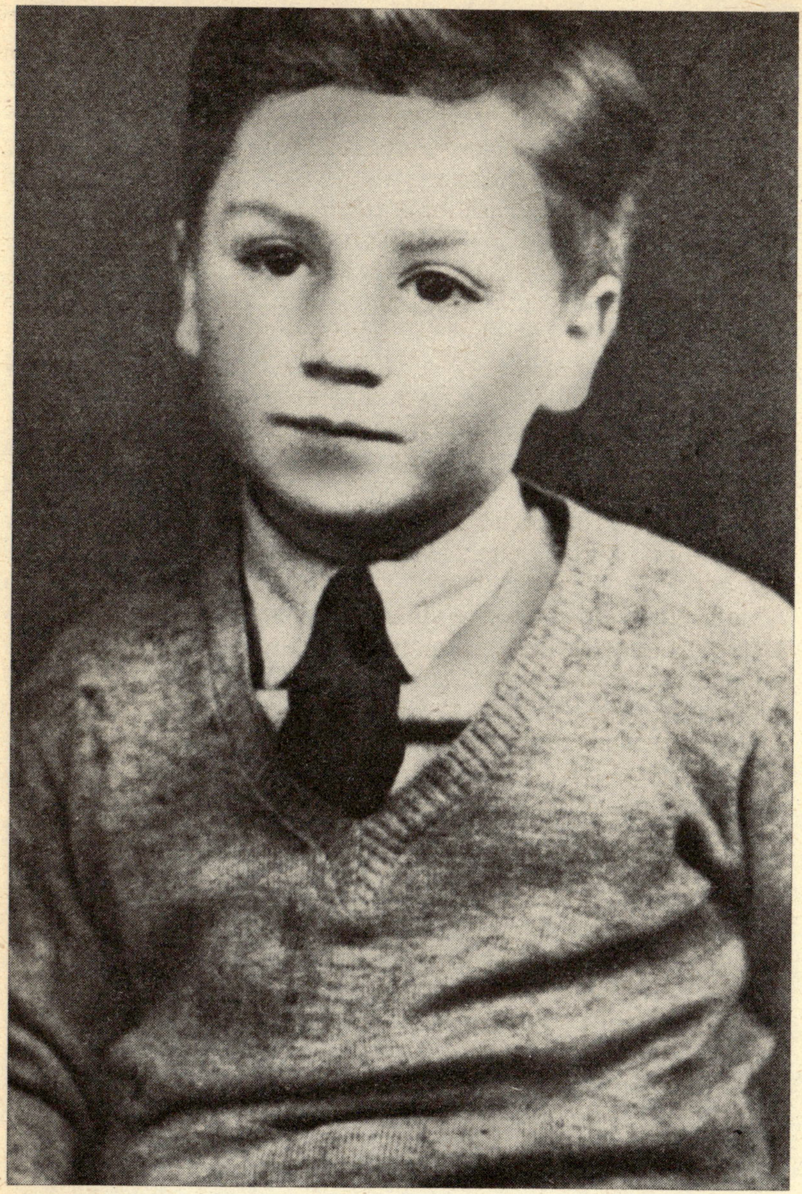

Als Schüler der Dovedale Primary School (1949)

„Liverpool Empire" zu gehen, und im Sommer erlaubte ihm seine Tante, sich ab und zu einen Walt-Disney-Film anzusehen. Die weihnachtlichen Theaterbesuche bewegten den Jungen außerordentlich, sie regten ihn an, selbst kleine Gedichte und Geschichten zu schreiben und Bilder dazu zu malen, in denen die Figuren, die er auf der Bühne gesehen hatte, eine Rolle spielten. Gerade sieben Jahre war er alt, als er damit anfing, eigene „Bücher" zu schreiben. Eines hatte den Titel „Sport and Speed Illustrated". Karikaturen, Witze, Fotos von Filmstars und Fußballspielern, aus Zeitungen ausgeschnitten, klebte er in ein Heft ein. Der Höhepunkt war eine selbsterfundene illustrierte Geschichte, die mit der Ankündigung endete: „Wenn euch dies gefallen hat, kommt nächste Woche wieder. Es wird alles noch besser."

John las sehr viel, was seine Phantasie anregte. Von „Alice im Wunderland" war er so begeistert, daß er alle Figuren zeichnete. „Ich lebte wie ‚Alice' und ‚Just William'. Ich schrieb meine eigenen William-Geschichten, wobei ich alles selbst erlebte. Später verfaßte ich dann richtige Gedichte, darunter gefühlvolle Sachen, die ich in Geheimschrift schrieb, damit Mimi sie nicht lesen konnte. Wenn ich ein Buch gelesen hatte, wollte ich die Handlung selbst noch einmal erleben. Deshalb wollte ich in der Schule auch immer der Anführer sein. Ich wollte, daß alle die Spiele spielten, von denen ich gerade gelesen hatte."

Wer bei diesen Spielen welche Rolle zu spielen hatte, das bestimmte John. Widerspruch duldete er nicht. Er forderte von seinen Spielkameraden Unterordnung.

John lernte Pete Shotton kennen und Nigel Whalley, der mit Pete dieselbe Schule besuchte. Zu den dreien stieß dann noch Ivan Vaughan, ein Schulkamerad von John. Bald waren die vier Jungen eine in Woolton gefürchtete Bande.

Eines der harmloseren Spiele der vier verschworenen Freunde war dies: Einer kletterte auf einen Baum, der dicht an der Hauptstraße stand, bis zu einem Ast, der über die Fahrbahn ragte, und ließ ein Bein herunterhängen. Wenn dann der Doppelstockbus darunter hinwegbrauste, mußte man schnell das Bein hochziehen. Der ungekrönte König war jeweils der, dem es gelang, dabei das Busdach mit dem Bein zu berühren.

Tante Mary ahnte nicht, daß ihr John und seine drei Kumpane

Mit seiner Mutter Julia

trickreich im Bonbonladen gleich um die Ecke stahlen, was ihnen unter die Finger kam. Im Spielzeugladen in der Nähe der Badeanstalt waren sie auch „Stammkunden".

Bei John, der bei all diesen Aktionen der Anführer und Anstifter war, entwickelte sich zunehmend eine Neigung zur Gewalt. Später wird er das so erklären: „Ich war aggressiv, weil ich im Mittelpunkt stehen wollte. Jeder sollte das tun, was ich wollte, über meine Witze lachen und mich als Boß anerkennen. Jeder mußte überzeugt sein, daß ich der Stärkste war. Und meine Stärke konnte ich nur demonstrieren, indem ich die anderen niederknüppelte ... Ich habe mich durch ganz Dovdale hindurchgeprügelt oder mit der psychologischen Masche aufgetrumpft, wenn jemand stärker aussah als ich. Ich drohte dann mit solcher Kaltblütigkeit, sie zu verhauen, daß sie glaubten, ich könnte es ...

Wenn eine Sache aufflog und alle erwischt wurden, bekamen sie mich als einzigen nicht zu fassen. Im Augenblick hatte ich zwar Angst, daß Mimi etwas erfahren könnte, aber sie war die einzige von allen Müttern, die von allem nichts mitkriegte."

Bei Tante Mimi und Onkel George war er konkurrenzlos der Erste. Anders auf der Straße, da mußte er sich diese Position erkämpfen. Anerkennung war nur zu erringen, wenn er stärker, mutiger, ja auch großmäuliger als die anderen war.

An der „Dovedale Primary School" war er ein bei den Lehrern beliebter Schüler, der keine auffälligen negativen Verhaltensweisen zeigte. Besonders auf sich aufmerksam machte er durch seine musische Begabung. Er zeichnete sehr gut und hatte eine schöne Stimme.

Zusammen mit seinem Freund Nigel Whalley – dessen Vater Polizist war, was Tante Mary freute, weil sie glaubte, deshalb müsse Nigel einen besonders guten Einfluß auf ihren John ausüben – sang John im Kirchenchor von „St. Peter" in Woolton. In seinem weißen Chorhemd ähnelte er zwar einem Engel, aber ständig dachte er sich Clownerien aus, die die anderen Chorknaben zum Kichern brachten.

Als John zwölf Jahre alt wurde, wechselte er zusammen mit Pete Shotton von der „Dovedale Primary School" zur „Quarry Bank Grammar School" über, einem Gymnasium in der Harthill Road.

Tante Mary staffierte John so aus, wie sie es für standesgemäß hielt. Beim Schneider ihres Mannes ließ sie für ihren Liebling einen schwarzen Blazer nach Maß anfertigen, geschmückt mit einem in rot und gold gehaltenen Stierkopf, dem Wappen der neuen Schule.

Für John Lennon bedeutete der Übergang zum Gymnasium eine Zäsur in seinem Leben. Er selbst stellte es Jahre später in einem Interview so dar: „In Dovedale war ich immer ehrlich gewesen und hatte immer nur die Wahrheit gesagt, wenigstens darin

Vor dem Haus seiner Tante Mary in der Menlove Avenue (1950)

tat ich mich hervor. Aber ich fing auch nach und nach an zu begreifen, daß dies im Grunde idiotisch war. Also ging ich dazu über, bei jeder Kleinigkeit zu schwindeln ... Auf dem Gymnasium kam ich mir schon verdammt verloren vor.

Warum schickten sie micht nicht auf eine Kunstakademie? Warum zwang man mich, genauso den tapferen Cowboy zu spielen wie die anderen Kinder? Ich war anders, ganz anders, und das war ich schon immer gewesen. Warum gab es niemanden, der mich erkannte, der meinen Genius sah?

Ich erinnere mich wohl an zwei Lehrer, die irgend etwas in dieser Richtung bei mir vermuteten, die mich dann auch ermutigten, etwas anderes in Angriff zu nehmen, mein Glück in einer anderen Richtung zu suchen, zu malen oder zu zeichnen, mich selbst auszudrücken, mich selbst zu verwirklichen. Doch die meiste Zeit versuchte man, aus mir einen verdammten Zahnarzt oder gar einen Lehrer zu machen ..."

Es ist nicht eine prinzipielle Schulfeindlichkeit, die John Lennon oft unterstellt wird, die sich in dieser Aussage manifestiert, vielmehr deutet sich hier ein ganz anderes Problem an: John war von besonderer Sensibilität, mit wacher Aufmerksamkeit nahm er die ihn umgebende Wirklichkeit auf, seine reiche Phantasie ließ ihn sich oft aus der Realität wegträumen. Dazu kam ein besonderer Charakterzug, sein übersteigertes Geltungsbedürfnis. Er wollte von seiner Umwelt anerkannt, von allen geliebt werden.

Die Oppositionshaltung, die John während seiner Gymnasiastenzeit bezog, resultierte aus der Ablehnung jedes äußeren Zwangs.

Ein Schulsystem wie das englische, mit Prügelstrafe, Leistungszwang, strengen Normen und eiserner Disziplin provozierte bei John, wie bei den meisten seiner Altersgefährten, entsprechende Gegenhaltungen. John fühlte sich beengt, in seiner Freiheit beschränkt und wehrte sich mit provozierender Disziplinlosigkeit und Aufsässigkeit, was ihm bei den meisten seiner Lehrer Ungnade und Strafen, aber bei seinen Mitschülern Bewunderung einbrachte.

Tante Mary entging diese Entwicklung nicht. Die Motive dafür erkannte sie jedoch nicht. So versuchte sie auf ihre Art einzugreifen. Sie reagierte mit endlosen Vorhaltungen, Stubenarrest und

Kürzung des Taschengelds. Ihr Erziehungskonzept war darauf gerichtet, John eine gradlinige Entwicklung zu einer gutbürgerlichen Existenz zu garantieren.

John wich dem Druck, der von seiner Tante kam, aus, indem er sich zu Hause weitgehend anpaßte. Gegen seine Tante kämpfte er nicht, weil er wußte, sie liebte ihn, ihr wollte er vorsätzlich keinen Ärger bereiten.

Obwohl Ivan und Nigel nun auch andere Schulen besuchten, ging die alte Freundschaft zu John und Pete nicht in die Brüche. Nach der Schule trafen sie sich wie eh und je, um gemeinsam die Gegend zwischen Penny Lane und Strawberry Fields unsicher zu machen. Allerdings konnten sich Ivan und Nigel in der Schule mit ihren Leistungen sehen lassen. Bei John und Pete sah es anders aus. Von Pete Shotton ist zu erfahren: „Wir begannen in unserem ersten Jahr ganz oben und sanken gemeinsam allmählich in den Keller. Einmal mußten wir zum Direktor, um uns eine Strafe abzuholen. Ich hatte große Angst. John hatte keine, jedenfalls zeigte er es nicht. Während wir vor dem Direktorenzimmer warteten, erzählte mir John, daß der Rohrstock in einem Futteral, das innen mit Samt ausgeschlagen und außen mit Juwelen besetzt ist, aufbewahrt wird. Da mußte ich lachen, obwohl ich Angst hatte."

Das Jahr 1953 brachte für John Lennon zwei Ereignisse, die wesentlichen Einfluß auf seine weitere Entwicklung hatten. An einem Sonntag erlitt sein Onkel George einen Blutsturz, den er nur wenige Stunden überlebte. Damit verlor John einen Freund, der oft mildernd eingegriffen hatte, wenn ihn seine Tante zu hart in die Pflicht nahm.

Etwa zur gleichen Zeit ließ sich Julia, seine Mutter, wieder öfter im Hause in der Menlove Avenue sehen. Mit Freude stellte sie fest, daß sich ihr Sohn gut entwickelt hatte. Weniger groß war die Freude über Julias Auftauchen bei Mary Smith, die John gern weiter von Julia isoliert gesehen hätte.

Julias ungezwungener Lebensstil, ihre Heiterkeit beeindruckten John ungeheuer, das alles war ein scharfer Kontrast zur Strenge seiner Tante. Wenn er Julia besuchte, spielte sie ihm etwas auf dem Banjo vor. Sie brachte ihm das Spielen auf diesem Instrument bei.

John betrachtete Julia nicht als Mutter, sondern mehr wie seine ältere Schwester. Von ihr hörte er nicht die Vorwürfe, die er bis zum Überdruß von seiner Tante und seinen Lehrern zu hören bekam; sie stellte keine Forderungen an ihn. Im Gegenteil! Sie lachte über seine Streiche, ermunterte ihn, alles zu tun, woran er Spaß hatte. Sie bekundete Verständnis für sein provozierendes Verhalten in der Schule.

„Bei der Hausarbeit trug sie meistens einen alten Damenschlüpfer aus Wolle auf dem Kopf. Sie machte uns die Tür auf und die Schlüpferbeine hingen ihr auf den Rücken herunter. Sie kümmerte sich nicht darum, wenn wir die Schule schwänzten", erinnerte sich Pete Shotton.

Tante Mary sah diese Entwicklung mit großer Besorgnis. Sie versuchte, Johns Kontakte zu Julia einzuschränken, was ihn dazu zwang, die Besuche bei seiner Mutter durch Schwindelei zu tarnen.

Mary Smith, die ihrem Neffen von klein auf einredete, er sei etwas Besonderes, besser als alle anderen Jungen aus seinem Freundeskreis, und überhaupt komme er aus einem guten Haus, erzeugte damit bei John Überheblichkeit.

„Menschen wie ich spüren ihr Genie normalerweise im Alter von zehn, neun oder acht Jahren. Ich fragte mich immer: Warum entdeckt mich denn niemand? Zum Beispiel in der Schule – erkannte denn keiner, daß ich viel besser, intelligenter, genialer war als der Rest? Sind etwa auch die Lehrer so blöd? Was sie mir auf den sogenannten Lebensweg mitgeben konnten, interessierte mich sowieso nicht", mit diesen Worten beschrieb John Lennon, als er dreißig war, die Situation gegen Ende seiner Schulzeit.

Seine Schulzeugnisse zierten Bemerkungen wie: Hoffnungslos. Stört den Unterricht durch Clownerien. Unerhörtes Benehmen. Er hält die anderen Schüler vom Lernen ab …

Seine Leistungen sanken so weit ab, daß er nicht versetzt wurde.

Alles gute Gründe für Tante Mary, sich Sorgen um ihren Zögling zu machen.

Es bestand die Gefahr für den Jungen, ins Kriminelle abzugleiten. John legte sich einen Plan zurecht, um gemeinsam mit einem anderen Jungen einen Laden auszurauben. Alles hatte er perfekt durchdacht. Nächtelang schlich er mit seinem Freund durch die Straßen und beobachtete verschiedene Geschäfte. Es ergab sich keine günstige Gelegenheit, und sie ließen den Plan fallen.

War bis zu diesem Zeitpunkt sein Tatendrang und seine überschäumende Phantasie nur darauf gerichtet, Anerkennung und Zuneigung zu gewinnen, so deutete sich nun der Anfang eines speziellen Interesses an.

In der Jackentasche seines Schulblazers trug er ständig eine zerbeulte Mundharmonika mit sich herum, ein Andenken an seinen Onkel George. Wo er ging und stand, versuchte er, diesem Instrument Melodien zu entlocken, darüber vergaß er nicht selten seine Schulaufgaben. Tante Mary beobachtete sein sich steigerndes Interesse für Musik mit Argwohn. War nicht sein Vater singend und Banjo spielend durch Bierkneipen getingelt, um sich auf diese Art und Weise über Wasser zu halten? Eine solche Perspektive wollte sie für ihren John nicht. Wenn es schon die Musik war, die ihn interessierte, dann wollte sie ihm eine ordentliche Ausbildung zuteil werden lassen.

„Ich wollte ihm Musikunterricht geben lassen, Klavier oder Geige. Aber davon wollte er nichts wissen. Er konnte sich einfach nicht mit etwas abfinden, was feste Unterrichtsstunden voraussetzte. Er wollte alles immer gleich tun können, sich nicht die Zeit nehmen, es zu lernen", klagte seine Tante.

Seinen ersten musikalischen Erfolg errang er nicht auf irgendeiner Bühne, sondern auf einer Busfahrt nach Edinburgh. Er spielte während der ganzen Fahrt auf seiner ramponierten Mundharmonika. Dem Busfahrer gefiel Johns Spiel so, daß er zu ihm sagte: „Junge, komm morgen früh zur Busstation, dann schenke ich dir eine ganz neue Mundharmonika." Der Busfahrer hielt sein Versprechen. Für John war das ein ermunterndes Erfolgserlebnis.

Das Rock'n Roll-Fieber

Mitte der fünfziger Jahre kam der Rock 'n' Roll aus den USA über den Atlantik und breitete sich erst in England, dann in ganz Westeuropa aus. Diese Musik, die aggressiv und viel zu laut in den Ohren der älteren Generation klang, wurde von den konservativ eingestellten Musikredakteuren der englischen Radio- und Fernsehstationen erst mal boykottiert. Unter dem massiven Einfluß der Schallplattenindustrie, die einen neuen, Profit versprechenden Markt entdeckt hatte, änderte sich sehr schnell die ablehnende Haltung der Medienmacher und schlug ins Gegenteil um. Zur schnellen Verbreitung der Rock 'n' Roll-Musik trug nicht unwesentlich eine neue technische Möglichkeit bei: Das Kofferradio. Jeder Jugendliche war damit in der Lage, wo er ging und stand, seine Musik zu hören, ohne daß ein Erziehungsberechtigter reglementierend eingreifen konnte. Dazu kam, daß viele Radiostationen – erst in Amerika, dann auch in England und anderen Ländern – in speziellen Sendungen, deren Anteil am Gesamtprogramm sich ständig vergrößerte, diese Musik an das jugendliche Publikum brachten, so Hörgewohnheiten etablierten und gleichzeitig eine enorme Nachfrage provozierten. Plattenspieler, durch Massenproduktion für viele erschwinglich, neue Produktionstechnologien bei der Schallplattenherstellung trugen zur Verbreitung der Musik bei. Noch bessere Möglichkeiten bot später die Entwicklung der Tonbandtechnik bis hin zum Kassettenrecorder.

In zunehmendem Maße spielte das Medium Fernsehen eine wichtige Rolle bei der Popularisierung des Rock 'n' Roll.

Auf Jugendliche von vierzehn bis zwanzig hatte diese Musik elektrisierende Wirkung. In den Zwängen eines antiquierten Schulsystems – mit strengen Normen und Regeln, mit Prügelstrafe und Arrest – und mit Eltern, die auch auf die Einhaltung von disziplinierenden Regeln achteten, empfanden die Jugendlichen den neuen Rhythmus als befreiend. In diesem Alter, das geprägt ist von Bestrebungen, sich vom Elternhaus zu lösen und gegen alles zu opponieren, mußte die heftige Ablehnung von seiten der Elterngeneration die Wirkung der neuen Musik auf Jugendliche zwangsläufig verstärken. Die Kritik der Erwachsenen gegenüber dem Rock 'n' Roll gab ihren Kindern das Gefühl, nun etwas zu haben, das nur ihnen gehörte.

Der aggressive Rock 'n' Roll, wie er in der Anfangszeit von Bill Haley *(Rock Around The Clock),* Little Richard *(Wop-hop-a-lou-*

bop-a-lop-bam-boom) und Elvis Presley *(Heartbreak Hotel)* zelebriert wurde, traf genau den Lebensnerv der jungen Leute. Angestaute Frustration und Unzufriedenheit konnten sich in Geschrei und Bewegung entladen.

Die Rock 'n' Roll-Musik kam nicht plötzlich aus dem Nichts. Sie hatte ihre Wurzeln in der Folklore der afroamerikanischen Bevölkerung der USA, im von unsozialen Lebensumständen geprägten schwermütigen Südstaaten-Blues und den verschiedenen Jazzformen wie zum Beispiel dem New-Orleans-Jazz. Durch die sich schnell entwickelnde Industrialisierung gegen Ende des vorigen Jahrhunderts wanderten mehr und mehr Afroamerikaner aus den Südstaaten in die großen Städte des Nordens. Ihre Musik veränderte sich im städtischen Milieu. Sie wurde lauter, aggressiver, das motorische Element verstärkte sich. Instrumente wie Saxophon, Trompete, Posaune und Baßgitarre bereicherten die Klangfarbe, boten neue Ausdrucksmöglichkeiten. In die Texte, die einst vom ländlichen Leben in den Südstaaten inspiriert waren, fanden nun zunehmend die Erfahrungen des großstädtischen Lebens Eingang.

Die Städte an der Westküste und Chicago wurden zum Schmelztiegel, in dem sich die traditionelle Musik des Südens mit dem städtischen City-Blues mischte. Später setzte sich für diese Symbiose die Bezeichnung Rhythm & Blues durch. Obwohl immer stärker weiße Musiker Einfluß nahmen und dazu beitrugen, den Rhythm & Blues zu einer kommerziell gut verwertbaren Ware zu machen, ließ sich die Ursprünglichkeit dieser Musik nicht unterdrücken.

Was Wicke/Ziegenrücker über die sozialen Ursachen der raschen Ausweitung des Rhythm & Blues konstatieren, trifft im wesentlichen auch für den Rock 'n' Roll zu: „Die rasche Ausweitung des Rhythm & Blues Anfang der fünfziger Jahre über die Rassenschranken hinweg hatte ihre soziale Ursache in der Situation der weißen amerikanischen Nachkriegsjugend. Dem Konformitätsdruck und Leistungszwang wurde eine Philosophie des Lebensgenusses um seiner selbst willen entgegengesetzt, wofür die Musik der Schwarzen mit ihrer rhythmischen und sinnlichen Intensität nicht nur ein ideales Identifikationsobjekt abgab, sondern zugleich – weil in der amerikanischen Öffentlichkeit aus rassistischen Gründen als anstößig und amoralisch, vor allem aber als primitiver Ausdruck des ‚Ganz unten' in der sozialen Hierarchie vehement abgelehnt – die Funktion einer Art Oppositionssymbols erhielt."

Um die Mitte der fünfziger Jahre entwickelte sich aus dem Rhythm & Blues unter Einbeziehung von Elementen der weißen Country & Western-Music und des Dixieland der Rock 'n' Roll. Groß war der Anteil, den farbige Musiker und Sänger an dieser Entwicklung hatten.

Der weiße Diskjockey Alan Freed nimmt für sich in Anspruch, den Begriff Rock 'n' Roll für diese Musik erfunden zu haben. Tatsache ist, daß Rock 'n' Roll aus der lässigen Umgangssprache der farbigen Bevölkerung stammt. Mit dieser Wortkombination wurden die Bewegungen beim Beischlaf umschrieben.

Die Rock 'n' Roll-Musik war von Anfang an keine einheitliche Musikrichtung, im Gegenteil, sie zeichnete sich durch recht unterschiedliche Stilrichtungen aus. Charlie Gillett nennt in seinem Buch „The Sound of the City" die verschiedenen Stilrichtungen und deren wichtigste Vertreter.

„In den Jahren zwischen 1954 und 1956 gab es fünf ausgeprägte Stilarten, die, obwohl sie sich beinahe völlig unabhängig voneinander entwickelten, zusammen als Rock 'n' Roll bekannt wurden:

Northern Band Rock 'n' Roll (Bill Haley), *New Orleans Dance Blues* (Fats Domino und Little Richard), *Memphis Country Rock* (Elvis Presley), *Chicago Rhythm and Blues* (Chuck Berry und Bo Diddley) und der *Vocal Group Rock 'n' Roll* (Orioles, Crows, Chors, Penguins u. a.). Alle fünf Stilarten und die Varianten, die mit ihnen verbunden waren, hingen im Taktschlag von zeitgenössischen Tanzrhythmen der Neger ab..."

In der Hafenstadt Liverpool brandete die Rock 'n' Roll-Welle besonders heftig gegen das Ufer. Seeleute aus Übersee brachten Schallplatten mit. Sie wollten die Musik, die sie aus Amerika kannten, auch in Liverpools Amüsierkneipen hören, deren Besitzer wußten, was sie zu tun hatten, um ihren Umsatz nicht sinken zu lassen. Nicht nur die neue Musik brachten die Seeleute mit, sondern auch die Art und Weise, danach zu tanzen, und die dazugehörende Mode, die man mit dem schönen Begriff „Teddyboy-Look" belegte. Und das waren die äußeren Attribute eines Teddyboys: Kreppsohlenschuhe, Ringelsocken, Hochwasserhosen im Ofenröhrenlook, grellbunte Hemden, lange karrierte Sakkos und als Krönung wurden die Haare an den Seiten bis zum Hinterkopf glattgekämmt und hinten gescheitelt, das Haar auf der Kopfmitte war dauergewellt.

Daß es gerade Liverpool war, wo sich aus dem amerikanischen Rock 'n' Roll und der Skiffle-Musik der Mersey-Sound entwickelte, ist kein Zufall. Der spezielle Charakter der Bewohner dieser Stadt, die Mischung aus Galgenhumor und rebellischer Grundhaltung, die kritische Distanz zu allen Autoritäten war ein fruchtbarer Boden für die Impulse, die vom Rock 'n' Roll ausgingen. Die unsicheren sozialen Umstände, in denen die Arbeiter der Docks und Werften lebten, die schlechten Wohnverhältnisse in den Slums, das alles erzeugte ein Gefühl der Auflehnung. Die Rock 'n' Roll-Musik drückte diese Stimmung aus und bot gleichzeitig die Möglichkeit, Aggressionen abzureagieren.

In einem Gespräch, das ich 1986 mit dem englischen Popstar Tony Sheridan, einem Musikerkollegen der *Beatles* aus Hamburger Zeiten, führte, antwortete er auf die Frage, weshalb gerade der Rock 'n' Roll in Liverpool auf so fruchtbaren Boden fiel:

„Das hat mit der besonderen Mentalität der Liverpooler zu tun, die zum größten Teil irischer Abstammung sind. Sie sind mutig, haben eine große Schnauze, sind frech und freiheitsliebend, dazu sind sie bekannt für ihren besonderen Humor. Das sind Haltungen, die man entwickelt, wenn man unterdrückt wird. Diese Leute waren ein gefundenes Fressen für den Rock 'n' Roll."

Der harte Schlag, der *Beat* des Rock 'n' Roll, entsprach dem Charakter der Bewohner der Stadt am Mersey. Das Dröhnen der Niethämmer auf den Werften, das Fauchen der Dampfmaschinen, das Heulen der Schiffssirenen im Hafen, das alles erspürten sie im aggressiven Rhythmus des Rock 'n' Roll.

1955 eroberte sich Bill Haley mit dem Titel *Rock Around The Clock* die Spitze in den Hitparaden. Als im selben Jahr der Film „Saat der Gewalt" mit seiner Titelmusik in die Kinos kam, steigerte sich die Begeisterung bis zur Hysterie, bei der nicht wenige

Kinobesitzer ihre Versicherungen in Anspruch nehmen mußten, weil ihnen während und nach der Vorführung des Films die Einrichtungen zertrümmert wurden. John Lennon sah den Bill-Haley-Film *Rock Around The Clock*, aber in besondere Begeisterung verfiel er nicht; seine Enttäuschung rührte daher, daß der Tumult, den er erwartet hatte, nicht stattfand, und außerdem gefiel ihm der etwas schwabblige Bill Haley mit seiner Schmalzlocke in der Stirn nicht. Dann kam der Tag, an dem John den Elvis-Presley-Titel *Heartbreak Hotel* hörte. Das zündete bei John. Elvis wurde sein Idol, wie er kleidete er sich, trug er sein Haar. Nacht für Nacht hörte er heimlich unter der Bettdecke im Radio Elvis' Songs.

Die neue Musikmode mit ihren skandalösen Begleiterscheinungen löste bei der damaligen Elterngeneration einen Schock aus.

Zwischen 1954 und 1958 kam es zu einer Serie von Jugendkrawallen. In den USA demolierten randalierende Jugendliche Autos, schändeten Friedhöfe, griffen Passanten an.

Im Sommer 1956 gab es in verschiedenen amerikanischen Städten nach Rock 'n' Roll-Konzerten gewalttätige Ausschreitungen.

Im Herbst des gleichen Jahres kam es in New York im Anschluß an die Aufführung des ersten Elvis-Presley-Films zu Krawallen. 1956 erreichte die „Gewaltwelle" auch England. Nach Aufführungen des Films „Außer Rand und Band" zogen in London und Manchester große Gruppen Jugendlicher durch die Straßen, zerschlugen Schaufensterscheiben und lieferten der Polizei handfeste Straßenschlachten. Die Stadträte von Belfast, Blackpool, Blackburn und anderen Städten verboten die Aufführung des Rock 'n' Roll-Films.

In dieser Woge von Gewalt, bei der der Rock 'n' Roll nicht Ursache, sondern nur die Begleitmusik war, entlud sich ziellos die angestaute Wut gegen alle Art von Zwängen, denen sich Jugendliche ausgesetzt fühlten.

Tony Sheridan, Zeitgenosse dieser Ereignisse, beschreibt die Situation so:

„Ärger in der Schule, Konformismus und bedingungslose Unterordnung wurde gefordert; Ärger mit den Eltern, die einen Wald von Verbotsschildern um uns errichteten, von allen Seiten Druck. Wir wollten uns diesen Status nicht aufzwingen lassen, wir wollten unseren eignen Status. Und da wir so etwas nicht hatten, haben wir es von den Amis übernommen. Das gab uns innerhalb halbwegs legaler Grenzen die Möglichkeit, verrückt zu spielen. Also alles zu attackieren, alles zu kritisieren, und dabei kamen wir uns ungeheuer fortschrittlich vor. Dann gab es noch ein paar Faktoren. Zum Beispiel die Pubertät, sexuell waren wir verklemmt. Die Musik gab uns die Möglichkeit, mit Mädchen in Kontakt zu kommen. Die Musik war überhaupt die Chance für uns, mit anderen Menschen Kontakt zu schließen. Dadurch, daß unsere Eltern diese Musik ablehnten, fühlten wir uns wie Rebellen. Und es war ein schönes Gefühl, Rebell zu sein. Mit Revolution hatte das alles nichts zu tun. Wir wollten einfach ausbrechen, es war anarchistisch, wir wollten demonstrieren, daß wir die ganze autoritäre Scheiße ablehnten ..."

Welches Ausmaß der Einfluß seines Idols auf John Lennon hatte, läßt eine Äußerung von Mary Smith erkennen: „Von da an hatte ich keine ruhige Minute mehr. Immer nur Elvis Presley, Elvis Presley, Elvis Presley. Schließlich sagte ich zu ihm: ‚John, ich hab nichts gegen Presley, aber ich möchte ihn nicht morgens, mittags und abends hören.'"

Tante Marys Abwehrreaktion unterschied sich nicht von der anderer Eltern. Sie tat, was sie konnte, um zu verhindern, daß sich John in einen Halbstarken verwandelte. Viel Erfolg war ihr dabei nicht beschieden. Zwar ging John morgens brav und bieder gekleidet mit Schulblazer und normalen Hosen aus dem Haus, aber nachmittags bei Julia verwandelte er sich. Sie kaufte ihm Hemden mit knallbunten Hawaiimotiven, gab ihm Geld, damit er seine Beinkleider in Röhrenhosen ändern lassen konnte, beschaffte ihm ein langes Sakko, wie es zu einem richtigen Teddyboy gehörte. Julia fand die neue Mode faszinierend, die Rock 'n' Roll-Musik war ganz nach ihrem Geschmack.

Johns sehnlichster Wunsch war es, eine Gitarre zu besitzen. Julia erfüllte ihm seinen Wunsch, zum Ärger von Tante Mary, denn nun übte John jede freie Minute in seinem Schlafzimmer, bis seine Fingerkuppen wund waren. Nun interessierten ihn keine nächtlichen Streifzüge mehr, um nach günstigen Gelegen-

Die Quarrymen (1955)

heiten für einen großen Coup Ausschau zu halten, jetzt war es die Musik, die ihn voll und ganz in Anspruch nahm.

Sein zeichnerisches Talent hätte es ihm erlaubt, diese Richtung einzuschlagen, aber es war die Musik, von der er sich pakken ließ. Zum einen entsprach die Rock 'n' Roll-Musik seinem Gefühl, sie elektrisierte ihn wie alle seine Altersgefährten, zum anderen bot ihm die aktive Beschäftigung mit Musik die Möglichkeit, sich vor anderen zu produzieren. Nicht zu vergessen ist die

Vorbildwirkung, die von den Rock 'n' Roll-Idolen aus Übersee ausging.

Für Mary Smith muß das, woran sich John berauschte, wie die Posaunen von Jericho geklungen haben. Wenn ihr sein Geklimper und das Taktstampfen auf dem Fußboden auf die Nerven gingen, schickte sie ihn aus dem Haus. Johns Beschäftigung mit der Musik war für sie reine Zeitverschwendung, die ihn nur von den Schularbeiten abhielt.

In dieser Zeit, als sich Tausende Jungen in England mit Gitarren „bewaffneten", um ihren Idolen nachzueifern, tauchte ein neues Phänomen im Musikgeschehen auf: Die Skiffle-Musik.

Skiffle ist die afroamerikanische Slangbezeichnung für eine Musizierart, die zu Beginn der zwanziger Jahre in den Wohnvierteln der schwarzen Bevölkerung von Chicago entstand. Die Skiffle-Musik setzte sich aus Elementen der Folklore und des Jazz zusammen. Gespielt wurde auf einfachen Instrumenten, wie Gitarre, Banjo, dem selbstgebauten einsaitigen Teekistenbaß, dem Kazoo (mit Seidenpapier bespannter Kamm), Waschbrett und Mundharmonika.

Mitte der fünfziger Jahre machten Musiker wie Ken Colyer und besonders Lonnie Donegan die Skiffle-Musik in England populär.

Donegans Titel *Rock Island Line* rangierte 1956 auf vorderen Plätzen der englischen Hitlisten. Am Beispiel der professionellen Skiffle-Musiker orientierten sich die unzähligen Amateurbands, die wie Pilze aus dem Boden schossen. Begünstigt wurde diese Entwicklung durch das einfache Instrumentarium, das billig zu haben war, und die Tatsache, daß jeder, der Lust hatte, ohne besondere Vorkenntnisse sofort drauflosspielen konnte.

So wurde die Skiffle-Massenbewegung zu einer wesentlichen Voraussetzung, aus der sich in den Kellerclubs in Liverpool und anderen Städten der englische Beat entwickelte.

Als Fünfzehnjähriger gründete John Lennon mit seinem Freund Pete Shotton eine Skiffleband, der er den Namen *Quarrymen* gab – was soviel wie Steinklopfer bedeutete, aber genausogut vom Namen ihrer Schule abgeleitet sein konnte, der „Quarry Bank Grammar School". John spielte die Gitarre und sang, Pete kratzte auf dem gläsernen Waschbrett herum. Das blieb nicht lange so, die Band vergrößerte sich, Eric Griffith spielte gelegentlich Gitarre, Len Garry, den Johns alter Freund Ivan Vaughan mitbrachte, bearbeitete den Teekistenbaß, Colin Hanson saß am Schlagzeug, Rod Davis spielte das Banjo.

Der Chef war John, er bestimmte, was und wie gespielt wurde, wer auch nur den kleinsten Einspruch erhob, der flog, was nicht selten mit einer Prügelei endete.

Sie spielten alles nach, was ihnen in die Ohren kam. Irgendwann ließ sich John Visitenkarten drucken, auf denen zu lesen war:

Country-Western-Rock 'n' Roll-Skiffle
The Quarrymen
Noch Termine frei!

Es war der Rock 'n' Roll, der prägend für Johns musikalische Laufbahn werden sollte. Über die Einflüsse zum Anfang der *Quarrymen*-Zeit sagte John Lennon: „Bald versuchten wir uns sogar an richtigen wilden Rocknummern, wie zum Beispiel *Twenty Flight Rock*. An sich war das ein Witz, denn wir waren bis dahin stets nur als Skiffle-Group aufgetreten. *Let's Have A Party* war meine große Shownummer. Ich sang immer die Lonnie-Donegan-Titel, um auch mal vorne stehen zu dürfen. Aber schließlich war es Elvis Presley, der mich dazu brachte, richtige Schallplatten zu kaufen. Ich meine, die ersten Sachen von ihm waren seine besten."

In Liverpool gab es zu jener Zeit eine Unzahl von Skiffle-Gruppen. Johns *Quarrymen* unterschieden sich in nichts von den anderen. Sie hatten das gleiche mickrige Repertoire, spielten mehr schlecht als recht die gängigen Rock 'n' Roll-Vorbilder nach. Von Beherrschung ihrer Instrumente konnte nicht die Rede sein.

In den großen Ballhäusern Liverpools fanden häufig Wettbewerbe für Amateur-Skiffle-Gruppen statt, was so aussah: Wenn die Profiband Pause machte, stürmten die „Skiffler" die Bühne und schrubbten in Windeseile ihr Programm herunter, begleitet von wildem Geheule und bizarren Verrenkungen. Bei solchen Auftritten blieben Johns *Quarrymen* genauso erfolglos wie die meisten anderen Gruppen. Aber John ließ sich nicht entmutigen. Rod Davies, der damals das Banjo spielte, erinnert sich: „Er hämmerte immer wie ein Verrückter auf seiner Gitarre herum. Fast immer ist ihm eine Saite gerissen. Dann gab er mir seine Gitarre und nahm sich einfach mein Banjo und spielte weiter, während ich im Hintergrund niederkniete und versuchte, die Gitarre zu reparieren. Gleich von Anfang an wollte John auch Rock and Roll spielen; ich kann mich daran erinnern, wie *Blue Suede Shoes* von ihm gesungen wurde. Ich hatte ein paar Platten von Burl Ives, und so spielten wir auch den *Worried Man Blues.* Man konnte die Texte nur aus dem Radio lernen – oder wenn man die Platte kaufte. Platten kosteten damals sechs Shilling, und keiner konnte sich das leisten. Deshalb erfand John immer eigene Texte zu den gerade aktuellen Songs. Seine Texte waren bestimmt nicht schlechter als die richtigen."

Die Proben, die John abhielt, wurden zu einem Problem. Seine Tante ließ die Jungen nicht in ihr Haus, deshalb trafen sie sich sonnabends bei Colin Hanson zu Hause, weil dann sein Vater abwesend war.

Da sie bei Colin nur einmal in der Woche üben konnten, gingen sie auch einmal zu Julia, aber nur, wenn sie allein zu Hause war. Der Probenraum war Julias Badezimmer, was John, wegen des besonderen Echoeffekts, gefiel. Julia blieb dabei nicht nur stille Beobachterin, sie nahm das Banjo in die Hand und zeigte John und Eric Griffiths Akkorde und Läufe, was zur Folge hatte, daß nicht nur John, sondern auch Eric die Gitarre nach Banjo-Art spielte.

Konnten die *Quarrymen* auch bei den abenteuerlichen Skiffle-Wettbewerben keinen Blumentopf gewinnen, so hatten sie doch ihre Erfolgserlebnisse bei anderen Gelegenheiten.

1956 übernahm William Edward Pobjoy als neuer Direktor die „Quarry Bank Grammar School". Er war ein Mann, der wußte, wie man Jungen wie John zu nehmen hatte. Obwohl ihm bekannt war, daß John und sein Freund Pete das Horrorduo der Schule waren, hatte er nichts dagegen, als John ihn bat, bei einer Tanzveranstaltung der Schule spielen zu dürfen.

Hier konnte sich John vor seinen Mitschülern produzieren, sich von den Mädchen anhimmeln lassen. Auch der Pfarrer von St. Peter ließ die *Quarrymen* bei Tanzveranstaltungen in seinem Jugendklub auftreten. Er tat es nicht nur aus christlicher Nächstenliebe. Schließlich zogen John und seine Freunde Publikum in den

Kirchenclub, außerdem spielten sie umsonst. Sie wurden auch zu Partys eingeladen, wo sie für Bier und die Gunst der Mädchen spielten.

Innerhalb der Gruppe kam es bei den Auftritten oft zu Streitereien, weil Rod Davies Folkmusik spielen wollte, John aber nur Elvis-Presley-Titel. Nicht selten passierte es, daß das Publikum mit derben Zwischenrufen seinen Unwillen kundtat, weil ihm das Repertoire oder die Qualität des Dargebotenen nicht gefiel. Wenn ein Junge aus dem Publikum das Gefühl hatte, John würde von der Bühne herunter sein Mädchen zu scharf im Auge haben, dann stürmte er das Podium und John mußte die Gitarre beiseite und ein Prügelsolo einlegen.

Eine bemerkbare Entwicklung gab es zu diesem Zeitpunkt in der Gruppe nicht, ein Zustand, den John erkannte, aber er wußte nicht, wie er ihn verändern konnte. Etwa ein Jahr nach ihrer Gründung steckte die Gruppe in einem Tief. John und seine Freunde beteiligten sich an einer Talenteshow, die im „Empire Theater" stattfand. Carrol Lewis, ein zu der Zeit bekannter Talenteentdekker in England, war der Veranstalter. John beteiligte sich an dieser Talenteshow in der Hoffnung, daß Lewis ihn und die *Quarrymen* entdecken und groß herausbringen würde. Es gelang ihnen, sich bis in den Endausscheid vorzukämpfen. Da mußten sie dann gegen eine Gruppe antreten, die als besondere Attraktion einen Liliputaner in der Band hatte. Der stand auf dem Kasten seines Teekistenbasses und zupfte wie ein Besessener an den Saiten herum, sehr zum Gaudium der Zuschauer. Danach betrat Johns Gruppe die Bühne. Stocksteif und ohne mit der Wimper zu zukken spielten sie ihre Titel herunter. Sie gewannen nicht.

Dann kam der 15. Juni 1956.

Die Pfarrei von „St. Peter" feierte ihr alljährliches großes Gartenfest, ein Höhepunkt im gesellschaftlichen Leben der Liverpooler im Ortsteil Woolton. John war vom Pfarrer gebeten worden, mit seiner Gruppe am Festumzug teilzunehmen und hinterher beim Fest auf der großen Wiese zu spielen.

Auch Johns Tante erschien an diesem Nachmittag auf dem Festplatz und erlebte eine Überraschung. „Ich bin hingekommen und habe im Erfrischungszelt eine Tasse Tee getrunken. Plötzlich entstand dann dieser schreckliche Lärm", erzählte sie, „alle um mich herum liefen aus dem Zelt. Und dann sah ich sie auf der Bühne. John hatte mich gleich gesehen, wie ich mit offenem Mund dastand. Er fing an, den Text des Liedes, das er sang, auf mich zu münzen. ‚Mimi kommt gerade', sang er, ‚Mimi kommt den Weg entlang…!'"

In Allerton bestieg an diesem 15. Juni 1956 ein vierzehnjähriger Junge sein Fahrrad. Von seinem Klassenkameraden Ivan Vaughan hatte er den heißen Tip, daß in Woolton was los sein sollte.

Der Name des Jungen: Paul McCartney.

Ein neues Kapitel

Während sich die *Quarrymen* auf der improvisierten Bühne redlich Mühe gaben, ihrem Publikum eine Show zu bieten, standen Ivan und Paul neben dem Podium und sahen interessiert zu. Paul McCartney erinnert sich: „Sie waren nicht schlecht, John spielte die erste Gitarre. Er spielte sie allerdings wie ein Banjo. Die anderen verstanden viel weniger als John, sie klimperten einfach drauf los. Hinterher traf ich sie alle auf dem Platz vor der Kirche. Ich redete belangloses Zeug, gab aber mächtig an. Ich zeigte ihnen, wie man den *Twenty Flight Rock* spielt, und sagte ihnen den ganzen Text. Sie kannten ihn nicht. Ich führte ihnen meine Little-Richard-Nummer vor und zog nach und nach mein ganzes Repertoire ab. Da war dieser nach Bier stinkende Typ. Während ich spielte, kam er mit seiner Fahne immer näher. Was will der alte Säufer, dachte ich. Er sagte *Twenty Flight Rock* sei eines seiner Lieblingsstücke. Da wußte ich, daß er was von der Sache verstand. Es war John. Er hatte sich gerade ein Bierchen einverleibt. Er war sechzehn, ich vierzehn: da war er eben ein großer Mann für mich. Ich zeigte ihm noch ein paar Akkorde, die er nicht kannte. Dann ging ich; aber ich wußte, daß ich Eindruck auf ihn gemacht hatte."

Paul konnte mit seiner Wirkung zufrieden sein. Er hatte John beeindruckt. Nicht nur damit, daß er besser Gitarre spielte, Paul kannte alle Texte der Hits auswendig, die gerade in Mode waren. Johns Problem war, daß er sich Texte nie merken konnte. Außerdem konnte Paul eine Gitarre stimmen, wovon weder John noch ein anderer aus der Gruppe etwas verstand.

Obwohl John erkannte, daß dieser Paul McCartney genau der Mann war, den er brauchte, wenn es mit den *Quarrymen* vorangehen sollte, zögerte er. Er fürchtete um seine uneingeschränkte Führungsrolle in der Band. Bisher lief alles, wie er es bestimmte, wer aufmuckte, der flog. Aber wenn jetzt einer kam, der besser als er war? Würde dieser Paul sich vielleicht zum Boß aufschwingen ...? John beschloß, auf der Hut zu sein.

Paul war kein Greenhorn auf der Gitarre. In der Familie der McCartneys hatte Musik immer eine Rolle gespielt. Pauls Vater, Jim McCartney, spielte seit seiner Jugend Klavier. Er hatte als Siebzehnjähriger eine eigene Band gegründet, die bei Betriebsfesten zum Tanz aufspielte. Jim McCartney legte Wert darauf, daß seine Söhne Paul und Michael Klavier spielen lernten. Er engagierte für seine Jungen einen Musiklehrer, aber der Erfolg blieb aus. Beide Jungen hatten keine Lust, besonders Paul schien keine Antenne für Musik zu haben. Dann schickte Jim McCartney Paul in den Chor der Kathedrale von Liverpool. Auch dieser Versuch scheiterte am Unwillen Pauls. Beim Vorsingen krähte er vorsätzlich wie einer, der mitten im Stimmbruch steckt.

Eine Trompete, die ihm ein Onkel schenkte, brachte die Wende. Nach kurzer Zeit konnte er darauf ein paar Lieder spielen. Als er dreizehn war, wollte er das, was zu der Zeit der Traum vieler Jungen in Liverpool war: eine Gitarre.

Sein Vater kaufte sie ihm. Paul übte wie besessen auf dem neuen Instrument, was sein Vater mit Wohlwollen sah. Die Gitarre lag Paul besonders, weil er dazu auch singen konnte. Allerdings gab es ein unerwartetes Hindernis. Irgend etwas schien mit dem Instrument nicht zu stimmen. Es war aber nicht die Gitarre, mit der etwas nicht stimmte. Paul war Linkshänder. Er ließ sich die Gitarre umrüsten, das Problem war gelöst.

Genau wie John war Paul von Lonnie Donegans Skiffle-Musik und Bill Haleys Rock-Titeln beeindruckt und spielte sie nach. Als dann Elvis Presley mit seinen Songs in Mode kam, geriet auch Paul völlig aus dem Häuschen.

Das Jahr 1956 brachte für Paul McCartney zwei Ereignisse, die sein weiteres Leben prägten: die Begegnung mit John, die zu seinem Eintritt bei den *Quarrymen* führte.

Am 31. Oktober starb seine Mutter an Brustkrebs. Der Tod der Mutter hat ihn sehr getroffen, seine Freunde berichteten, daß er sich von diesem Zeitpunkt an mit noch wütenderer Intensität in die Musik stürzte, die Gitarre sei für ihn eine Art Muttterersatz geworden, behaupten sie.

In der ersten Zeit nahm John Paul gegenüber eine lauernde Haltung ein, er fürchtete, daß Paul ihn an die Wand spielen könnte, aber lange dauerte es nicht, und John erkannte, daß er mit Paul einen guten Griff getan hatte. Spätestens an jenem Abend, als Paul zum erstenmal mit den *Quarrymen* zusammen bei einer Tanzveranstaltung im „Conservative Club" in Broadway (Liverpool) auftrat, wußte er es. Die Tanzveranstaltung war zu Ende, das tanzwütige Publikum auf dem Nachhauseweg, die Stühle im Saal wurden auf die Tische gestellt,da spielte Paul auf der leeren Bühne John ein paar Stücke vor, die er selbst komponiert hatte. Einer dieser Titel hieß *I Lost My Little Girl.* Schlicht war die Melodie, wenig originell der Text. Aber bei John hatte er Wirkung: Was dieser Paul konnte, das sollte er nicht können? Durch Pauls Beispiel provoziert, begann auch er, eigene Songs zu schreiben. Was dabei erst mal herauskam, waren durchweg „Eintagsfliegen", Titel, die einmal gespielt wurden, die bei ihrem Publikum nicht ankamen, weil es lieber die gängigen Hits von Bill Haley, Elvis Presley, Little Richard und Lonnie Donegan hören wollte. Unbestritten ist jedoch, damit wurde eine Entwicklung eingeleitet, die John und Paul allmählich zu einem Songschreiberteam werden ließ. Etwa hundert Lieder sollen sie gemeinsam bis 1958 geschrieben haben, von denen allerdings nicht eines ein Hit wurde, die alle verschollen sind, was seine Ursache darin hat, daß zu jener Zeit keiner von ihnen Noten schreiben konnte.

Nicht zu übersehen ist die Tatsache, daß Pauls Einfluß auf John eine disziplinierende Wirkung hatte. Paul drängte darauf, daß regelmäßig Proben stattfanden. Sie hörten sich sehr genau die neuesten Schallplatten an, kopierten genau ihre Vorbilder. Sicher ist, daß von diesem Zeitpunkt an ein Zuwachs an Qualität einsetzte. Zwischen John und Paul entwickelte sich eine Freundschaft, deren wesentlichster Aspekt in der Übereinstimmung in dem gemeinsamen Ziel lag, es auf jeden Fall, unter allen Umständen zu schaffen, eine berühmte Band zu werden.

Von nun an verbrachten die beiden jede freie Minute zusammen. John ließ sich von Paul alle Griffe beibringen, die er noch nicht kannte. In beider Leben nahm nun die Musik den höchsten Stellenwert ein; die Folge davon war, daß Paul, der bis dahin fast ein Musterschüler gewesen war, anfing, die Schule zu vernachlässigen, und mit seinen Leistungen abfiel. John und Paul bildeten den Kern der *Quarrymen*, die anderen Mitspieler waren nur Gelegenheitsgäste, die mitspielten, wenn sie gerade Lust oder Zeit hatten. Pete Shotton war ganz ausgestiegen, auch Ivan Vaugham spielte nicht mehr mit, blieb aber weiterhin Johns Freund.

Gleichzeitig bestand zwischen beiden eine Art von Rivalität. Jeder wollte dem anderen beweisen, daß er besser war, was gelegentlich komische Blüten trieb. Sie wetteiferten darum, wer wie oft vorn am Bühnenrand stehen durfte, um ein Solo abzuleiern, sie spreizten sich wie junge Hähne, um das weibliche Publikum für sich einzunehmen. Ihr unerklärter Wettbewerb trug beiden Gewinn ein. Immer besser beherrschten sie ihre Instrumente, immer genauer kopierten sie ihre Vorbilder. In dieser Entwicklungsphase erwies sich die Rivalität zwischen beiden als ein positives Element, das sehr zum lokalen Erfolg der Gruppe beitrug. Und der zunehmende Erfolg in der Liverpooler Szene, der ihr gemeinsames Werk war, stärkte ihre Freundschaft.

Paul war es, der erkannte, daß es wichtig war, neue und vor allem gute Mitspieler zu suchen, sollte es mit der Entwicklung der Band weitergehen. Er hatte einen Vorschlag. In der Schule war er mit einem Jungen befreundet, der die Gitarre besser beherrschte als die meisten anderen, der was von Skiffle-Musik und Rock 'n' Roll verstand und ebenfalls ein Elvis-Fan war.

Der Junge hieß George Harrison, geboren am 25. Februar 1943, und wurde das jüngste Mitglied der Gruppe.

George kam aus einer Familie, in der Wert auf Bildung gelegt wurde. Sein Vater, von Beruf Busfahrer und Gewerkschaftsfunktionär, wußte, was eine solide Ausbildung in Krisenzeiten wert war. Als einzigen von seinen drei Söhnen schickte er George auf das Gymnasium. Wie John und Paul begeisterte sich George für Rock 'n' Roll und Skiffle-Musik und brachte sich mit eisernem Fleiß das Gitarrespielen bei.

Klein und mit abstehenden Ohren, kompensierte er seine Minderwertigkeitskomplexe durch besonders auffällige Kleidung, langes Haar – lange bevor es in Mode kam – und provokantes, großmäuliges Auftreten. Wie John lehnte er jede Autorität ab. So ist es verständlich, daß, als der 15jährige George auf den 18jährigen John Lennon traf, es weniger das gleiche Interesse an der Musik war, das ihn beeindruckte, sondern Johns rebellische Grundhaltung.

George erinnert sich, wie er zum erstenmal auf die Gruppe stieß: „Ich sah sie bei ihrem Auftritt in der ‚Wilson Hall' in Garston. Weil ich Paul kannte, wurde ich John vorgestellt. An diesem Abend war ein Gitarrist aus einer anderen Gruppe da, Eddie Clayton. Er war einfach toll. John sagte, wenn ich so spielen kann, könnte ich bei ihnen mitmachen. Da spielte ich ihnen *Raunchy* vor, und John sagte, ich könne mitmachen."

„Die Begegnung mit Paul, das war so, wie wenn sich zwei Menschen finden. Nicht etwa verlieben oder so was. Es gab nur uns, und das hielt an. Es klappte alles großartig. Jetzt waren wir drei, die das gleiche dachten", kommentierte John Lennon die Situation zu jenem Zeitpunkt.

Obwohl nun der Kern der Band zusammen war, die dann *The Beatles* werden sollten, lag vor ihnen noch ein weiter Weg.

Für John kam die Zeit, die „Quarry Bank Grammar School" zu verlassen und sich Gedanken um seine berufliche Entwicklung zu machen. Siebzehn war er nun. Ein handwerklicher Beruf kam für ihn nicht in Frage, es sollte etwas Künstlerisches sein. Für seine Tante war das wieder Grund, sich Sorgen zu machen. Davon, daß sich John intensiv mit Musik beschäftigte, hielt sie nach wie vor nichts. Unberechtigt waren ihre Sorgen nicht.

Zusammen mit seinem Freund Nigel hatte John vor, zur See zu fahren. Kellner wollten sie werden auf einem Schiff. Die Stewardkarriere seines Vaters wird wohl bei diesem Gedanken Pate gestanden haben. Es blieb nicht nur bei der Idee: Eines Tages erhielt Mary Smith einen Anruf von der Arbeitsvermittlung für

Seeleute. „Wir haben hier einen gewissen John Lennon, der will bei uns anheuern", wurde ihr mitgeteilt. „Untersteht euch, ihn anzuheuern", schrie sie ins Telefon.

Johns Abschlußprüfungen an der „Quarry Bank Grammar School" verliefen wenig glorreich. In allen Prüfungsfächern, die er sich selber ausgesucht hatte, fiel er durch, sogar in den künstlerischen Fächern.

Die meisten seiner gleichaltrigen Freunde wußten, wie es mit ihnen nach der Schule weitergehen sollte. Rod Davies, der das Banjo spielte, hatte sich entschlossen, noch ein Jahr länger die Schule zu besuchen, um den Abschluß in Französisch und Deutsch zu machen; Nigel Whalley, der seit einiger Zeit den Manager für die *Quarrymen* machte, nahm eine Lehrstelle auf einem Golfplatz an; Pete Shotton besuchte, sehr zur Verwunderung seiner Freunde, die Polizeischule. Paul sollte nach dem Abschluß seiner Schulzeit eine Lehrerausbildung beginnen.

Was er nicht wollte, das wußte John genau. Es widersprach seiner Vorstellung von Freiheit, nach irgendeiner Ausbildung Tag für Tag, ein Leben lang in eine Fabrik oder in ein Büro gehen zu müssen. Wurde da nicht die Anpassung an Normen gefordert? Wo war da die Möglichkeit, seine Kreativität zu entfalten?

Daß er zu diesem Zeitpunkt eine Karriere als Musiker noch nicht anvisierte, läßt die folgende Äußerung John Lennons ahnen: „Im Grunde wußte ich nicht, was ich werden sollte. Nur eines wollte ich auf jeden Fall: als exzentrischer Millionär enden. Ich träumte davon, eine Millionärin zu heiraten und es auf diese Weise zu schaffen ..."

Es kam zu einem Gespräch zwischen Mary Smith und Mister Pobjoy, dem Direktor der „Quarry Bank Grammar School", der John trotz all seiner Eskapaden wohlgesonnen war. Er wußte, wo Johns Stärken lagen. Mister Pobjoy machte Johns Tante den Vorschlag, sie solle ihm noch ein Jahr den Schulbesuch ermöglichen, er wolle dann dafür sorgen, daß John in die Kunstschule aufgenommen werden würde.

Für John eine künstlerische Karriere mit ordentlicher Ausbildung an einer Kunstschule, das war nach Tante Marys Geschmack, das paßte in ihren Traum, daß ihr Zögling etwas „Besseres" werden sollte.

Die Abschlußbeurteilung, die John von seinem Lehrer mitbekam, fiel, gemessen an seinem Verhalten, recht freundlich aus: „Er gab, was Betragen und Disziplin anbelangte, jahrelang zu Beanstandungen Anlaß, hat sich aber in der letzten Zeit gebessert. Muß von jemandem an die Kandare genommen werden, damit er nicht auf die schiefe Bahn gerät. Ich persönlich glaube jedoch, daß es für ihn nicht zu spät ist und er sich zu einem verantwortungsbewußten Erwachsenen entwickelt, der es möglicherweise weit bringt."

Im Sommer 1957 steckte Mary Smith John in seine feinsten Kleider – weißes Hemd nebst Schlips, dazu ein Tweedsakko, das Onkel George hinterlassen hatte – und fuhr mit ihm zum Vorstellungsgespräch in das „Art College". So geschniegelt und gebügelt fühlte sich John nicht gerade wohl in seiner Haut. Aber die Aussicht, ein berühmter Maler oder Illustrator zu werden, schien ihm angenehmer als ein eintöniges Arbeitsleben in einem der Werke Liverpools. Allerdings bröckelte von dem schönen Traum gleich etwas ab. Er wurde in die Klasse aufgenommen, in der nicht Maler oder Illustratoren, sondern Schriftmaler ausgebildet wurden.

Vom Herbst 1957 an machte sich John jeden Morgen auf den Weg in die Hope Street, wo das Unterrichtsgebäude der Kunstschule lag. Es war nicht der geschniegelte und gebügelte John, den sie dort zu sehen bekamen, sondern der sich proletarisch gebende Halbstarke, mit langem Sakko, lila Hemd und Röhrenhosen. Vor ihm lagen vier endlose lange Jahre, ein Lernpensum, das mit Eifer und Ausdauer bewältigt werden mußte. John, der froh gewesen war, der Schule und ihrem eintönigen Betrieb entronnen zu sein, sah sich nun in der gleichen Situation wie zuvor.

Von seinen Mitstudenten wurde John nicht akzeptiert, schon wegen seiner äußeren Erscheinung. Sie kamen aus einer anderen sozialen Schicht, waren die Kinder von Intellektuellen, Geschäftsleuten und Beamten, die sich anders kleideten, musikalisch den wohltemperierten Jazz bevorzugten und die „proletarische" Rock 'n' Roll-Musik ablehnten. Sie fanden, so einer wie dieser Lennon gehöre nicht an ihre Schule. Die Ablehnung beruhte auf Gegenseitigkeit. John hielt seine Mitstudenten für „angepaßte" Typen, ihre zur Schau gestellte Überheblichkeit widerte ihn an.

Erfolgserlebnisse, die John hätten stimulieren können, blieben aus. Den meisten Lehrkräften war er bald ein Greuel, weil er sich desinteressiert zeigte. Arthur Ballard, von den Lehrern des Kunstinstituts der unkonventionellste – er hielt seinen Unterricht meistens im Hinterzimmer eines Pubs ab –, fiel John auf, nicht nur durch seine abenteuerliche Kleidung, sondern durch seine Niedergeschlagenheit.

Ballard erinnert sich: „Die Schüler hängten Arbeiten auf, und wir sprachen alle darüber. Johns Arbeit war entweder unter aller Kritik, oder er hing überhaupt nichts auf. Er kam mir immer wie das schwarze Schaf in der Familie vor, das vor den anderen versteckt wird. Eines Tages fand ich im Unterrichtsraum ein Heft mit Karikaturen – von mir, den anderen Lehrern, den Schülern –, alle mit einer Beschreibung und mit Versen. Es war das Witzigste, was ich bisher gesehen hatte. Auf dem Heft stand kein Name. Es hat lange gedauert, bis ich herausbekam, daß es Lennon gehörte. Als das nächste Mal die Arbeiten von Schülern besprochen wurden, stellte ich auch die Karikaturen von Lennon zur Diskussion. John hatte nicht geglaubt, daß sie sich jemand ansieht, geschweige denn auch noch sehr gut findet. Später sagte ich zu ihm: ‚Wenn ich Interpretieren meine, dann meine ich auch die Art, wie du es gemacht hast. Genau das erwarte ich von meinen Schülern.'"

Für einen anderen als John hätte dies ein stimulierendes Erfolgserlebnis sein können. Bei ihm stellte sich diese Wirkung nicht ein. Als Schriftmaler Plakate zu malen, auf denen die Namen großer Stars prangten, das war es nicht, wovon er träumte; groß sollte sein Name und der seiner Band von den Plakaten leuchten ...

War nicht Elvis Presley Kraftfahrer gewesen und hatte es geschafft? Warum sollte er sein Ziel nicht erreichen?

Aber den *Quarrymen* blieb der durchschlagende Erfolg versagt. Um so wütender setzte John seinen Kampf zusammen mit seinen Freunden Paul und George fort, die Band nach vorn zu bringen.

In der Kunstschule wurde John ein immer seltener gesehener Gast.

Der Tod der Mutter

Johns Verhältnis zu seiner Mutter war in den letzten Jahren immer enger geworden. Je heftiger sich seine Tante gegen seinen Lebenswandel sträubte, seine Freunde ablehnte, gegen seine musikalischen Ambitionen war, desto mehr fühlte er sich zu Julia hingezogen.

Julia, deren Liebe er in seiner Kindheit schmerzhaft vermißt hatte, war nun seine engste Verbündete. Bei ihr brauchte er sich nicht zu verstellen, da konnte er sein, wie er war. Sie billigte und förderte sein großes Interesse an musikalischen Dingen, sie war der einzige Mensch, der ihn bedingungslos akzeptierte, der nicht unbequeme Forderungen an ihn stellte.

An jenem Dienstag im Hochsommer, dem 15. 7. 1958, war John aus Woolton in Julias Wohnung geflüchtet, um für eine Weile den Vorhaltungen und Vorwürfen der Tante zu entgehen. Julia war, wie sie es oft tat, nachmittags zu ihrer Schwester gefahren. Sicher wird auch John an diesem Tag ein Gesprächsthema zwischen den Schwestern gewesen sein.

John und „Twitchy", Julias Freund, sitzen in der Wohnung und warten auf ihre Rückkehr. Endlich klingelt es. Es ist nicht Julia, die vor der Tür stand, sondern ein Polizist.

Der teilte mit, das Julia von einem Auto angefahren wurde und auf der Stelle tot gewesen sei.

John begreift nicht, was ihm der Polizist an der Wohnungstür sagt. Er kann es noch immer nicht fassen, als er mit Twitchy im Taxi sitzt, um zum Sefton General Hospital zu fahren, wo Julia aufgebahrt liegt. Als sie im Krankenhaus sind, löst sich Johns Starre etwas. Er weigert sich, den Leichnam seiner Mutter anzusehen. Er will sie so in seiner Erinnerung bewahren, wie er sie zu ihren Lebzeiten kannte.

Später äußert er zum Tod seiner Mutter: „Es war das Schlimmste, was mir jemals zugestoßen ist. Julia und ich, wir hatten in wenigen Jahren so viel nachgeholt. Wir stimmten in unseren Ansichten überein. Wir kamen phantastisch miteinander aus. Sie war großartig.

Ich dachte, Scheiße, Scheiße, Scheiße. Jetzt ist wirklich alles im Eimer."

John, der nach außen hin immer den starken Mann markierte, versuchte mit lautem Gehabe und besonderer Aggressivität seine Umwelt über seinen wahren Gefühlszustand zu täuschen. Er wollte nicht vor anderen seine Trauer zeigen, Mitleid wies er barsch zurück. Seinen Freundinnen gegenüber verhielt er sich rücksichtslos, oft betrank er sich. Nur wenn er allein war, sich unbeobachtet glaubte, ließ er seinen Gefühlen freien Lauf, dann fiel er in Apathie und weinte.

Erst aus dem Abstand vieler Jahre war John in der Lage, seine Gefühle auszudrücken. Er tat es mit den Songs *Julia* (1968), *Mother* (1970) und *My Mummys Dead* (1970).

Bald nach dem Tode seiner Mutter gerieten zwei Menschen in Johns Blickfeld, die für ihn in dieser schwierigen Lebenssituation sehr wichtig wurden.

Cynthia Powell, ein Mädchen vom Typ „Rühr-mich-nicht-an", brav gekleidet, wie es einer wohlerzogenen Tochter aus gutem Hause entsprach, interessierte sich für John. Sie saß hinter ihm in der gleichen Klasse des „College of Art". Sie war glücklich, wenn sich John gelegentlich mal umdrehte und sich wortlos ihre fein und säuberlich aufgereihten Bleistifte, Pinsel und Lineale auslieh. Er machte sich über sie lustig, weil sie aus der „Feine-Leute-Gegend" Hoylake kam. Etwas näher kamen sie sich, als bei einem Sehtest, den Mitschüler veranstalteten, sich beide als stark kurzsichtig erwiesen. John entging nicht, daß Cynthia Powell sich um ihn bemühte. Sie ließ sich die Haare blond färben, um Johns Ideal Brigitt Bardot ähnlich zu sein; sie setzte die Brille ab, zog enge Pullis und kurze Röcke an, zwängte sich in enge schwarze Samthosen. Sie hielt sich oft dort auf, wo sie John treffen konnte. Johns Freunde konnten nicht verstehen, was er an dieser blassen, unscheinbaren Cynthia finden konnte. Cynthias Freundinnen warnten sie vor diesem brutalen, zynischen Halbstarken John.

Für John war Cynthia in diesem Moment Balsam für seine Seele. Die Frauen, mit denen er es bisher zu tun gehabt hatte, waren seine Tante Mary, die um Johns Erziehung zu einem ordentlichen Menschen bemüht war; was ständig mit Vorhaltungen und Forderungen verbunden war, die der Heranwachsende als unerträgliche Gängelei empfand; und seine Mutter Julia. Das Verhältnis zwischen John und ihr war zwar entspannt, aber ein von mütterlicher Liebe geprägtes Mutter-Sohn-Verhältnis bestand nicht.

Aber Julia gab es nun nicht mehr.

Mit Cynthia machte John eine neue Erfahrung. Da war plötzlich jemand, der ihn bedingungslos liebte, sich ihm anpaßte und unterordnete bis zur Selbstaufgabe, der Sanftheit und Ruhe ausstrahlte. Das tat John, der immer noch nicht den Tod der Mutter überwunden hatte, gut und schmeichelte seiner Eitelkeit. Aber so leicht konnte er nicht aus seiner Haut heraus. Er erschreckte Cynthia immer wieder mit seinen derben Scherzen; wenn er auf irgend etwas Wut hatte, ließ er sie an dem stillen Mädchen aus. Eines seiner Probleme war, daß es ihm nicht gelang, seine Gefühle zu zeigen. Er verbarg sie hinter Sarkasmus und kränkendem Spott.

Ein wichtiger Freund zu dieser Zeit war Stuart Sutcliffe. Er wurde genau wie John 1940 geboren und war schottischer Herkunft. Obwohl er eingeschriebener Student an der Kunstschule war, leistete er sich die Extravaganz, nie die Schule zu betreten. Sein Lehrer, Arthur Ballard, begab sich zweimal in der Woche in das kleine Atelier, das sich Stuart im Keller eines Hauses in der Percy Street eingerichtet hatte. Stuart Sutcliffe besaß ein außergewöhnliches Maltalent, weshalb ihm Mister Ballard vieles nachsah und zu seinen Unterrichtsstunden im Keller meistens eine kleine Flasche Whisky mitbrachte. Stuart Sutcliffe hatte eine gewisse Ähnlichkeit mit dem 1955 tödlich verunglückten Hollywood-Star James Dean, der durch Rollen in den Filmen „Jenseits von Eden", „Denn sie wissen nicht, was sie tun" und „Giganten", in denen er rebellierende Jugendliche darstellte, in Amerika und Westeuropa berühmt geworden war. Wie er kleidete er sich, kämmte er sein Haar, trug er eine dunkle Brille, um seinem Vorbild noch ähnlicher zu sein.

John bewunderte diesen Jungen wegen der Bilder, die er malte, war beeindruckt von den umfangreichen Kenntnissen, die er über Malerei und Kunst hatte. John bemühte sich um die

Freundschaft zu Stuart Sutcliffe, auch Stuart bewunderte John, besonders wegen der großen Selbstsicherheit, die er zur Schau stellte, er war angetan von der Musik, die John mit seinen Freunden machte. Es dauerte nicht lange, und John versuchte seinen neuen Freund zu überreden, in seiner Band mitzuspielen. Er lehnte ab, erst mal, denn er spielte kein Instrument, und sonderlich musikalisch begabt war er auch nicht. John ließ nicht locker; weil Stuart sein Freund war, wollte er ihn unbedingt auch in seiner Band haben. Stuart Sutcliffe hatte gerade Erfolg mit einem seiner Bilder, es wurde in der berühmten Walker-Galerie ausgestellt und am Ende sogar gekauft. Die sechzig Pfund, die er dafür bekam, waren eigentlich für den Kauf neuer Farben, Pinsel und Leinwand gedacht, aber sie verwandelten sich in eine Baßgitarre, obwohl es John lieber gewesen wäre, er hätte sich dafür ein Schlagzeug angeschafft. Pausenlos versuchten nun John, Paul und George, ihm die elementaren Griffe auf dem Instrument beizubringen. Da ihm aber echte Musikalität abging, brachte er es nie zum Improvisieren, er konnte nur die antrainierten Griffe mehr schlecht als recht „herunterschrubben".

John störte das nicht, für ihn war nur wichtig, daß Stuart nun Mitglied seiner Gruppe war. Paul McCartney war wütend auf Sutcliffe, daß er immer, wenn sich nur die Gelegenheit dazu bot, ihm eins auswischte.

Trotzdem, die Freundschaft zwischen John und Stuart Sutcliffe, den alle „Stu" nannten, wurde enger. Als Stuart aus seinem Kelleratelier gefeuert wurde, zog er zusammen mit John, der auf diese Weise versuchte, sich dem Einfluß seiner Tante zu entziehen, in eine Wohnung in Gambia Terrace.

„Ich führte damals ein recht rauhes Leben. Die Bude war ein Dreckloch. Ich glaube, wir hielten es da vier Monate lang aus und taten nichts weiter, als dort zu üben und zu malen. Es war der reinste Müllabladeplatz. Ich glaube, es waren insgesamt sieben Typen von unserem Kaliber, die den Bau bevölkerten. Die Zustände waren grauenvoll, und das Gebäude war die reinste Ruine. Möbel gab es nicht, nur Betten. Und wenn wir uns auch recht lange dort aufhielten, wären wir nie auf die Idee gekommen, diesen Schuppen als unser Zuhause zu betrachten", beschrieb John ihre damaligen Lebensumstände.

Tony Sheridan, wie John Lennon 1940 geboren, der 1959 sein Studium an der „Norwich Arts School" abbrach, um Rock 'n' Roll-Musik zu machen, der mit seinen „Londoner Coffeehouse-Bands" Furore machte, den Umbruch vom Skiffle zu Blues und Rock 'n' Roll mit vollzog, äußerte in einem Interview:

„Alle waren wir ehrgeizig. Ich verstehe übrigens unter Ehrgeiz, daß sich die Energie entladen konnte, die wir alle geerbt haben, und mit Aggressivität hatte es auch zu tun. Und wir wollten geliebt werden. Wir standen auf der Bühne auch deshalb, weil wir ein schönes Echo vom Publikum bekamen, das Liebe einschloß und Anerkennung. Das gab uns ein Gefühl von Geborgenheit ..."

R. B.: Die Suche nach Selbstbestätigung war demnach ein wichtiges Motiv?

Sheridan: „Ja, auch, das war alles nicht voneinander zu trennen, wir Jungs waren sehr konfus damals. Wir waren aggressiv. Du kannst dir nicht vorstellen, wie aggressiv wir waren. Und wir wollten aggressiv erscheinen, auch äußerlich, die Uniform von Lederjacke, Jeans und Frisur ..."

R. B.: War das nicht Nachahmung von Erscheinungen, die aus den USA kamen?

Sheridan: „Das ist richtig. James Dean war unser Idol. Besonders Stuart Sutcliffe bemühte sich, so auszusehen wie Dean. Wir hatten alle diese Macke ..."

R. B.: Kannst du erklären, woher diese Aggressivität kam, wogegen sie sich richtete?

Sheridan: „Gegen alle Strukturen, die uns festhielten, die uns daran hinderten, uns auszudrücken, wie wir es für richtig hielten. Das hieß in der Musik auf einer Bühne stehen und losrocken und ausflippen und die wilden Typen spielen. James Dean, Marlon Brando und andere Idole aus den USA boten uns nur ein Verhaltensmuster, die Aggressivität selber, die hatten wir in uns ..."

Wie kam es bei der Generation, zu der John Lennon gehörte, zur Ausprägung von Idealen und Wertvorstellungen? Es ist eine Binsenweisheit, daß Ideale und Wertvorstellungen sich nicht unabhängig von den gesellschaftlichen Normen, den herrschenden Produktions- und Klassenverhältnissen entwickeln. Nicht hohe moralische Werte, sondern Besitz und Geld sind es, die dem, der genug davon hat, Ansehen in der kapitalistischen Gesellschaft garantieren und Macht über andere verleihen.

1955, als John Lennon die *Quarrymen* gründete, war das Jahr, in dem Englands Premierminister Sir Winston Churchill zurücktrat. Vom stolzen Britischen Empire war nicht viel übriggeblieben. Die Kolonien in Afrika und Asien, die einst die Quelle des Reichtums und der Macht des Königreiches gewesen waren, mußten als Folge der sich nach dem zweiten Weltkrieg entwickelnden Befreiungsbewegungen in die Unabhängigkeit entlassen werden.

Die alten Moralbegriffe hatten ihren Inhalt verloren. Der Kolonialbeamte, der schneidige Kolonialoffizier, Leitbilder einst für Generationen, waren zu komischen Figuren degeneriert. Das Ideal vom Kampf für eine bessere Welt, im Ringen gegen den Faschismus geboren, war im Geschrei und in der Hysterie des Kalten Krieges, der die Zeit nach 1945 prägte, zerschlissen. Erhalten hatte sich lediglich die konservative Lebensform, die von der Nachkriegsjugend als sinnentleert und hohl empfunden, abgelehnt wurde. Orientierungslos rebellierten die Jugendlichen gegen alles.

Großbritannien hatte nach dem zweiten Weltkrieg seine Stellung als imperialistische Großmacht verloren. Eine Folge war, daß die Lebensmittelrationierung bis Anfang der fünfziger Jahre beibehalten werden mußte. Danach setzte ein wirtschaftlicher Aufstieg ein, der bis zum Anfang der sechziger Jahre anhielt. Das Vorbild der Elterngeneration, nach immer mehr materiellen Werten zu streben, wurde von vielen jungen Menschen nicht angenommen. Sie lehnten die Heuchelei und Verlogenheit ab, die überall durch bürgerliche Moralität durchschimmerte.

Teile der jungen Generation suchten nach Möglichkeiten, sich vorsätzlich von den Lebensformen der Erwachsenen abzusetzen, die von den Eltern abgelehnte Rock 'n' Roll-Musik bot ihnen dazu Gelegenheit. Hier fanden sie eine Domäne, die sie für sich allein hatten.

Zu Beginn der sechziger Jahre verschlechterte sich die wirtschaftliche Situation in England. In solch einem industriellen Ballungsgebiet sind Auswirkungen einer heraufziehenden Krise besonders hart. Arbeitslose vor den Arbeitsämtern; Jugendliche, die nach Verlassen der Schule keine Aussicht auf einen Ausbildungsplatz haben, die nicht einmal mit einem Job als Hilfsarbeiter rechnen können. Eine Zeit, die geprägt ist durch Arbeitslosigkeit und einen Mangel an Möglichkeiten für Jugendliche, sich zu erproben und zu beweisen, ist keine gute Zeit hoher Ideale.

In England wie in den meisten anderen hochentwickelten kapitalistischen Ländern fand eine „lautlose" Rebellion der Jugend statt. Lautlos in dem Sinne, daß sich aus dem Protest keine politische Bewegung formierte, wie später, in der zweiten Hälfte der sechziger Jahre, als unter Führung der studentischen Jugend Hunderttausende in den großen Städten der USA und Westeuropas mit politischen Forderungen auf die Straße gingen. Der Protest der Jugend in England Ende der fünfziger Jahre artikulierte sich auf andere Art und Weise. Man setzte sich vorsätzlich und demonstrativ von den geltenden Verhaltensnormen ab. Man hörte Musik, die aus den USA kam, die Rock 'n' Roll hieß, kleidete sich auf eine Weise, die beträchtlich von der englisch-konservativen Mode abwich. Auf der Suche nach Vorbildern fand man die „Helden" der Rock- und Popszene und nahm sie an.

Bürgerliche Ideologen reduzieren alle diese Erscheinungen auf einen Eltern-Kinder-Konflikt, nennen ihn Generationskonflikt. Daß es sich hier um eine Krise der kapitalistischen Gesellschaft handelt, die sich auch auf alle sozialen Beziehungen auswirkt, wird von ihnen verschwiegen.

In einem Artikel in der „Frankfurter Allgemeinen Zeitung" zum Jahreswechsel 1955/56 wird sich mit dem sogenannten „Halbstarkenproblem", das die gesamte westeuropäische Öffentlichkeit beunruhigte, auseinandergesetzt. Wenn diese Tendenz der Verrohung und Verwahrlosung unter den Jugendlichen anhalte, habe man mit einer Gefahr zu rechnen, die „schlimmer als die Atombombe" sei, ist da zu lesen. Die Ursache für diese bedrohliche Entwicklung, so behauptet der Artikelschreiber, liege im Versagen der Eltern, die nicht mehr Willens oder in der Lage sind, ihre Kinder wirklich zu erziehen. Eine Einschätzung, die an der Realität vorbeigeht, weil sie die gesellschaftlichen Ursachen nicht aufdeckt.

Bevor sich die „lautlose" Rebellion in eine politisch-laute verwandeln konnte, wurde sie kommerziell geschickt abgefangen. Es entwickelte sich eine Freizeitindustrie, die ausschließlich für jugendliche Bedürfnisse produzierte: Musik, Mode, Musikinstrumente, Kosmetika, Schallplatten, Kofferradios, Plattenspieler. Bereits 1959 erreichte diese Industrie einen Umsatz von etwa 10 Billionen Dollar.

Nicht genug damit, als Ersatz für Ideale bot man Idole. Mit dem Märchen vom Tellerwäscher zum Millionär war kein Hund mehr hinter dem Ofen hervorzulocken, also mußte ein neues her:

Es war einmal ein Junge, der ein einfacher Kraftfahrer war. Eines Tages griff er zur Gitarre, fing an zu singen und wurde Millionär ... So etwa ging die Elvis-Presley-Story. Zeitschriften und Magazine, speziell für junge Leute gemacht, kolportierten in Massenauflagen solche Storys am laufenden Band.

Ende der fünfziger Jahre griffen Tausende Jugendliche zur Gitarre, um ihren Idolen nachzueifern, beseelt von dem Traum, wie sie reich und berühmt zu werden.

Unter ihnen waren auch John und seine Freunde.

In der folgenden Zeit bildeten sich Dutzende Bands, nicht nur in Liverpool. Es war auch die Zeit, in der Clubs wie Pilze nach dem warmen Regen aus dem Boden schossen. In seinem Buch „Beat – die sprachlose Opposition" kennzeichnet der BRD-Publizist Dieter Baacke die Situation: „Die sozialen Spannungen in der Gesellschaft werden besonders dem Jugendlichen bewußt, der sich einen Platz in ihr suchen muß. Sind die Bedingungen so ungünstig, wie teilweise in Liverpool, wo Probleme der Wohnung, der Ausbildung und des Arbeitsplatzes eine Rolle spielen, weicht er in die Kriminalität aus (1962 wurden 34,2 Prozent aller strafbaren Handlungen in England von Jugendlichen zwischen 14 und 21 Jahren begangen), oder er sucht sich einen Schutzraum, der die Befriedigung seiner persönlichen Bedürfnisse verspricht, wenn auch nur vorübergehend. Ein solcher Schutzraum sind die Beatkeller, die in den finsteren und engen Straßen der Stadt entstanden, wo sich aus dem amerikanischen Rock 'n' Roll, dem volkstümlichen, sanghaften Skiffle und Zutaten des New-Orleans-Jazz allmählich eine Musik ergab, die dann Beat genannt wird." –

Die *Quarrymen* kämpften im großen Feld der vielen Bands, um nach vorn zu kommen. Einen eignen Sound, mit dem sie sich von den anderen Gruppen hätten absetzen können, hatten sie noch lange nicht. Ab und zu spielten sie auf irgendwelchen Veranstaltungen und Partys, weiter ohne nennenswerten Erfolg. John gelang es nicht, einen Schlagzeuger an seine Gruppe zu binden, was sich auf die Dauer als Handicap erwies. Jungen, die Schlagzeug spielten, gab es genug, aber kaum einer besaß ein eigenes Instrument. Für ein komplettes Schlagzeug mußte man weit über hundert Pfund hinblättern. Wer hatte die schon? Jungen mit eigenem Schlagzeug waren gesuchte Leute. Und sie wußten, was sie wert waren. Manchmal gelang es John, einen zum Mitspielen zu überreden, aber nur für einen Abend. Inzwischen besaß fast jede Gruppe, die auf sich hielt und es sich leisten konnte, eine Verstärkeranlage. Auch die fehlte den *Quarrymen*.

Wieder beteiligte sich John an einem Vorausscheid zu einer Talenteshow, diesmal hatten sie einen Schlagzeuger dabei, Colin Hanton. Den Vorausscheid überstanden sie, man wollte sie beim Endausscheid sehen, der in Manchester stattfinden sollte. Das war die Chance! Am Ende der Veranstaltung in Manchester lockte ein Auftritt im Fernsehen. Schon sahen sich John und seine Freunde in London, New York ganz oben auf der Erfolgsleiter. John gab seiner Gruppe kurz vor der Reise nach Manchester einen neuen Namen, *Johnny and the Moondogs* hießen sie nun. Das Schlagzeugproblem war gelöst. Colin Hanton, der bei diesem Auftritt seine Chance witterte, ging mit auf die Reise. Allerdings war da noch ein anderes Problem. *Johnny and the Moondogs* waren knapp bei Kasse. Im Bus auf der Hinfahrt stellte Paul fest, daß sein Geld nicht für die Rückfahrt reichte. Ein mildtätiger Fahrgast schenkte ihm zwei Shilling. In Manchester spielten sie wie die Teufel, aber das Finale, das im Fernsehen übertragen und bei dem auch die endgültigen Sieger gekürt wurden, fand ohne *Johnny and the Moondogs* statt. Wütend, auf Gott und die Welt fluchend, saßen sie zu dieser Zeit im Bus, dem letzten, der zurück nach Liverpool fuhr. Hätten sie das Geld gehabt, um in Manchester zu übernachten, wären sie im Finale zu sehen gewesen.

Bald darauf verschaffte George Harrisons Vater den *Moon-*

dogs eine neue Chance. Ein Kinobesitzer suchte eine Band, die zwischen den Vorstellungen auf der Bühne etwas für Stimmung sorgen sollte. Der Kinobesitzer war bereit, mit *Johnny and the Moondogs* einen Versuch zu machen.

Colin Hanton erzählte: „Am Anfang ging alles wunderbar. Wir waren in Bombenstimmung. Es gab eine richtige Bühne mit Vorhang, der rauf- und runtergelassen wurde. Weil er nicht funktioniert hat, haben wir bei der ersten Tour sechs Titel anstatt fünf gespielt. Die Leute waren begeistert. In der Pause sagte uns jemand, daß für jeden von uns ein Glas Bier ausgegeben worden war. Aus dem einen wurden zwei, und dann drei. Als wir wieder auf der Bühne standen, ging alles daneben, weil wir betrunken waren. Der Mensch vom Kino engagierte uns nicht. Auf der Heimfahrt stritten wir uns, und ich dachte, gut, das war's halt, ich spiel nicht mehr mit denen."

Damit war auch diese Chance vertan, John stand wieder ohne Schlagzeuger da.

Obwohl es längere Zeit keine Auftritte mehr gab, machten sie weiter, spielten ab und zu auf Geburtstagspartys und wechselten den Gruppennamen wie ihre Hemden. Nach *Quarrymen* und *Johnny and the Moondogs* hießen sie *Rainbows* und *Nurk Twins*, wenn John und Paul als Duo auftraten. George spielte manchmal in einer Gruppe mit, die *Les Stuart Quartett* hieß und im „Lowland-Club" in West Derby auftrat. John litt darunter, daß er mit seiner Gruppe nicht vorankam. Aber der Gedanke aufzugeben, der kam ihm nie.

Die Kunstschule sah ihn immer seltener, dort herumzusitzen, hielt er für verlorene Zeit.

Unerwartet ergab sich für John und seine Band die günstige Gelegenheit, Anschluß an einen neueröffneten Club zu finden. Mona Best, eine Frau indischer Abstammung, richtete in den Kellerräumen ihres Hauses einen Club ein, den sie „Casbah" nannte. George war es, der die ersten Fäden knüpfte, durch ihn stieß auch ein neuer Mann zu Georges Band, Ken Browne, der seine 10-Watt-Verstärkeranlage mitbrachte. Das gab der Gruppe Aufwind.

Mona Best achtete darauf, daß ihr „Casbah-Coffee-Club" nicht, wie die meisten Clubs in Liverpool, einen zwielichtigen

Charakter bekam. Es gab nur Kaffee, Süßigkeiten und alkoholfreie Getränke. Abend für Abend spielten John, Paul, George und Ken für richtige Gage – drei Pfund pro Abend. Mona Bests Geschäft florierte. Johns Band zog die Teenager von West Derby an. John spürte zum erstenmal den Geschmack von Erfolg, wenn er auch, an der Dreipfundgage gemessen, nicht gerade überwältigend war.

Cynthia saß jeden Abend im Club, war stolz auf John und auch eifersüchtig, wenn sie sah, daß andere Mädchen ihm schöne Augen machten.

An den Wochenenden war der Zustrom zum „Casbah"-Club so stark, daß Mona Best zwei Ordner am Eingang postierte, die den Einlaß regelten. Pete Best, der älteste Sohn der Chefin des Clubs, verfolgte mit Interesse die Auftritte von John und seinen Freunden. Zwar wollte er Lehrer werden, aber die Rock 'n' Roll-Musik faszinierte ihn; er selbst betätigte sich gelegentlich am Schlagzeug.

Aber die Zeit im „Casbah"-Club endete bald, und zwar mit einem Krach. Mona Best erzählt: „Alles war in bester Ordnung, bis eines Abends Ken Browne mit einer starken Erkältung in den Club kam. Ich sah sofort, daß er nicht so spielen konnte. Ich sagte zu ihm: ‚Komm, geh zu meiner Mutter rauf, ich bring dir was Heißes zu trinken.' Aber Ken sagte nein, blieb unten im Club und sah den anderen beim Spielen zu. John, Paul und George spielten ohne ihn, und zum Schluß gab ich jedem von ihnen den üblichen Anteil an der Gage. Sie brummelten ein bißchen und fragten dann, wo der Rest von den drei Pfund wäre. Ich sagte ihnen, daß ich ihn Ken gegeben hätte. Damit waren sie nicht einverstanden und wollten die ganzen drei Pfund für sich. Aber es war schon zu spät, Ken hatte sein Geld ja bekommen. Sie stritten sich, und Ken sagte dann, er wäre fertig mit ihnen. John und die beiden anderen gingen auf der Stelle."

Damit stand John wieder draußen; es war ein übereilter Entschluß gewesen, den Job bei Mona Best aufzugeben. In anderen etablierten Clubs war es nicht möglich, Fuß zu fassen, jedenfalls nicht für Johns Band, da wurde die laute Rock 'n' Roll-Musik abgelehnt und war verpönt, dort dominierte der Jazz. Das traf zu der Zeit auch für den später berühmten „Cavern"-Club zu.

Nicht ohne Ärger und deshalb auch ungerecht, was den Jazz betrifft, sagte John zu diesem Thema: „Wir waren immer gegen Jazz. Das ist meiner Meinung nach eine Scheißmusik für Studenten, noch blöder als der Rock 'n' Roll. Jazz führt nirgends hin, vollbringt nichts, ist immer dasselbe. Die Jazzer tun nichts weiter als literweise Bier saufen. Wir haßten die Jazzer ganz besonders deshalb, weil man uns am Anfang nicht in jedem Club spielen lassen wollte. Dort wollten sie nur Jazz hören. Wegen der Jazzbands ließ man uns niemals vorspielen."

Die Besucher der Jazz-Clubs rekrutierten sich aus einer anderen sozialen Schicht als die Fans des Rock 'n' Roll. In den Jazzkellern Liverpools trafen sich Jugendliche aus Kreisen des gehobenen Mittelstandes, Studenten überwiegend, Intellektuelle und Angestellte, während die heiße Rockmusik von Jugendlichen aus den unterprivilegierten Schichten bevorzugt wurde.

Erst mal änderte John wieder den Namen seiner Band. Buddy Holly war es, dessen Musik sie zu der Zeit besonders gut fanden, und um den Namen seiner Begleitband *Crickets* (Grillen) beneideten sie ihn. Wie sie zu ihrem endgültigen Namen *Beatles* kamen, darüber gibt es eine ganze Reihe unterschiedlicher Aussagen, auch aus dem Munde der Beatles. Ein Mann auf einem fliegenden Teppich sei an ihrem Fenster vorbeigeflogen und habe ihnen den Namen *Beatles* zugerufen, ließen sie irgendwann verlauten. Der Wahrheit näher scheint wohl die Variante zu sein, die John Lennon schilderte: „Eines Tages saß ich zu Hause und dachte gerade daran, wie gut der Name *Crickets* für eine englische Gruppe war. Da fiel mir plötzlich der Sammelbegriff ‚beetles' (Käfer) ein. Ich beschloß, diesen Namen anders zu schreiben, nämlich *Beatles* und damit an die Beat-Musik zu erinnern, nur so zum Spaß." Dennoch firmierten sie unter einem anderen Namen. Mode waren lange Gruppennamen wie zum Beispiel *Cliff Richard and the Shadows, Cass and the Casanovas* – so nannten sie sich *Long John and the Silver Beatles.*

Dann war wieder eine hoffnungsträchtige Probevorstellung in Sicht. Als sie vor dem Auftritt nach ihrem Namen gefragt wurden, sagten sie *Silver Beatles.* Dieser Name schien ihnen Glück zu bringen. Ausschlaggebender war wohl ihre gestiegene musikalische Qualität. Sie beherrschten, bis auf Stu Sutcliffe, ihre Instrumente, und ihr Repertoire umfaßte alles, was gerade „in" war.

Es war Allen Williams, der Besitzer des „Jacaranda"-Clubs in Liverpool, der den *Silver Beatles* auf die Sprünge half, was keineswegs ein Akt purer Selbstlosigkeit war. Williams hatte entdeckt, daß man mit dem Managen von Gruppen mehr Geld machen konnte als mit dem Betreiben eines Clubs.

John und seine Freunde waren Stammkunden im „Jacaranda", aber nicht als bestellte Musiker, sondern „als Tagediebe, die dem lieben Herrgott die Zeit stahlen", wie Williams es nannte.

John fragte Williams, ob er sich nicht für seine Gruppe einsetzen könne. Er wußte, daß Allan Williams gute Kontakte zu dem Londoner Top-Manager Larry Parnes hatte, der ständig auf der Suche nach Begleitgruppen für seine Stars war. Weil John und Stu bei der Ausgestaltung von Karnevalswagen für Williams geholfen hatten, versprach er ihnen unverbindlich, gelegentlich etwas für sie zu tun. Erst mal durften sie die Damentoilette streichen und die Wände des Clubs bemalen. Als Williams zusammen mit Larry Parnes im Boxstadion von Liverpool ein Konzert veranstaltete, standen die *Silver Beatles* am Rande des Boxringes und sahen zu, wie sich ihre alten Widersacher, die Gruppe mit dem Liliputaner Nicky Cuff, zwischen den Seilen „schafften", sie hörten *Rory Storm* und seine Band und *Cass and the Casanovas* und ärgerten sich.

Aber Williams tat dann doch etwas für John; er besorgte ihm einen Schlagzeuger, der ein eigenes Schlagzeug besaß, den damals sechsunddreißig Jahre alten Tommy Moore, der als Gabelstaplerfahrer in einer Flaschenfabrik arbeitete. Gleich bei ihrer ersten Probe erwies sich Tommy Moore als ein guter Mann.

Von nun an versammelte John seine Freunde regelmäßig im Keller des „Jacaranda", sein Ziel war, die Qualität der Gruppe so zu steigern, daß Williams gar nicht anders konnte, als ihnen ein paar Auftritte zu vermitteln. Ab und zu durften sie im „Jacaranda" spielen, doch nur, wenn die Hausband, die *Royal Caribean Steelband*, ihren „Haushaltstag" hatte.

Und wieder gab es eine Chance für die *Silver Beatles*.

Larry Parnes kam nach Liverpool, um für seinen Star Billy Fury eine Begleitband für eine Tournee zu suchen. Er hörte sich verschiedene Gruppen an, auch die *Silver Beatles* durften ihm vorspielen.

„Billy Fury war damals ein großer Star", erinnerte sich John Lennon, „TV-Auftritte, Tourneen und viel Geld winkten, und wir spielten wie die Teufel."

Parnes und auch Billy Fury waren von den *Silver Beatles* angetan. Aber es gab ein Problem, und das hieß Stuart Sutcliffe. John Lennon sagte dazu: „Er konnte immer noch nicht richtig spielen. Bei unseren Auftritten stand er mit dem Rücken zum Publikum, damit niemand sah, wie wenig er auf dem Baß konnte, wie einfach und primitiv er im Grunde spielte. Dasselbe machte er auch beim Vorspielen an jenem Tag. Trotzdem merkte es Larry Parnes. Er meinte, wenn wir uns einen neuen Baßspieler suchen würden, könnten wir den Job haben."

Die *Silver Beatles* wurden nicht engagiert, weil John den Freund nicht aus der Gruppe ausschließen wollte. Er sagte: „Alle oder keiner." Hätte John zu dieser Frage die anderen gehört, Stuart wäre gnadenlos geflogen. Aber er fragte sie nicht. Die Freundschaft zu Stu war ihm sehr viel wert, jedenfalls mehr als das Engagement.

Durch Johns Entscheidung verschlechterte sich das Klima in der Band. Paul, der den Erfolg nicht weniger wollte als John, sah, daß Stuart Sutcliffe der Stolperstein auf dem Weg nach oben war. Bevor John Stuart in die Band geholt hatte, war Paul die Nummer 1 bei John gewesen, dann hatte er geglaubt, Stuart würde ihm diesen Platz streitig machen und war eifersüchtig auf ihn gewesen. Als nun auch noch seinetwegen die Tournee nicht zustande kam, verstand es Paul, ihn zu ärgern, sobald sich die geringste Möglichkeit dazu bot.

Wenige Wochen nach dem mißglückten Vorspiel schrieb Larry Parnes einen Brief an Allan Williams, der sich inzwischen als Manager der *Silver Beatles* fühlte. Parnes wollte Johns Gruppe als Begleitband für den von ihm betreuten Johnny Gentle engagieren. Für zwei Wochen sollten sie auf Tournee nach Schottland gehen. Die Gage: vierzehn Pfund pro Woche. Und Stuart durfte mit dabeisein.

War das der ersehnte Erfolg?

Für John gab es keinen Zweifel, es war der Erfolg. Sie fuhren das erstemal richtig auf Tournee, für richtige Gage, mit einem richtigen Star, konnten Abend für Abend auf der Bühne stehen. Für John war es der Beweis, daß sein Entschluß, mit Musik zu Ruhm und Reichtum zu kommen, nicht falsch gewesen war. Vierzehn Pfund die Woche, welch große Entfernung zum Millionär, aber welch große Hoffnung ...

Paul, George, Stu und Tommy Moore waren nicht weniger begeistert. Während der Tournee durch Schottland flaute die Begeisterung merklich ab. Über mangelnde Erfolge konnten sie nicht klagen. Johnny Gentle gab zu, daß die *Silver Beatles* beim Publikum besser ankamen als er. Aber die Begleitumstände, unter denen die Tournee ablief, waren etwas anders, als sie sich John vorgestellt hatte. Mit einem klapprigen Lieferwagen fuhren sie von Ort zu Ort. Johnny Gentle saß am Steuer. Der Alkoholspiegel in seinem Blut sank selten auf die Nullgrenze. Gleich am zweiten Tag fuhr er auf ein geparktes Auto auf. Dem Lieferwagen passierte nicht viel, aber Tommy Moore mußte mit einer leichten Gehirnerschütterung und wackelnden Schneidezähnen ins Krankenhaus eingeliefert werden. Abends erschienen John und die anderen, um ihn aus dem Bett zu holen. Willenlos, weil er unter dem Einfluß von schmerzlindernden Tabletten stand, ließ sich Tommy aus dem Krankenhaus entführen.

Am nächsten Morgen ging es weiter.

John achtete darauf, daß auf der Tournee nichts schiefging, er wußte, was für ihn und die Band vom Gelingen dieses Unternehmens abhing.

Die letzte Station ihrer zweiwöchigen Reise war Inverness. Morgens kamen sie dort todmüde an, ins Hotel ließ man sie noch nicht.

„Wir mußten spazierengehen, immer um den Hafen mit seinen Fischerbooten herum. Für mich war das der Gipfel. Ich hatte die Schnauze gestrichen voll – besonders von diesem Lennon. Außerdem hatte ich Hunger", erzählt Tommy Moore.

John war mit dem Tourneeverlauf zufrieden, beim Publikum waren sie gut angekommen, zwar hatte Tommy seine Schneidezähne eingebüßt, aber was wog das gegen den Erfolg und die Hoffnung, daß die *Silver Beatles* nun sicher bei Allan Williams höher im Kurs stehen würden. Finanziell hatte sich ihre Situation durch die Tournee nicht verbessert. Mehr als ein paar Pfund brachten sie nicht mit nach Hause.

Als Tommy seiner Freundin das Geld auf den Tisch legte, das ihm die Tournee eingebracht hatte, sagte sie ihm, daß er, wenn er die zwei Wochen im Glaswerk gearbeitet hätte, beträchtlich mehr verdient hätte. Tommy wußte, daß sie recht hatte.

Aber Johns Hoffnung schien sich zu erfüllen. Allan Williams, der inzwischen die „Jacaranda Enterprises Agentur" gegründet hatte, nahm die *Silver Beatles* in den Kreis der Gruppen auf, die er an Veranstalter in Liverpool und Umgebung vermittelte.

Damit war der April 1960 für John und seine Gruppe der erfolgreichste Monat seit ihrem Bestehen geworden. Es ging ganz gut weiter. Bald nach der Tournee vermittelte Williams Johns Band an Les Dodd, der den Grovenor-Tanzsaal in Wallasey betrieb. Mit ihnen stand eine Band auf der Bühne, die in Liverpool schon einen guten Ruf hatte: *Gerry and the Pacemakers.* Die Plakate, die die beiden Gruppen ankündigten, priesen sie als „Jive- und Rockspezialisten" an.

Kaum hatten sie ein paar Auftritte hinter sich, da traf John ein unerwarteter Rückschlag: Tommy Moore, der Mann am Schlagzeug, stieg aus. Seine Freundin hatte ihn überzeugt, daß es besser sein würde, wenn er seinen Job im Glaswerk wieder aufnähme, diese Arbeit bot ihr mehr Sicherheit.

Wieder stand John vor dem alten Problem: Wo einen Drummer herbekommen? John ging zur Glasfabrik, um mit Tommy zu sprechen, aber er ließ nicht mit sich reden. John besuchte ihn abends nochmals bei seiner Freundin; sie warf ihn raus.

Für John, Paul und George gab es neben der Musik kaum etwas, was ihnen wichtig erschien. Nur Stuart Sutcliffe, der seine Künste auf der Baßgitarre nicht überschätzte, wußte, daß es nicht die Musik war, die seine Zukunft bestimmen würde. Nach wie vor hatte es ihm die Malerei angetan. Dennoch, sein Lehrer Arthur Ballard bekam ihn selten zu Gesicht, noch seltener sah er John. Auch für George und Paul waren Schule und Ausbildung reizlos geworden. Für sie gab es nur noch die Musik.

Nach Tommy Moores Weggang war es für die *Silver Beatles* schwerer geworden, lohnende Auftritte zu bekommen. Eine ganze Weile tingelten sie in einem Stripteaselokal in der Upper

Parliament Street. Lustlos zupften sie die Saiten, während sich Janice, die Stripteasetänzerin, entblätterte. Manchmal spielten sie nachmittags im „New Colony"-Club, der einem Westinder mit dem hochstaplerischen Namen Lord Woodbine gehörte. Ihr Publikum: Seeleute und deren Stundenbräute. Nicht selten gab es Streit zwischen den Seeleuten, den Lord Woodbine schnell beendete, indem er drohend mit seinem langen Entermesser herumfuchtelte. Diese Atmosphäre wirkte nicht gerade stimulierend auf die *Silver Beatles* und die zehn Schilling Gage pro Auftritt erst recht nicht.

Wieder war es Allan Williams, der in die Speichen griff. Und der Zufall spielte dabei eine Rolle.

Als Williams eines Abends in seinen „Jacaranda"-Club kam, hätten eigentlich die Musiker der *Royal Caribean Steelband* auf ihre Benzinfässer einschlagen müssen. Aber sie waren nicht da. Ein Agent aus der BRD hatte sie abgeworben. Die *Silver Beatles* sprangen gern in die Bresche. Und Williams hatte eine Idee: Beatgruppen gab es inzwischen fast mehr als Zuhörer in Liverpool. Wäre nicht damit Geld zu verdienen, einfach die besten davon nach Hamburg zu verkaufen ...

Williams machte sich mit Bandaufnahmen von verschiedenen Gruppen auf nach Hamburg. Unter Minderwertigkeitskomplexen litt er nicht, den Chefs der Clubs in Hamburg präsentierte er sich als „Manager der weltbesten Rock 'n' Roll-Gruppen". Auf Bruno Koschmieder, den Besitzer des „Kaiserkellers" aber machte das Eindruck. Koschmieder fuhr selbst nach England, um sich einige Bands an Ort und Stelle anzuhören. Williams schickte sehr bald die Gruppe *Derry and the Seniors* und *Tony Sheridan* nach Hamburg. Koschmieder war mit ihnen zufrieden und bat Williams brieflich, eine dritte Gruppe zu schicken, die er im „Indra" auftreten lassen wollte, einem weiteren Club, der ihm gehörte.

Williams wollte die Band *Rory Storm and the Hurricans* auf die Reise gehen lassen, aber sie waren nicht zu haben. Da fielen ihm die *Silver Beatles* ein. Er schickte Probeaufnahmen nach Hamburg. Koschmieder wollte sie. Zwar beschwerte sich Derry Wilkie, der Sänger der „Seniors", bei Williams, weil er der Ansicht war, eine so müde Gruppe wie die *Silver Beatles* würde das Ansehen der Liverpooler Beatmusik ruinieren.

Weil er aber keine andere Band zur Verfügung hatte, machte Williams John das Angebot, mit seiner Gruppe nach Hamburg zu gehen.

Wenn das nicht der Durchbruch sein sollte, was dann?

John fiel der Abschied von der Kunstschule leicht, durch die Prüfungen war er ohnehin durchgefallen.

Stuart Sutcliffe hatte Zweifel. Gerade sollte er mit einer einjährigen Lehrerausbildung beginnen. Erst die Zusage der Kunstschule, den Kursus auch später aufnehmen zu können, ließ ihn die Entscheidung treffen, mit nach Hamburg zu gehen.

Paul McCartney hatte gerade seine Prüfungen hinter sich. Nach dem Willen seines Vaters sollte er ab Herbst eine Lehrerausbildung beginnen. Verständlicherweise ließ er seinen Sohn nur ungern nach Hamburg gehen, aber da die Reise in die Ferienzeit fiel, stimmte er zu, in der Hoffnung, danach würde Paul schon wieder „vernünftig" werden.

Am wenigsten Schwierigkeiten hatte der Jüngste von ihnen, George, der gerade siebzehn war. Zwar paßte es seiner Mutter nicht, daß er ausgerechnet in dieses Sündenbabel Hamburg fahren wollte, da sich George aber entschlossen zeigte, behielt sie ihre Bedenken für sich.

Für Tante Mimi war es ein harter Schlag. Sie hatte immer noch geglaubt, John würde es auf der Kunstschule zu etwas bringen; den Umgang mit Paul und George hatte sie ihm verboten, sie unterband auch, daß John zu Hause Gitarre spielte. All diese Maßnahmen blieben wirkungslos, weil John wie eh und je hinter ihrem Rücken tat, was er für richtig hielt.

John versuchte Mimi mit seiner Begeisterung für den Hamburg-Trip anzustecken.

„Mimi, ist das nicht wunderbar? Ich werde hundert Pfund die Woche bekommen. Ist das nicht fabelhaft?"

Mimi fand es weder fabelhaft noch wunderbar. John lag viel daran, den Segen seiner Tante für das Hamburg-Unternehmen zu bekommen, er wäre mit einem besseren Gefühl gefahren. Doch durch Mimis ablehnende Haltung ließ er sich von seinem Plan nicht abbringen. Irgendwo, weit in seinem Hinterkopf, hatte er den Gedanken: Sollte in Hamburg alles schiefgehen, dann würde er eben wieder an die Kunstschule zurückkehren.

Das Hamburg-Engagement konnte zu einer Zäsur in seinem Leben werden, das spürte er. Das erstemal würde er für längere Zeit von zu Hause weg sein, genauer gesagt, von Tante Mary; er würde im Ausland arbeiten und gutes Geld verdienen, wenn auch nicht hundert Pfund, wie er seiner Tante erzählt hatte.

Cynthia stand dem Unternehmen skeptisch gegenüber.

„Die Gruppe hatte ihre eigenen Fans", so erzählte sie, „ich wußte, daß sich viele Mädchen um sie drängten. Aber ich wurde nicht mehr eifersüchtig. Ich kam mir soviel älter vor als diese Mädchen. Ich war mir meiner Sache sicher. Hamburg allerdings machte mir viel größere Sorgen. Es war so weit weg, und es sollte so lange dauern. Die Mädchen in Liverpool kannte ich, aber die Situation in Hamburg war mir völlig unbekannt. In Hamburg konnte alles mögliche passieren."

Aber noch waren John und seine *Silver Beatles* nicht in Hamburg. Schließlich standen sie ohne Schlagzeuger da. Entweder sie fanden schnellstens einen Drummer, oder aus dem Traum Hamburg wurde nichts.

Da fiel ihnen Pete Best ein, der Sohn der Chefin des „Casbah"-Clubs. Er war gerade mit der Schule fertig und hatte eigentlich vor, Lehrer zu werden. Aber seine Liebe galt auch der Musik. Zusammen mit Ken Browne, dem ehemaligen *Quarrymen*-Mitglied, hatte er eine Weile zusammen gespielt. Pete Best war gerade glücklicher Besitzer eines funkelnagelneuen Schlagzeugs geworden und liebäugelte mit der Karriere als Berufsmusiker.

John fragte, ob er nicht Lust hätte, bei den *Silver Beatles* einzusteigen und mit nach Hamburg zu kommen. Und ob er wollte ...

Damit stand der Reise nach Hamburg nichts mehr entgegen.

Hamburg 1960: „Make Show!"

Am 16. August verfrachtete Allan Williams John und seine Freunde, die das „*Silver*" im Gruppennamen gestrichen hatten und sich von nun an *The Beatles* nannten, in einen blauen Kleinbus.

Zum Abschied hatte sich nur Stuart Sutcliffes Mutter eingefunden. John war in bester Stimmung. Die Tatsache, daß man sie in Hamburg hören wollte, und der Umstand, daß er und seine Freunde zum erstenmal ins Ausland reisten, hob die Stimmung gewaltig.

Als in Newhaven ihr Bus auf das Fährschiff rollte, waren sie sich sicher, daß goldene Zeiten vor ihnen lagen.

Der Vertrag, den John in der Tasche hatte, lief vom 18. August bis zum 16. Oktober 1960 und garantierte ihnen eine wöchentliche Gage von 150 Pfund, entsprechend dem damaligen Umrechnungskurs erhielt jeder 200,– DM auf die Hand.

Dazu kam bei allen das Gefühl uneingeschränkter Freiheit, denn fern von Liverpool und unerreichbar für erzieherische Einflüsse von seiten der Eltern konnten sie endlich tun und lassen, was sie wollten.

In Hoek van Holland verließen sie nach fröhlicher Überfahrt das Fährschiff. An der Grenzstation zwischen Holland und der BRD wäre ihre Reise fast zu Ende gewesen.

Einen Vertrag besaßen sie zwar, aber niemand war im Besitz einer gültigen Arbeitserlaubnis. Auf die Frage des Grenzbeamten, was sie in Hamburg zu tun gedächten, log John, sie seien Studenten und wollten Freunde besuchen.

Mißtrauisch blickten die Beamten auf die Gitarren, ließen sie aber dann doch ziehen.

Am 17. August, einem Mittwoch, fährt ihr Bus gegen Mitternacht über die Reeperbahn. Grellbunte Leuchtreklame und hektischer Betrieb auf Hamburgs berühmter Amüsiermeile machen Eindruck auf die Jungen aus Liverpool.

Stuart Sutcliffes Stimmung ist etwas verhaltener, er beteiligt sich nicht am Jubelgeschrei von John, Paul, Pete und George. Ihm kommen Zweifel, ob es richtig war, mit nach Hamburg zu gehen. Er weiß, daß er mehr Talent für die Malerei hat als für die Musik. Nur die enge Freundschaft zu John ließ ihn die Reise nach Hamburg antreten.

Der Kleinbus verläßt die Reeperbahn, biegt in die Große Freiheit ein, hält vor dem „Kaiserkeller".

Die Stimmung, die ihnen entgegenschlägt, bestärkt John in seiner Meinung, daß sie hier genau richtig sind. Der Club ist voll bis zum letzten Stuhl, dichtes Gedränge auf der Tanzfläche, das ausschließlich junge Publikum geht mit der Musik mit, zuckende Lichteffekte, synchronisiert mit dem Rhythmus der Musik ...

Bruno Koschmieder, der Besitzer des „Kaiserkeller", begrüßt die *Beatles* und teilt ihnen mit, daß sie hier nicht spielen werden. Er führt sie ins „Indra", das ihm ebenfalls gehört. Bisher ein Stripteaseclub, soll mit Hilfe der *Beatles* ein Rocklokal daraus gemacht werden.

Was John und seine Freunde zu sehen bekommen, wirkt recht ernüchternd auf sie. Vor der Tür liegen Berge von Dreck, innen ist alles schmutzig und macht einen heruntergekommenen Eindruck. Vergeblich halten sie Ausschau nach einem Plakat, das ihren Auftritt ankündigt.

Als Garderobe weist ihnen Koschmieder einen schmuddeligen Raum an, der gleichzeitig Herrentoilette ist.

Schlimmer kann es nun nicht mehr kommen, denken die fünf Liverpooler. Sie irren sich!

Sie sehnen sich nach ihrem Hotelzimmer, sind müde von der Fahrt, desillusioniert von den ersten Eindrücken.

Koschmieder führt sie ins „Bambi", ein Kino, dessen Eigner er auch ist. Er bringt sie in einen kleinen Raum, der unmittelbar hinter der Vorführleinwand liegt. Eine Glühbirne wirft dürftiges Licht auf fünf eiserne Bettgestelle, auf denen ramponierte Matratzen liegen. Die Tapete hängt in Fetzen von den Wänden, in der Ecke des Raumes befindet sich ein gesprungenes Waschbecken, darüber ein tropfender Wasserhahn. Das soll ihr „Hotelzimmer" für die nächsten Monate sein.

Einen Tag später standen sie dann abends auf der Bühne des „Indra", spielten ihr Repertoire herunter, das zu der Zeit ausschließlich aus Titeln der amtierenden Rockidole Bill Haley, Little Richard, Gene Vincent, Chuck Berry, Carl Perkins und anderen bestand.

Das im „Indra" versammelte Publikum, überwiegend Seeleute, Prostituierte und reifere Herren aus der Provinz, wollte Striptease sehen, nach Rock 'n' Roll-Musik stand ihm nicht der Sinn.

Für ihre musikalischen Darbietungen ernteten die *Beatles* Pfiffe, rauhe Männerstimmen riefen fordernd nach Mädchen, die sich ausziehen sollten. Eine Woche lang quälten sich John und seine Band erfolglos vor diesem Publikum ab, dann sah Koschmieder ein, daß sein Versuch, aus dem Strip-„Indra" einen Rockclub zu machen, gescheitert war. Er ließ wieder die Stripteasegirls auf die Bühne, die *Beatles* zogen um in den „Kaiserkeller".

Hier spielten sie vor einem anderen Publikum: Mädchen, die tagsüber hinter der Schreibmaschine saßen oder hinter dem Ladentisch standen; Jungen, die noch das Knattern der Niethämmer auf den Werften und das Dröhnen der Maschinen in den Werkhallen in den Ohren hatten.

Optisch unterschieden sich die Jungen auf der Bühne kaum von ihrem Publikum. Wie sie trugen sie ihr Haar, hatten sie Lederjacken an und enge Jeansröhren.

Einen Eindruck von der damaligen Situation vermittelt eine Aussage John Lennons: „Meine erste Shownummer bestand darin, während eines Songs über die Bühne zu springen wie Gene Vincent. Jede Nummer dauerte übrigens zwanzig Minuten, um wirklich jeden aus der Band zum Zuge kommen zu lassen. Von da an dachte sich jeder von uns eine eigene Nummer aus. Nur ein einziges Mal versuchten wir einen Titel auf deutsch zu singen. Paul hatte *Wooden Heart* gelernt, damals ein Riesenhit. Wir wurden immer besser, und unser Selbstvertrauen stieg. Es ging auch nicht anders, denn wir bekamen immer mehr Routine, wenn wir nächtelang auf der Bühne standen und uns die Finger wundspielten. Hinzu kam, daß wir vor fremdem Publikum auftraten, das zum Teil unsere Sprache nicht verstand. Deshalb mußten wir alles geben, Seele, Herz, Blut, Schweiß und Tränen, damit man uns verstand. In Liverpool hatten wir immer nur Einstundensessions gebracht und spielten dabei ausschließlich unsere besten Titel. In Hamburg mußten wir immerhin acht Stunden füllen. Da mußten wir uns etwas Neues einfallen lassen. Wir spielten laut. Bang! Bang! Die ganze Zeit. Um das Publikum in Fahrt zu bringen und das Tempo acht Stunden lang zu halten, mußten wir ganz schön hart ran. In Hamburg probierten wir es mit allem, was uns in den Sinn kam. Denn es gab niemand, den wir hätten kopieren können..."

Nicht nur das Publikum im „Kaiserkeller" motivierte sie zu besseren Leistungen, auch die Konkurrenz mit den anderen Gruppen, die Koschmieder unter Vertrag hatte. *Tony Sheridan, Derry and the Seniors, Rory Storm and the Hurricans* (mit dem Schlagzeuger Ringo Starr), hatten in der Musikszene Hamburgs bereits einen guten Ruf, den sich die *Beatles* erst erringen mußten.

Obwohl sie sich noch immer in der Nachspielphase befanden, prägte sich in dieser Zeit ihr eigener Stil aus.

Sie begannen damit, die Hits, die das Publikum hören wollte, selbst zu arrangieren, wodurch alles noch lauter und aggressiver wurde. Sie entwickelten ihren harmonischen Gruppengesang, was weniger nach einem überlegten Konzept geschah, sondern vielmehr aus der Einsicht, daß es unmöglich war, bei achtstündiger Spieldauer andauernd „solo" zu singen. Sie bemerkten bald, daß es weniger die Stimmen strapazierte, wenn sie im Chor sangen.

Tony Sheridan, der die *Beatles* 1960 in Hamburg kennenlernte, der, als sie als unbekannte Gruppe in die Hafenstadt an der Elbe kamen, schon ein bekannter Rock 'n' Roll-Star war, schildert die Erwartungshaltung des Hamburger Publikums so:

„Koschmieder suchte weniger nach Gruppen, die besonders gute Musik machten, er wollte Jungs haben, die es verstanden, eine Show abzuziehen. In der BRD hatten sie damals bloß Peter Kraus und Ted Herold. Dann bekamen sie ein paar Filme mit Bill Haley und Elvis zu sehen. In der Wochenschau und im Fernsehen sahen sie, wie die Jungs in London die Kinos zertrümmerten. Das haben sie dann auch gemacht. Von uns erwarteten sie, daß wir ihnen das boten, was sie bei Elvis gesehen hatten."

R. B.: Also ging es gar nicht so sehr um die Musik?

Sheridan: „Nein, absolut nicht. Solchen Leuten wie Koschmieder ging es um das Geschäft. Es war das Visuelle, das das Publikum neben der Musik anzog. Nur Musik, die konnten sie auch im Radio hören oder von der Platte..."

Um die Gunst des Publikums zu erringen, scheute John nicht vor beträchtlich unseriösen Mitteln zurück. Zuckend, tobend, kreischend wütete er über die Bühne, ließ die Hosen herunter, beschimpfte die Zuhörer als „Fucking Nazis" und brüllte „Sieg Heil" – alles zum Gaudium des Publikums.

Acht Stunden kräftezehrende Show auf der Bühne, intensive Probenarbeit um ihr Repertoire zu erweitern, dazu Alkohol und Mädchen, wenig Schlaf, das ging an die Substanz.

Um am nächsten Abend wieder voll da zu sein, griffen John und die anderen, ausgenommen Pete Best, zu Preludin, einem Schlankheitsmittel, das, zusammen mit Alkohol genommen, eine aufputschende Wirkung erzeugte.

Unter diesen Umständen litt auch das Klima innerhalb der Gruppe. Oft kam es zu Streitigkeiten. Meistens war es Stuart Sutcliffe, bei dem sie ihren Dampf abließen. Sie warfen ihm vor, noch immer nicht richtig Baß spielen zu können, zogen ihn auf, weil er sich anders kleidete als sie. Mit besonderer Boshaftigkeit ging Paul auf Stuart los.

Dennoch, beim Publikum kamen sie an.

Daß im „Kaiserkeller" eine superverrückte Band aus England spielte, das sprach sich herum, das zog immer neue Leute an.

Koschmieder hatte keinen Grund, es zu bereuen, die *Beatles* eingekauft zu haben.

Allmählich änderte sich die soziale Zusammensetzung des Publikums im „Kaiserkeller". Waren es erst zum größten Teil Jugendliche aus Arbeiterfamilien, fanden sich nun mehr und mehr Studenten ein. Anteil an dieser Entwicklung hatten zwei Freunde, die die *Beatles* in Hamburg fanden.

Klaus Voormann, Student an einer privaten Kunstschule, verirrte sich eines Abends mit seiner Freundin Astrid Kirchherr in den „Kaiserkeller". Vom Sound der *Beatles* und der Art und Weise, wie sie sich produzierten, waren sie begeistert.

Die beiden machten in ihrem studentischen Freundeskreis Propaganda für die Gruppe.

Obwohl Studenten den Rock 'n' Roll als „proletarisch" und „obszön" ablehnten, kamen sie, die sich von Astrid Kirchherr und Klaus Voormann zum Besuch des „Kaiserkellers" überreden ließen, wieder und brachten neue Freunde mit.

Zwischen Astrid und Klaus und den *Beatles* entwickelte sich eine enge und intensive Freundschaft. Fast alle Fotos aus der Hamburger Zeit der *Beatles* hat Astrid Kirchherr aufgenommen.

Zu Stuart Sutcliffe fühlte sich Astrid besonders hingezogen, aus beiden wurde ein Liebespaar.

Oktober 1960: George Harrison, Stuart Sutcliffe und John Lennon auf einem Hamburger Rummelplatz

November 1961: Astrid Kirchherr und Stuart Sutcliffe, fünf Monate vor seinem Tod

Sie verlobten sich im November. Stuart spielte mit dem Gedanken, die Gitarre an den Nagel zu hängen, in Hamburg zu bleiben und dort weiter Malerei zu studieren.

Inzwischen hatte sich der Ruf der *Beatles* so weit verbreitet, daß sich fast alle für sie als Lokalmatadoren in Hamburg entschieden.

Verständlicherweise stärkte das ungemein ihr Selbstvertrauen, gleichzeitig steigerte es ihre Unzufriedenheit mit den Umständen, unter denen sie bei Koschmieder arbeiten mußten.

Stand ihnen nicht ein besseres Quartier zu, als die lausige Bude im „Bambi"?

Bei dem Erfolg, mußte da nicht ihre Gage erhöht werden?

Koschmieder ließ nicht mit sich handeln.

Zu der Zeit eröffnete auf der Reeperbahn ein junger Unternehmer einen neuen Club, den er „Top Ten" nannte.

Nicht zu Unrecht witterte Koschmieder Gefahr für seine Unternehmen.

Peter Eckhorn, der Besitzer des „Top Ten", warb mit höherer Besoldung den Rausschmeißer des „Kaiserkeller" ab und lotste auch Künstler zu sich herüber.

Koschmieder schäumte vor Wut. Als ihm berichtet wurde, daß die *Beatles* bei gelegentlichen Besuchen im „Top Ten" zusammen mit *Tony Sheridan* „Jam Sessions" abgehalten hatten, geriet er völlig aus dem Häuschen. Koschmieder bestand auf der Einhaltung der Klausel im Vertrag, die besagte, daß John mit seiner Gruppe im Umkreis von vierzig Kilometern in keinem anderen Club spielen dürfe.

Um John wieder auf seinen Kurs zu bringen, drohte Koschmieder, sollten sie zu Peter Eckhorn überlaufen, dürften sie sich nicht mehr auf der Straße blicken lassen.

Peter Eckhorn überredete John, bei Koschmieder Vertrag Vertrag sein zu lassen; er bot eine höhere Gage, bessere Unterbringung und wenn es sein mußte, auch handfesten Schutz gegen Koschmieders Schlägertypen.

Es war nicht die reine Menschenliebe, die Eckhorn gegenüber den *Beatles* zeigte, er hatte dabei scharf seinen geschäftlichen Vorteil im Auge. Für seinen neueröffneten Club brauchte er ein zahlreiches Publikum, das Geld in die Kasse brachte. Den *Beatles*, die schon einen starken Anhang in Hamburg hatten, würde ihr Publikum vom „Kaiserkeller" zum „Top Ten" folgen.

Als die *Beatles* ihren ersten Auftritt im „Top Ten" haben sollten, tauchte ein paar Stunden davor die Polizei auf und ließ sich George Harrisons Paß zeigen.

Ein Zufall war das nicht. Sie folgte einem Tip, der aus Koschmieders Richtung kam.

Die Paßkontrolle ergab, daß George erst siebzehn und somit noch nicht volljährig war. Wegen fortgesetzten Verstoßes gegen das Jugendschutzgesetz mußte George innerhalb von vierundzwanzig Stunden die BRD verlassen.

Am nächsten Morgen setzten Astrid Kirchherr und Stuart ihn in den Zug in Richtung Heimat.

In der Nacht vor der Abreise mußte sich John, der bisher die Rhythmusgitarre gespielt hatte, von George die Griffe auf der Sologitarre beibringen lassen.

Peter Eckhorns Erwartungen erfüllten sich. *Tony Sheridan* und seine Band, dazu die *Beatles* auf der Bühne, das zog Publikum an. Das Geschäft würde florieren, er hatte der Konkurrenz ein Schnippchen geschlagen. Aber so schnell gab sich Koschmieder nicht geschlagen.

Paul und Pete mußten noch ihre persönliche Habe aus dem „Bambi" holen. Unangefochten gelangten sie in das Kino. In dem dunklen Gang zum Raum, in dem ihre Sachen lagen, zündete Paul ein Zündholz an, dabei gerieten ein paar Fetzen von der herunterhängenden Tapete in Brand. Schnell war das Feuer gelöscht, sie rafften ihre Habseligkeiten zusammen und verschwanden.

Am nächsten Morgen erschienen Polizisten im neuen Quartier der *Beatles* und verhafteten Paul und Pete wegen versuchter Brandstiftung im Kino „Bambi".

Dieser Schlag Koschmieders saß!

Zwar wurden die beiden nach einigen Stunden wieder auf freien Fuß gesetzt, aber sie mußten unverzüglich das Land verlassen.

John kochte vor Wut.

Alles war bis dahin gut gelaufen in Hamburg. Das Engagement im „Top Ten" war ein weiterer Schritt auf dem Weg nach oben gewesen, sogar Schallplattenaufnahmen in einem Hamburger Studio waren in Sicht. Allein mit Stuart konnte John die Stellung nicht halten.

Astrid Kirchherr bezahlte für Stuart Sutcliffe das Ticket für den Rückflug. John kratzte sein letztes Geld zusammen, schulterte die Gitarre, lud sich die noch immer nicht abgezahlte Verstärkeranlage auf und machte sich wenige Tage vor dem Weihnachtsfest per Bahn und Schiff auf die Heimreise.

Während der stürmischen Überfahrt über den Kanal befielen ihn trübe Gedanken. Er erinnerte sich, wie sie in aufgedrehter Stimmung und voll gespannter Erwartung im August die Reise nach Hamburg angetreten hatten.

Nun war der Traum ausgeträumt. Er war voller Ungewißheit, wie es mit seiner Band weitergehen sollte.

Zwischenspiel in Liverpool

Tante Mary triumphierte.

John stand wie ein geschlagener Ritter vor ihr. Er, der ausgezogen war, um in der Woche hundert Pfund zu verdienen, hatte keinen Penny in der Tasche. Sie nahm diese Situation zum Anlaß, John eindringlich zu ermahnen, nun endlich etwas Ordentliches zu beginnen. Entweder er sollte wieder zur Kunstschule gehen und sein Studium fortsetzen oder sich eine feste Arbeit suchen.

John schwieg und verkroch sich in sein Zimmer.

Jim McCartney, Pauls Vater, verkniff sich zwar die Schadenfreude, redete aber seinem Sohn ebenfalls ins Gewissen.

Johns Stimmung stieg etwas, als unerwartet Cynthia Powell bei ihm auftauchte. Er spürte, sie hielt zu ihm, sie glaubte an ihn. Genau das war es, was er in seiner Lage brauchte.

Ein paar Tage später klopfte Paul an Johns Tür. Dieser Besuch vertrieb den Rest seiner Niedergeschlagenheit. Gemeinsam überlegten sie, wie es nun weitergehen sollte. Wenn ihnen jetzt einer helfen konnte, dann war es Allan Williams, der ihnen das so unrühmlich ausgegangene Gastspiel in Hamburg vermittelt hatte. Auf ihn setzten sie alle Hoffnungen.

Sie wußten, daß Williams, angeregt durch seine Hamburger Erfahrungen, einen Betrieb in Liverpool gegründet hatte, den er auch „Top Ten" nannte.

John und Paul gingen zu ihm. Bevor sie jedoch mit ihm ins Geschäft kommen konnten, brannte sein neuer Club in der Soho Street bis auf die Grundmauern ab.

Da griff Mona Best den *Beatles* unter die Arme, was weder blindes Glück noch der blanke Zufall war.

Immerhin war ihr Sohn Pete der Drummer der Gruppe, außerdem hatten *Derry and the Seniors* nach ihrer Rückkehr aus Hamburg von dem Erfolg der *Beatles* in der Stadt an der Elbe geschwärmt.

Mona Best ging also kein besonderes Risiko ein.

Der erste Abend im „Casbah" wurde ein Erfolg.

Hier zeigten John und seine Freunde, was sie in Hamburg gelernt hatten.

Gegenüber der Zeit vor Hamburg verfügten sie nun über reichere künstlerische Ausdrucksmittel. Sie beherrschten ihre Instrumente besser als je zuvor. Obwohl sie sich zwar noch immer in der Nachspielphase befanden, legten sie nicht mehr den größten Wert darauf, ihre Vorbilder haargenau zu kopieren, sondern erarbeiteten sich eigene originelle Arrangements. Unter dem Zwang, acht Stunden und länger hintereinander spielen zu müssen, hatte sich der Umfang ihres Repertoires mehr als verdoppelt. Die enge Tuchfühlung mit einem Publikum, das eigentlich in erster Linie Show erleben wollte, hatte sie auf kommunikative Varianten einer echten Bühnenshow gebracht. Wirkungsvoll setzten sie den harmonischen Gruppengesang ein, der die solistischen Parts auf originelle Weise unterstützte. Und eine andere wesentliche Folge hatte sich eingestellt: Durch das Nachspielen der Songs ihrer Vorbilder von Carl Perkins *(Everybody's Tryin To Be My Baby)* über Ray Charles *(Talking 'Bout You)* und Chuck Berry *(Roll Over Beethoven* und *Sweet Little Sixteen)* nahmen sie musikalische und textliche Muster auf, was sicherlich teilweise unbewußt geschah, die aber sehr bald bei der Erarbeitung eigener Songs befruchtend wirkten.

Nun unterschieden sie sich von den anderen Gruppen in Liverpool, sie waren auf dem Wege zu einem eigenen, unverwechselbaren Stil.

Johns Selbstvertrauen stellte sich wieder ein, nun war er sich wieder sicher, daß sie die „Größten" waren.

Ihre Einnahmen blieben nach wie vor bescheiden, aber darunter litt John nicht.

Zwischen John und Paul brach der alte Streit aus, den sie seit ihren Anfangstagen miteinander austrugen: Paul war dafür, daß sie gepflegte Popmusik machten; John, unterstützt von George, bevorzugte den harten Rock 'n' Roll.

„Sicher, wir hätten darüber richtig in Streit geraten können, vor allem George und Paul gingen aufeinander los, doch am Ende, glaube ich, haben uns diese Differenzen mehr genutzt als geschadet und unseren späteren Erfolg sogar beschleunigt." Das sagte John Jahre später zu diesem Problem.

Der Erfolg der *Beatles* im „Casbah" sprach sich in Veranstalterkreisen innerhalb der Liverpooler Musikszene herum.

Ihr Marktwert war im Steigen begriffen, mit ihnen war Geld zu verdienen, denn wo sie auftraten, versammelte sich zahlendes jugendliches Publikum in Scharen.

Das erkannte auch Allan Williams.

Am 24. Dezember organisierte er für die *Beatles,* die er immer noch unter Vertrag hatte, ein Konzert im Grovenor Ballroom in Wallasey und drei Tage später ein zweites Konzert in der Litherland Town Hall in Liverpool. Beide Veranstaltungen waren bis zum letzten Platz ausverkauft. Die Lokalpresse nahm zum erstenmal Kenntnis von den *Beatles* und schrieb ihnen gute Kritiken.

In den nächsten Monaten schien es aber so, als sei der Erfolg eingefroren.

John ärgerte es, daß der Ruhm seiner Band auf Liverpool beschränkt blieb. Er träumte davon, wieder nach Hamburg zu gehen. Wenn er Cynthia von dieser Absicht erzählte, wurde sie sehr schweigsam. Ihr gefiel der Gedanke nicht, sie fürchtete, dadurch John vielleicht für immer zu verlieren. Mitfahren konnte sie nicht. Sie besuchte noch die Kunstschule, die John längst vergessen hatte. Außerdem war nicht daran zu denken, daß ihre Mutter die Erlaubnis erteilt hätte, mit John nach Hamburg zu gehen.

John, der seine ehrgeizigen Pläne hatte, belastete der Gedanke an eine erneute Trennung von Cynthia nicht. Was nicht heißt, daß er sie nicht liebte und sich in ihrer Nähe nicht wohl und geborgen fühlte. Was Cynthia für John besonders wichtig machte, war, daß sie immer für ihn da war, wenn er sie brauchte; sie blieb bescheiden am Rande, wenn er sich eitel im momentanen Erfolg sonnte.

John bedrängte Allan Wiliams, er sollte sich doch um ein neues Engagement im „Top Ten" in Hamburg bemühen.

Williams, der wußte, was die *Beatles* wert waren, erpicht auf seine zehn Prozent, die ihm laut Vertrag zustanden, tat, was er konnte.

George war am 25. Februar 1961 achtzehn Jahre alt geworden und somit volljährig, brauchte die Polizei in Hamburg nicht mehr zu fürchten.

Allan Williams beschaffte für seine Schützlinge gute polizeiliche Führungszeugnisse, mit denen er den schlechten Eindruck ausbügeln wollte, den die *Beatles* auf die hanseatische Polizei gemacht hatten. Sogar um ordnungsgemäße Arbeitsgenehmigungen bemühte er sich diesmal.

Bevor sie sich auf den Weg nach Hamburg machten, errangen sie in Liverpool einen besonderen Erfolg.

Sie durften im elitären „Cavern" auftreten, wo ihnen bisher der Zutritt verwehrt worden war, weil er das Mekka der versnobten Jazzanhänger aus der Mittel- und Oberschicht Liverpools war, zu denen auch Johns ehemalige Mitstudenten von der Kunstschule zählten.

Den *Beatles* folgten ihre Fans in den „Cavern"-Club, ein Teil des alten Publikums begeisterte sich für ihre Musik, der Rest blieb weg.

Damit war eine Entwicklung für den „Cavern" eingeläutet, der aus dem Jazzclub mit Kerzenschein und unterkühlter Atmosphäre den legendären Beatclub werden ließ.

Diesmal kamen sie nicht als irgendeine unbekannte Band nach Hamburg. Man erwartete sie, man kannte die *Beatles*. Ein großes Plakat über dem Eingang zum „Top Ten" nannte ihren Namen neben dem von Tony Sheridan.

Johns Adresse, an die Cynthia ihre Briefe schickte, hieß nun Reeperbahn Nr. 136.

Die Arbeit im „Top Ten" war nicht weniger anstrengend, als es die Nächte im „Kaiserkeller" waren. Von abends um acht bis nachts um zwei, sonnabends wurde es sogar vier, standen sie auf der Bühne, oft begleiteten sie Tony Sheridan bei seinen Auftritten.

Nun wollte es John wissen, gnadenlos feuerte er seine Mitspieler an, war er bereit, sein Bestes zu geben.

Bevor ihnen vor Erschöpfung die Gitarren aus den Händen fielen, verteilte John wieder Preludin.

Mit Paul lieferte er sich regelrechte Duelle auf der Bühne, er wollte unbedingt der Bessere sein. Paul hielt mit. Wieder war es die Rivalität zwischen ihnen, die beide zu Höchstleistungen trieb.

Tony Sheridan, befragt, wie er zu jener Zeit das Verhältnis zwischen John Lennon und Paul McCartney beurteilte, antwortete: „Das erste, was ich damals wahrgenommen habe, war die gegenseitige Anerkennung, die sich beide trotz ihrer Rivalität entgegenbrachten. Die beiden haben sich gut ergänzt. Fast jeder sagte, daß Lennon irgendwie der Boß war, aber nach meiner Meinung war das nicht der Fall. Denn was die Musik betraf – und die Musik war alles –, da war Paul der Boß. Er beeinflußte die Entwicklung der Gruppe mehr als John, von ihm gingen die Initiativen aus, er bestand auf harter Probenarbeit, weil er wußte, daß dies der einzige Weg dazu war, besser als die anderen zu werden...

Lennon war die Energie, der Motor, der Mensch, der nicht warten konnte, der die Show auf der Bühne abzog mit Witzen und Sarkasmus."

Die große Bühne im „Top Ten" zwang sie, eine noch größere

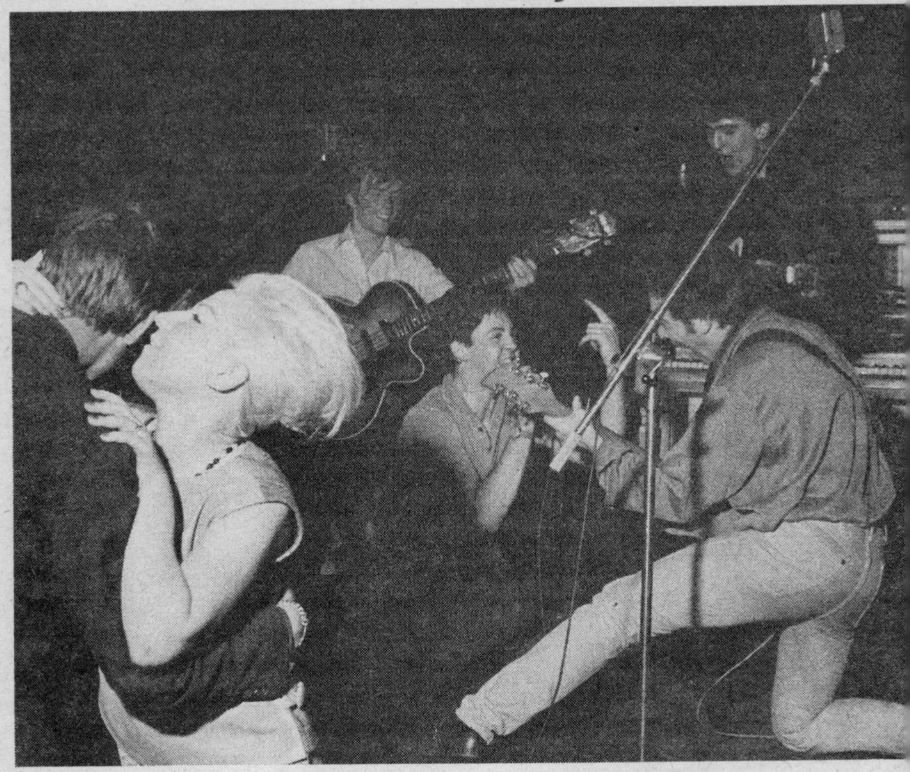

Die Beatles im Cavern-Club

Show „abzuziehen", um nicht unter den Erwartungen des Publikums zu bleiben.

Das hemmungslose Sichverausgaben bei ihren solistischen Darbietungen verlieh ihren Stimmen einen Reibeisenklang. Das zwang sie, sich bald wieder auf den Gruppengesang zu besinnen, den sie für sich im „Kaiserkeller" entdeckt hatten.

John spürte, daß sie beim Publikum gut ankamen. Zufrieden war er dennoch nicht.

Der Erfolg war ihm zu begrenzt. In Hamburg und Liverpool,

gut, da kannte man seine Band. Karriere bedeutete für ihn Weltruhm. George, Paul und Pete empfanden wie er.

Stuart war weniger ambitioniert. Er spielte zwar gern mit, wichtiger war ihm, wieder in der Nähe seiner Verlobten Astrid zu sein.

Für John hatte die Freundschaft zu Stuart Sutcliffe besondere Bedeutung. Mit ihm konnte und wollte er über alles reden, vor ihm scheute er sich nicht, über seine Gefühle zu sprechen. Sein Verhältnis zu Stuart wurde nicht, wie das zu Paul, durch Konkurrenz belastet. Sein Geltungsbedürfnis richtete sich nicht gegen Stuart. Für die Freundschaft mit ihm nahm er in Kauf, daß dessen Fertigkeiten auf der Baßgitarre nicht meisterlich waren.

Von Stuart kam auch die Anregung, Cynthia über die Osterfeiertage nach Hamburg kommen zu lassen. Außer Astrid und John fand keiner diese Idee gut. Paul und Pete fürchteten, daß es zu Unstimmigkeiten zwischen John und Cynthia kommen könnte, schließlich bot das ausschweifende Leben, das sie hier führten, genug Anlässe dafür. Und Krach zwischen John und Cynthia würde auch das Gruppenklima belasten.

Cynthia kam, und John war froh, daß sie da war. In diesen Tagen war er ausgeglichen und ohne seine sonst übliche Hektik. Auch seinen Drang, sich ständig produzieren zu müssen, sich in den Vordergrund zu spielen, hielt er in dieser Zeit zurück.

Astrid kümmerte sich um Cynthia, ließ sie bei sich wohnen, zeigte ihr die Sehenswürdigkeiten der Stadt. Abends sah man beide im „Top Ten".

Astrid Kirchherr machte sich noch auf andere Art um die *Beatles* verdient: Eines Tages machte sie sich an Stuarts Haar zu schaffen. Sie wusch es, kämmte es nach allen Seiten glatt herunter und schnitt es rundherum auf die gleiche Länge, daß es aber noch reichlich die Ohren bedeckte.

Damit hatte sie die berühmte „Pilzkopffrisur" erfunden, die später zu einem Markenzeichen der *Beatles* werden sollte.

Als Stuart Sutcliffe sich abends mit seiner neuen Frisur im „Top Ten" zeigte, machten sich die anderen über ihn lustig.

Drei Tage später machte George die neue Mode mit, John und Paul folgten, nur Pete Best blieb seiner alten Frisur treu.

Zu diesem Zeitpunkt ahnte weder Astrid Kirchherr noch einer der *Beatles,* daß hier eine „Weltmode" kreiert worden war. –

In den ersten Wochen des zweiten Aufenthaltes der *Beatles* in Hamburg verschlechterte sich das Verhältnis zwischen Stuart und Paul immer mehr. Um ihn zu reizen, machte Paul abfällige Bemerkungen über Astrid Kirchherr. Einmal ging er so weit, daß sich Stuart wütend auf Paul stürzte, was für den körperlich unterlegenen Stuart schlecht ausging.

Nach wie vor war Stuart von dem Gedanken besessen, sich wieder intensiv mit der Malerei zu befassen.

Astrid forderte ihn auf, sich als Kunststudent an der Hamburger Universität einschreiben zu lassen. Sie arrangierte, daß er Edouardo Paolozzi, der eines der Vorbilder Sutcliffes war und gerade eine Gastdozentur in Hamburg übernommen hatte, einige seiner Arbeiten zeigte. Paolozzi war angetan von den Bildern, setzte sich für seine Aufnahme an der Universität ein und verschaffte ihm später ein Stipendium der Stadt Hamburg.

Es kamen schwere Wochen für Stuart. Tagsüber malte er wie besessen und besuchte Vorlesungen, abends bis spät in die Nacht stand er auf der Bühne des „Top Ten". Er schlief kaum, hielt sich mit Tabletten und Alkohol auf den Beinen. Immer häufiger litt er unter quälenden Kopfschmerzen, deren Intensität stärker wurde, gegen die kaum ein Mittel mehr half.

Öfter kam es vor, daß er abends nicht zum Auftritt erschien und Paul seinen Baßpart übernahm.

John machte sich Sorgen um den Freund. Er wußte, daß Stuart diese Belastung nicht lange würde durchhalten können. Gern hätte er ihm das Studium an der Universität ausgeredet. Aber er wußte sehr genau, was die Malerei für seinen Freund bedeutete. Deshalb unterließ er es. Dazu kam, daß Johns Aufmerksamkeit unerwartet von einer anderen Sache in Anspruch genommen wurde.

Da bot sich eine Chance, die auf dem Weg nach oben ein wichtiger Schritt werden konnte, für ihn und die Band.

Bert Kaempfert, Komponist, Bandleader und Produzent, wollte für die Plattenfirma Polydor mit Tony Sheridan einige Titel aufnehmen.

Tony Sheridan schlug Johns Gruppe als Begleitband vor. Kaempfert hörte sich die *Beatles* an und engagierte sie für die Aufnahmen.

John hoffte, daß sich Kaempfert für ein paar Titel interessieren würde, die er und Paul komponiert hatten. Zwar hörte sich Kaempfert einige Titel an, aber begeistern konnte er sich für keinen. Sein Urteil: Es klang alles nicht so, wie es gerade Mode war.

In der Aula des Humboldt-Gymnasiums wurden die Titel *My Bonnie Lies Over The Ocean* (Charles Pratt/Bertie), *When The Saints Go Marching In* (traditional) und *Why* (Tony Sheridan/Bill Crompton) aufgenommen.

Dann gab Kaempfert den *Beatles* doch noch eine Chance. Er nahm mit ihnen zwei Titel extra auf. Paul hatte den Titel *Ain't She Sweet*, den sie jeden Abend im „Top Ten" spielten, neu arrangiert, und John sang ihn.

Obwohl John mit Paul bis zu diesem Zeitpunkt schon mehr als hundert Titel geschrieben hatte, entschied sich Kaempfert für ein Instrumentalstück, das George und John auf die Schnelle in einer Nacht komponiert hatten. Der Titel hieß *Cry For A Shadow* und sollte eine Parodie auf *Cliff Richard And The Shadows* sein.

Bei diesen Aufnahmen verdiente jeder der Beatles 300,– DM.

Immerhin, nun waren sie zum erstenmal auf einer Schallplatte verewigt.

Einen Wermutstropfen mußten sie noch schlucken. Kaempfert, dem der Gruppenname *Beatles* nicht gefiel, taufte sie für das Plattenetikett in *Beat Brothers* um.

Kurz nach diesem Ausflug ins Plattengeschäft stieg Stuart Sutcliffe endgültig aus der Band aus. Er hatte sich entschieden, nur noch zu malen.

Trotzdem blieb er John und auch der Gruppe verbunden. Als John sich entschloß, an Allan Williams keine zehn Prozent Vermittlungsgebühr mehr zu zahlen und den Vertrag mit ihm einseitig zu kündigen, bat er Stuart, es Allan Williams mitzuteilen. Williams war außer sich vor Wut, aber machen konnte er nichts, bei dem Brand in seinem Liverpooler „Top Ten" war der Vertrag ein Opfer der Flammen geworden.

Bis Ende Juni spielten die *Beatles* mit gleichbleibendem Erfolg in Hamburg. Als sie zurück nach Liverpool fuhren, waren es nur noch vier *Beatles,* die in den Zug stiegen.

Stuart Sutcliffe war in Hamburg geblieben. –

„Cry For A Shadow" – der erste Beatles-Titel, aufgenommen in Hamburg (1961)

Mit dem Wind des Hamburger Erfolges in den Segeln sorgte John dafür, daß nicht wieder Windstille eintrat. In den Monaten Juli bis Dezember 1961 gelang es ihm, für die Band fünfundzwanzig Auftritte zu organisieren. Zwanzig davon fanden im „Cavern" statt, einer in Mona Bests „Casbah" und nur vier außerhalb Liverpools, im Tower Ballroom von New Brighton.

Selten beherrschte John mit seiner Band allein die Bühne. Er mußte sich die Abende mit *Rory Storm and the Hurricans, Gerry and the Peacemakers, King Size Taylor and the Dominos, Dale Roberts and the Jaywalkers* und einem Dutzend anderer Gruppen teilen. Jeden Abend standen vier bis fünf Bands auf der Bühne. Zahllos war das Heer der Gruppen, die, unbekannt wie einst die *Quarrymen*, davon träumten, einmal im „Cavern" oder einem anderen Club spielen zu dürfen.

John sah sich von der Erfüllung seines Traumes noch immer weit entfernt. Zwar war der Ruhm seiner Gruppe schon bis Hamburg gedrungen, aber immer wieder spürte er schmerzlich, wie weit er noch vom großen Erfolg entfernt war.

Seine Tante Mary war nach wie vor davon überzeugt, daß die „Krachmacherei" auf die Dauer nichts einbringen würde. Aber inzwischen wußte sie, daß es keinen Sinn hatte, John die Musik ausreden zu wollen.

John überlegte, was zu tun sei, um der Band mehr Publizität zu verschaffen. Dafür bot sich eine günstige Gelegenheit, die er nicht ungenutzt ließ.

Bill Harry, ein alter Freund von John, mit dem er zusammen die Kunstschule besucht hatte, mit dem er und Stuart eine Weile in Gambia Terrace in einer Wohnung gehaust hatten, verwirklichte einen lange gehegten Traum. Als begeisterter Musikfan kannte er alle Gruppen und Clubs in Liverpool. Nun hatte er beschlossen, aus seinem Hobby einen Beruf zu machen.

Mit einem Startkapital von fünfzig Pfund gründete er die Zeitschrift „Mersey Beat".

Als er die erste Ausgabe vorbereitete, erinnerte er sich seines Freundes John und bat ihn, einen Artikel über die Entstehung der *Beatles* zu schreiben.

Zu einigen Fotos, die Astrid Kirchherr in Hamburg von der Gruppe gemacht hatte, stand am 6. Juli 1961 in der ersten Nummer des „Mersey Beat" ein Artikel mit der Überschrift: „Ein kurzer Exkurs über die zweifelhafte Herkunft der Beatles." Unernst, im echt lennonschen Stil war da folgendes zu lesen:

„Es waren einmal drei kleine Jungen namens John, George und

Paul, den Namen nach getauft. Sie beschlossen, sich zusammenzutun, denn sie waren allesamt richtige Zusammentutypen. Als sie nun zusammen waren, fragten sie sich, warum das alles, warum überhaupt? Auf einmal, wie aus heiterem Himmel, wuchsen ihnen Gitarren und sie bildeten einen riesigen Lärm. Verrückterweise schien sich niemand für sie zu interessieren, aber die drei kleinen Männer kratzte es am wenigsten. Also meinten sie, als sie einen vierten, noch kleineren Mann namens Stuart Sutcliffe trafen, der ihnen so mir nichts dir nichts über den Weg lief: ‚Sonny, besorg dir einen Baß, und du wirst okay sein!' Und das tat er auch. – Aber er war überhaupt nicht okay, denn er konnte gar nicht spielen. Daher paßten sie auf ihn auf und pflegten ihn voller Liebe, bis er endlich spielen konnte. Doch es fehlte noch etwas. Sie hatten noch immer keinen Rhythmus, und ein steinalter Mann sagte zu ihnen: ‚Ihr habt ja gar kein Schlagzeug.'

Wir haben kein Schlagzeug, äfften die vier nach. Und eine Reihe von Trommeln erschienen und verschwanden und erschienen.

Eines Tages in Schottland, sie waren gerade mit Johnny Gentle auf Tournee, entdeckte die Band (die Beatles genannt), daß sie gar keinen feinen Sound hatte – denn es mangelte ihnen an Verstärkern. Sie besorgten sich ein paar. Viele Leute fragten, was sind Beatles? Warum Beatles? He, Beatles, wie kamt ihr ausgerechnet auf diesen verrückten Namen? Nun gut, wir verraten es euch.

Der Name erschien uns in einer Vision: Ein Mann kam auf einer brennenden Torte daher und verkündete ihnen: ‚Von diesem Tag an seid ihr die Beatles – mit einem A hinter dem E!' ‚Danke, Mister Alter Mann', sagten sie.

Und dann sagte ein Mann mit abgeschnittenem Bart: ‚Wollt ihr nach Hamburg ziehen und dort für Geld Rock für die Eingeborenen spielen?' Und wir erwiderten, daß wir für Geld wahrscheinlich alles spielen würden ..."

Die 5000 Exemplare der ersten Ausgabe des „Mersey Beat" gingen weg wie warme Semmeln. Und John Lennon hatte eine Kostprobe seiner witzig-ironischen Formulierkunst gegeben, die später viele seiner Interviews würzte.

In der zweiten Nummer des „Mersey Beat" wurden die *Beatles* wieder erwähnt. Als Sensation wurde den Lesern mitgeteilt, daß sie gerade in Hamburg Schallplattenaufnahmen gemacht hätten.

Das trug alles dazu bei, Johns Gruppe in Liverpool noch populärer zu machen.

Um aber groß herauszukommen, dazu mußten sie „entdeckt" werden, brauchten sie einen Manager, der dafür sorgte, daß man im Rundfunk, im Fernsehen, bei den Plattenfirmen von ihnen Kenntnis nahm.

John wußte das. Nur wie er zu solch einem Manager kommen sollte, das wußte er nicht.

Inzwischen war in Hamburg bei Polydor die Single *My Bonnie* erschienen. Mindestens ein Exemplar gelangte auch nach Liverpool. Daß gerade Bob Wooler, dem Diskjockey des „Cavern", diese Scheibe auf dem Tisch kam, wird wohl kein Zufall gewesen sein.

Da hatte John seine Finger im Spiel.

Bob Wooler, ein Anhänger der *Beatles*, legte die Platte allabendlich auf und kommentierte sie euphorisch.

Daß der ersehnte Durchbruch zum großen Erfolg immer noch ausblieb, verbitterte John, machte ihn unzufrieden.

Eigentlich hätte er zufrieden sein können, denn der Sommer mit seinen Erfolgen in Hamburg und Liverpool war nicht schlecht verlaufen. Aber John sah die anderen Gruppen aus Liverpool, die wie *Rory Storm and the Hurricans* im Holiday Camp auftraten, deren Namen bis London bekannt waren, dagegen empfand er seinen Erfolg nur als mäßig.

Darunter, daß sein Freund Stuart nicht mehr in Liverpool war, litt er. Er schrieb seitenlange Briefe nach Hamburg, in denen er auf drastische Art und Weise seine Stimmung ausdrückte.

In Liverpool hatte John niemanden, mit dem er reden wollte. Mit Cynthia hätte er es tun können. Aber ihre immer verständnisvolle Haltung, ihre stille Demut, ihre hingebungsvolle Bewunderung, das alles ging ihm auf die Nerven. So ließ er an Cynthia seine Wut aus, benutzte sie als Blitzableiter.

Aus einem Brief von Stuart Sutcliffe erfuhr er, daß sich ein gemeinsamer Freund aus Hamburg, der Fotograf Jürgen Vollmer, gerade in Paris aufhielt. Zusammen mit Paul verschwand er nach

Brian Epstein, Manager der Beatles seit 1961

Paris. Hier machte sich ein Charakterzug bemerkbar, der ihn in seinem weiteren Leben noch oft in mißliche Situationen bringen sollte. Er handelte spontan, unüberlegt, einer augenblicklichen Eingebung folgend.

Ohne daß George und Pete wußten, wohin sie verschwunden waren, trieben sich Paul und John eine Weile in Paris herum.

Eine Reihe von fest vereinbarten Auftritten stand bevor. Keiner wußte, ob John und Paul rechtzeitig auftauchen würden.

John, wieder zurück von der Reise, schien wenig Lust zu haben, sich um die Gruppe zu kümmern.

Bob Wooler, der Diskjockey aus dem „Cavern", redete ihm eindringlich ins Gewissen, machte ihm klar, wenn er es je mit seiner Band oder überhaupt je zu etwas bringen wollte, konnte er sich solche Extratouren nicht leisten.

John rief seine Freunde zusammen, das „Cavern" hatte sie wieder. Am Samstag, dem 28. Oktober 1961, betrat ein junger Mann in Lederjacke und Jeans die Plattenabteilung des NEMS Elektrogeschäfts in der Great Charlotte Street im Zentrum von Liverpool. Er verlangte die Single „My Bonnie", die angeblich von den *Beatles* sein sollte.

Damit brachte er den ehrgeizigen Verkäufer in Verlegenheit. Der hatte weder von diesem Titel gehört noch etwas von den *Beatles*. Der Verkäufer war der Abteilungsleiter der Plattenabteilung und der Sohn des Besitzers von NEMS Elektroläden. Er hieß Brian Epstein. Er war das, was man einen tüchtigen Geschäftsmann nennt.

Auf seinen Vorschlag hin hatte sein Vater in seinen Elektroläden Schallplattenabteilungen eingerichtet.

Epstein, zu der Zeit siebenundzwanzig Jahre alt, liebte Musik, aber nicht den lauten, harten Rock 'n' Roll. Sein bevorzugter Komponist war Sibelius, regelmäßig besuchte er die Konzerte der Liverpooler Philharmonie.

Neigung zur klassischen Musik war das eine, sein Geschäftssinn, der auf gewinnbringende Umsätze gerichtet war, das andere. Brian Epsteins Devise lautete: Wir besorgen jedem jede Platte.

Er versprach dem jungen Kunden, die Platte in den nächsten Tagen zu beschaffen.

Er setzte sich sofort mit seinen Plattenlieferanten in Verbindung. Keiner hatte von dieser Platte gehört. Brian gab nicht auf. Er fragte bei seinen Verkäuferinnen nach, ob sie schon mal etwas von der Gruppe gehört hätten, die sich *The Beatles* nannte. Sie kannten die Gruppe aus dem „Cavern" und äußerten sich begeistert über sie.

Eigentlich ist es unverständlich, daß Brian Epstein bis dahin noch nichts von der Existenz der *Beatles* gehört hatte. Regelmäßig schrieb er Artikel für den „Mersey Beat", in dem ebenso regelmäßig etwas über die *Beatles* zu lesen war. Da er aber ausschließlich geschäftliche Interessen mit seinen Veröffentlichungen in der Zeitschrift verfolgte, die seinen Umsatz steigern sollten, las er den „Mersey Beat" selbst nicht.

In den ersten Novembertagen kamen immer öfter junge Kunden und fragten nach *My Bonnie* von den *Beatles*. Überwiegend waren es Mädchen. Da es Brian Epstein nicht gelang, die Platte zu beschaffen, beschloß er, die *Beatles* zu fragen, was es damit auf sich hatte.

Am 9. November 1961 saß er im „Cavern". Er ließ sich von John informieren, wo ihre Platte erschienen war, dann ging er.

Brian Epstein bestellte in Hamburg 200 Platten, die in wenigen Tagen über den Ladentisch gingen. Da kam ihm eine Idee.

In den folgenden Tagen sah man ihn des öfteren im „Cavern". Die Wirkung, die die *Beatles* auf ihre Zuhörer ausübten, interessierte ihn.

Instinktiv witterte er Möglichkeiten für ein lukratives Geschäft. Er erkundigte sich nach dem Manager der *Beatles* und stieß auf Allan Williams, dem John auf recht unfaire Art den Vertrag von Hamburg aus gekündigt hatte. Von Williams hörte Epstein, daß dieser Lennon ein unzuverlässiger Bursche sei, der sich weigerte, die ihm vertraglich zustehenden Prozente zu zahlen.

Die Probleme, die Williams mit John hatte, interessierten Brian Epstein nicht. Interessant war für ihn nur die Information, daß die Gruppe nicht in festen Händen war, keinen Manager hatte.

Bevor er den nächsten Schritt unternahm, erkundigte er sich genau danach, was ein Manager zu tun hatte. Schnell begriff er, wenn man solch eine Sache richtig anging, dann war da ein Geschäft zu machen.

Für den 3. Dezember, um 16.30 Uhr, bestellte er John und die anderen Mitglieder der Band in sein Büro.

John, sonst die Unpünktlichkeit in Person, traf zur festgesetzten Zeit ein, mit ihm George und Pete Best. Dennoch konnten sie nicht mit dem Gespräch beginnen. Von Paul fehlte jede Spur. Eine telefonische Nachfrage bei Paul zu Hause ergab, daß er seelenruhig in der Badewanne saß.

Epstein war außer sich, nannte Pauls Verhalten eine Unverschämtheit. Er machte John eindringlich klar, daß, wenn er sie managte, solche Unzuverlässigkeiten ein für allemal zu unterbleiben hätten.

Als Paul endlich eintraf, wurde über die finanzielle Seite der künftigen Partnerschaft gesprochen. Knallhart nannte Brian Epstein seinen Preis: Fünfundzwanzig Prozent von allen zukünftigen Einkünften der *Beatles*.

John protestierte. Allan Williams hatte es schließlich für zehn Prozent gemacht. Epstein ließ nicht mit sich handeln. Der Vertrag, den die *Beatles* ein paar Tage später unterschrieben, garantierte dem neuen Manager fünfundzwanzig Prozent.

Nun nahm Epstein alles fest in seine Hand. Schlampereien, Zufälligkeiten und Unordnung oder gar Unpünktlichkeit ließ er nicht zu. John Lennon sagt: „Bis er zu uns stieß, waren wir die reinsten Traumtänzer. Als wir endlich schwarz auf weiß bekamen, wie unsere weiteren Schritte aussehen sollten, empfanden wir das als eine Art offiziellen Marschbefehl. Epstein versuchte, unser Image aufzupolieren. Er meinte, in unserem Aufzug kämen wir in keinen Laden rein, der etwas auf sich hält. Er erklärte uns, daß Jeans nicht sonderlich schick wären und ob wir uns nicht entschließen könnten, richtige Hosen zu tragen. Allerdings versuchte er nicht, uns über Nacht zu richtigen netten und harmlosen Jungs zu machen. Er ließ uns eine Menge Freiheiten. Wir respektierten seine Ansichten und hörten auf, auf der Bühne Käsebrötchen und Marmeladenbrote zu essen. Wir achteten nun mehr darauf, was wir taten. Wir bemühten uns auf einmal, pünktlich zu sein. Und machten uns richtig fein, indem wir ordentliche Anzüge trugen und uns nicht mehr in unseren Pennerlumpen zeigten."

John, der rebellische, der bisher jeden Zwang, egal aus welcher Richtung er kam, ablehnte und ihm Widerstand entgegensetzte, beugte sich dem Reglement Epsteins. Der in Aussicht gestellte Erfolg, Ansehen, vielleicht das große Geld – dafür war er bereit, wenn auch zähneknirrschend, sich anzupassen.

Sheridan äußerte über Brian Epstein, sein Verhältnis zur Gruppe und zu John Lennon:

„Er sah nicht nur das Geld, das vielleicht mit der Gruppe zu machen war. Er hatte ein besonderes Verhältnis zu den Jungs, vor allem zu John. Es war Liebe, eine Art von Verliebtsein ..."

R. B: *Du spielst jetzt auf Epsteins Homosexualität an ...*

Sheridan: „Ja, das war aber eine sehr ästhetische Sache. Epstein war ein sehr feinfühliger Mensch. Er hat Lennon nicht als Sexobjekt geliebt, das nicht, er hat ihn respektiert, auch sein Inneres. Es war übrigens eine gegenseitige Sache."

Epstein sorgte für Auftritte außerhalb Liverpools. Er achtete darauf, daß alle Termine exakt eingehalten wurden, veranlaßte John, für die Auftritte ein genaues Programm aufzustellen, nicht zu spielen, wozu sie gerade Lust hatten, sondern nur ihre besten Nummern ins Programm zu nehmen. Er hielt sie zu intensiver Probenarbeit an, achtete darauf, daß sie ihr Repertoire erweiterten. In rein musikalische Dinge redete er ihnen nicht hinein, da ließ er sie machen, wie sie es wollten.

Ich fragte Tony Sheridan: *Meinst du, daß das Rebellische leichten Herzens von ihnen aufgebeben wurde?*

Sheridan: „Bestimmt nicht. Aber sie waren so clever, daß sie einsahen, was Epstein sagte, hatte Hand und Fuß. Und ihr Ehrgeiz, ganz nach oben zu kommen, ließ sie Kompromisse eingehen. Aber wenn sie im ‚Cavern' oder im ‚Starclub' in Hamburg vor ihren Fans spielten, da waren sie wieder die rebellischen Jungs aus Liverpool, die harten Rocker ... Das Rebellische war nicht tot; John Lennon ist immer ein Rebell geblieben. Mit Paul McCartney ist das anders, der hatte sich in seiner Kindheit austoben können. John dagegen hatte eine schwierige Kindheit gehabt und natürlich einen anderen Charakter, er konnte sich einfach nicht unterordnen und anpassen, jedem Druck setzte er Widerstand entgegen. Sechs Jahre Schule, anschließend Gymnasium und immer Uniform, nicht nur außen, auch innen. Seine Tante wollte ihn auch immer in eine andere Richtung drängen. Das Rebellische war bei John mehr als eine äußere Pose." –

Wenn John gehofft hatte, seine Tante würde nun seinen Beruf akzeptieren, wo er doch einen Vertrag besaß, der sichere Einkünfte garantierte, dann hatte er sich geirrt.

Mary ging zu Brian Epstein und beschwerte sich, weil der John Flausen in den Kopf gesetzt hatte, wie sie meinte. Sie wollte von Epstein wissen, was geschehen sollte, wenn sich nach einem halben Jahr alles wie eine Seifenblase auflösen würde. Ihm könne dabei nicht viel passieren, er sei ein vermögender Mann, aber was würde dann aus John und seinen Jungen werden …

Brian Epstein versuchte sie zu beruhigen, er sagte ihr: „Machen Sie sich keine Sorgen. Ich versichere Ihnen, daß John nie darunter leiden würde, um ihn werde ich mich stets kümmern."

Daß Epstein eine besondere Vorliebe für John bekundete, beruhigte Mary Smith keineswegs, im Gegenteil, war ihr doch zu Ohren gekommen, daß Epstein homosexuell sein sollte.

Brians besonderes Verhältnis zu John sollte in Zukunft noch des öfteren Anlaß zu Gerüchten geben.

Brian Epstein visierte neue Ziele an.

Gleichzeitig mit Abschluß des Vertrages mit den *Beatles* hatte er die Künstleragentur „NEMS-Enterprises" gegründet.

„NEMS"-Elektrogeschäfte in Liverpool standen bei den Absatzabteilungen der verschiedenen Plattenfirmen in gutem Ruf, weil von ihnen ständig größere Posten Platten geordert wurden. Auf die guten Geschäftsbeziehungen zwischen den Plattenfirmen und dem Unternehmen seines Vaters baute Epstein seine langfristige Strategie auf.

Er schrieb die einzelnen Firmen an, dazu benutzte er Kopfbogen mit dem Firmenzeichen seines Vaters, und bat, der von ihm gemanagten Band die Möglichkeit zu Probeaufnahmen zu geben.

Sein Plan schien Erfolg zu haben.

Die Firma „Decca" sagte zu, einen Mann nach Liverpool zu schicken, der sich die *Beatles* in ihrer gewohnten Umgebung anhören wollte.

Epstein, der sichergehen wollte, präparierte seine Gruppe: ordentliche Kleidung; spielen sollten sie überwiegend internationale Standards und nur ein paar Titel, die John und Paul kompo-

Mit Tante Mary (1964)

niert und getextet hatten; keine verrückten Mätzchen auf der Bühne. So lauteten seine Anweisungen.

Als Mister Mike Smith, der Abgesandte von „Decca", in Liverpool eintraf, führte ihn Epstein in eines der vornehmsten Restaurants in der Mathew Street. Nach einem ausgesuchten Abendessen begaben sie sich in den „Cavern"-Club.

John und seine Freunde waren nervös, in den neuen Anzügen fühlten sie sich beengt, aber sie wußten, was von ihrer Wirkung auf Smith abhing, sie gaben ihr Bestes.

Der „Decca"-Mann fand sie nicht schlecht, aber so gut, daß er ihnen gleich einen Vertrag angeboten hätte, fand er sie nicht. Dennoch waren sie überglücklich, Smith bestellte sie für den

Neujahrstag 1962 zu Probeaufnahmen in die „Decca"-Studios nach London.

Auf die Minute genau und gut vorbereitet erschienen sie am 1. Januar 1962 in West Hamstead. Epstein hatte festgelegt, daß sie ihre phantasievoll und originell arrangierten Standards spielen sollten. Er war sich sicher, damit auf Mike Smith den größten Eindruck zu machen. Sie spielten die von Paul arrangierten Titel *Till There Was You, September In The Rain, Sheik Of Araby* und Rockversionen von *Three Cool Cats und Your Feed's Too Big*.

Insgesamt wurden 15 Titel aufgenommen, nur drei davon waren Songs von John und Paul: *Hello Little Girl, Like Dreamers Do* und *Love Of The Loved*.

Während der Probeaufnahmen waren sie unsicher, aufgeregt und unkonzentriert, sie selbst fanden sich nicht besonders gut. Smith sagte ihnen, daß die Aufnahmen gut gewesen waren. Daraus schlossen Brian Epstein und seine Schützlinge, daß ihnen ein Vertrag so gut wie sicher war.

Um so niederschmetternder traf sie ein paar Tage danach die Nachricht von „Decca": „Uns hat der Sound nicht gefallen, und außerdem geht der Trend weg von den Gitarrengruppen ..."

Der wahre Grund für die Ablehnung war das jedoch nicht. Denn am gleichen Tag wurden von der Gruppe *Brian Poole and the Tremeloes* Probeaufnahmen gemacht. Die Decca-Bosse gaben der Gruppe aus London den Vorzug zuungunsten der Jungen aus Liverpool.

Brian Epstein verstand es zu verhindern, daß die negative Nachricht bei John und den anderen eine demoralisierende Wirkung hatte. Er versprach, seine Bemühungen, sie bei einer anderen Plattenfirma unterzubringen, zu intensivieren.

Zu neuen, besseren Bedingungen, die er mit dem Besitzer des neugegründeten „Star-Club" in Hamburg ausgehandelt hatte, stand ihnen wieder ein interessantes Gastspiel bevor.

Nicht unwesentlich zu ihrer moralischen Aufrüstung trug die Tatsache bei, daß eine Umfrage unter 5 000 Jugendlichen, die die Zeitschrift „Mersey Beat" veranstaltet hatte, die *Beatles* vor allen anderen Gruppen auf Platz Nr. 1 beförderte.

Im April spielten sie überwiegend im „Cavern"-Club, immer mehr gingen sie dazu über, ihre eigenen Titel dem Publikum zu servieren. Wenn sie gängige internationale Hits spielten, die ihr Publikum auch hören wollte, spielten sie sie nicht einfach nach, sondern paßten sie durch Arrangieren ihrem Sound an.

In den Briefen, die John nach Hamburg schickte, schrieb er über die Erfolge der Band, schilderte er Stuart Sutcliffe, wie die Abende im „Cavern"-Club verliefen. Vergessen war die Zeit, als er verzweifelte Briefe an Stuart schrieb.

Was John in den Antwortbriefen von seinem Freund lesen mußte, beunruhigte ihn. Er klagte, daß er sehr oft unter heftigen Kopfschmerzen zu leiden hatte, manchmal seien sie so unerträglich, daß er sich am liebsten aus dem Fenster stürzen würde. Zweimal war er schon während der Vorlesungen ohnmächtig geworden. In den Briefen, die er ab und zu von Astrid Kirchherr erhielt, malte sie ein noch düstereres Bild von Stuarts Gesundheitszustand.

John konnte es kaum erwarten, endlich nach Hamburg zu kommen, um den Freund zu sehen, aber auch, um sich mit seiner Band in verbesserter Form zu zeigen. Dort, vor einem Publikum, das durch die Bekanntschaft mit vielen internationalen Bands besonders sachverständig und auch kritisch war, wollte er bestehen, Erfolg erzwingen.

Auch Stuart Sutcliffe wartete sehnsüchtig auf Johns Ankunft.

Am 11. April 1962 bestiegen John, Paul und Pete Best auf dem Flughafen Ringway in Manchester die Maschine, die sie nach Hamburg bringen sollte. Weil er eine Grippe auszukurieren hatte, flog George mit Brian Epstein erst einen Tag später.

In Hamburg angekommen, erfuhren sie, daß Stuart Sutcliffe am Tag zuvor gestorben war. Todesursache: Gehirnlähmung aufgrund einer Blutung in der rechten Gehirnhälfte.

Paul, der nicht gerade Stuarts Freund gewesen war, und Pete waren erschüttert.

John zeigte keine Gefühlsregung. Wie beim Tode seiner Mutter, schloß er die Trauer in sich ein.

Abends versammelten sie sich bei Astrid Kirchherr. John war schweigsamer als die anderen, nur daran, daß er hastiger und mehr trank als sie, merkten sie, was in ihm vorging. Später versuchte er, auf seine spröde Art Astrid Kirchherr zu trösten.

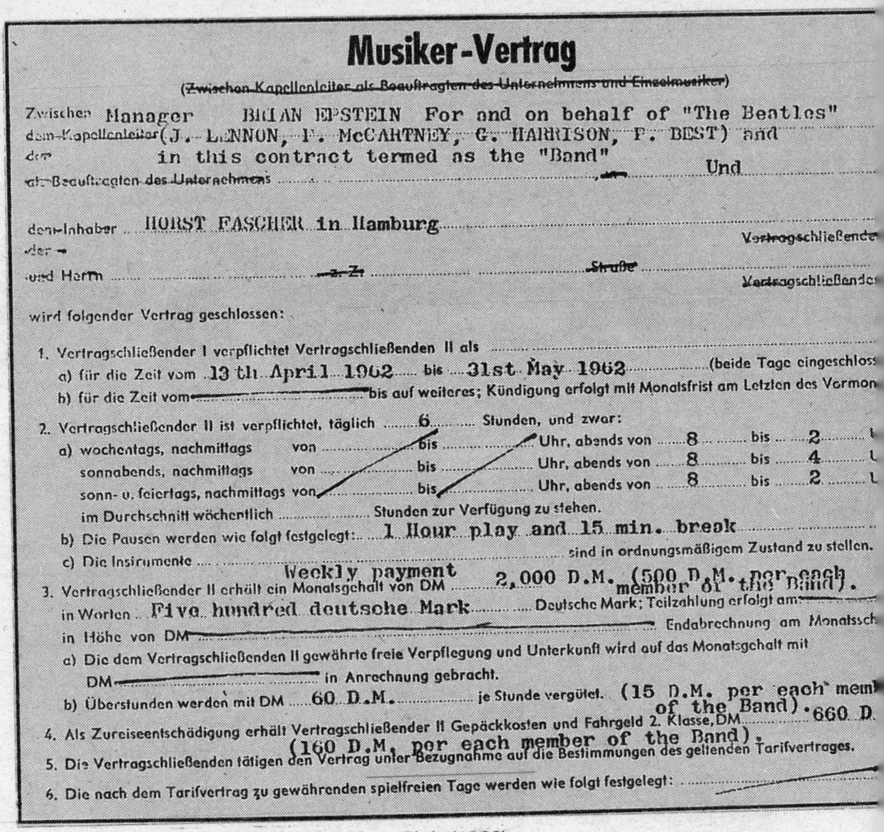

Musiker-Vertrag

(Zwischen Kapellenleiter als Beauftragten des Unternehmens und Einzelmusiker)

Zwischen Manager BRIAN EPSTEIN For and on behalf of "The Beatles"
dem Kapellenleiter (J. LENNON, P. McCARTNEY, G. HARRISON, P. BEST) and
der in this contract termed as the "Band"
als Beauftragten des Unternehmens .... Und

dem Inhaber HORST FASCHER in Hamburg ....
der Vertragschließende

und Herrn .... z. Z. .... Straße ....
Vertragschließende

wird folgender Vertrag geschlossen:

1. Vertragschließender I verpflichtet Vertragschließenden II als ....
   a) für die Zeit vom 13 th April 1962 bis 31st May 1962 (beide Tage eingeschloss
   b) für die Zeit vom .... bis auf weiteres; Kündigung erfolgt mit Monatsfrist am Letzten des Vormon
2. Vertragschließender II ist verpflichtet, täglich 6 Stunden, und zwar:
   a) wochentags, nachmittags von .... bis .... Uhr, abends von 8 bis 2 U
   sonnabends, nachmittags von .... bis .... Uhr, abends von 8 bis 4 U
   sonn- u. feiertags, nachmittags von .... bis .... Uhr, abends von 8 bis 2 U
   im Durchschnitt wöchentlich .... Stunden zur Verfügung zu stehen.
   b) Die Pausen werden wie folgt festgelegt: 1 Hour play and 15 min. break
   c) Die Instrumente .... sind in ordnungsmäßigem Zustand zu stellen.
3. Vertragschließender II erhält ein Monatsgehalt von DM Weekly payment 2,000 D.M. (500 D.M. per each member of the Band).
   in Worten Five hundred deutsche Mark Deutsche Mark; Teilzahlung erfolgt am ....
   in Höhe von DM .... Endabrechnung am Monatssch
   a) Die dem Vertragschließenden II gewährte freie Verpflegung und Unterkunft wird auf das Monatsgehalt mit DM .... in Anrechnung gebracht.
   b) Überstunden werden mit DM 60 D.M. je Stunde vergütet. (15 D.M. per each memb of the Band).
4. Als Zureiseentschädigung erhält Vertragschließender II Gepäckkosten und Fahrgeld 2. Klasse, DM 660 D (160 D.M. per each member of the Band).
5. Die Vertragschließenden tätigen den Vertrag unter Bezugnahme auf die Bestimmungen des geltenden Tarifvertrages.
6. Die nach dem Tarifvertrag zu gewährenden spielfreien Tage werden wie folgt festgelegt: ....

Vertrag der Beatles für den Star-Club (1962)

„John hat mir sehr geholfen. Er war es, der mich davon überzeugte, daß ich jetzt, wo Stu nicht mehr da war, nicht wie eine Witwe herumlaufen sollte. Er tat so, als habe er kein Herz, doch das, was er sagte, kam tief aus dem Herzen", erinnerte sich Astrid Kirchherr.

Am 13. April standen die *Beatles* abends auf der Bühne und begeisterten ihr Publikum im „Star-Club" Fünfhundert Mark verdiente jeder in der Woche, untergebracht waren sie in einer Wohnung, die dem Besitzer des Clubs gehörte.

Wären da nicht die Erinnerungen an den Freund gewesen, hätte John zufrieden sein können.

Bis Ende April blieb Brian Epstein in Hamburg, dann fuhr er zurück nach England, um weiter die Plattenfirmen zu attackieren.

Durch überdrehtes Verrücktspielen versuchte John, seine Trauer zu verdecken. Nackt raste er mit einem Klosettdeckel um den Hals über die Bühne. Vom Balkon seines Quartiers beschimpfte er sonntägliche Kirchgänger, provozierte sie, indem er ein mit Wasser gefülltes Präservativ an ein Kreuz band.

Durch ihre Art, Musik zu machen, und wohl auch durch Johns Eskapaden festigte sich ihr Ruf.

Epstein ging inzwischen in England mit Demonstrationsbändern bei den Plattenfirmen hausieren. Auf eigene Kosten ließ er eine Demo-Schallfolie pressen, in der Hoffnung, das würde mehr Eindruck machen.

Durch Vermittlung eines Freundes kam Brian an George Martin heran, der Produzent bei „Parlophone" war, einer Plattenfirma, die zum größten englischen Musikkonzern „EMI" (Electric & Musical Industries) gehörte.

George Martin vereinbarte mit Brian einen Termin für Probeaufnahmen, Brian schickte ein Telegramm nach Hamburg mit folgendem Inhalt: „Glückwunsch, Jungs. ‚EMI' wünscht Probeaufnahmen. Neue Titel proben!"

Sofort fing sich John.

Zusammen mit Paul komponierte er auf einem alten Klavier in der Seemannsmission am Hafen ein paar neue Songs. In jeder freien Minute probten sie.

Am 3. Juni brachen sie ihre Zelte in Hamburg ab, drei Tage später standen sie in London George Martin gegenüber.

Nun mußte es sich entscheiden.

Würde es wieder ausgehen wie bei „Decca"?

Oder sollte sich ihr Traum, eine eigene Schallplatte zu produzieren, erfüllen?

Diesmal waren sie nicht so aufgeregt wie bei den Probeaufnahmen bei „Decca".

Ruhig und sicher spielten sie George Martin ihre Songs vor. Es waren die Titel *Love Me Do, Hello Little Girl, P. S. I Love You* und *Ask Me Why.*

George Martin zeigte sich nicht besonders begeistert, aber er spürte, daß an der Musik der vier Liverpooler etwas Außergewöhnliches war. Ohne sich festzulegen, schickte er sie nach Hause. Wieder lag quälende Ungewißheit vor ihnen. Nach drei Wochen kam die erlösende Nachricht: „EMI" bot ihnen einen Vertrag an.

Allerdings stellte George Martin eine Bedingung. Der Schlagzeuger der Beatles gefiel ihm nicht. John sollte sich nach einem anderen umsehen.

Vor einigen Jahren, als einem Manager Stuart Sutcliffe als Baßgitarrist nicht gefiel, ließ John lieber das Engagement sausen und hielt dem Freund die Treue.

Diesmal verhielt er sich anders.

Zwar hatte er ein schlechtes Gewissen dabei, aber sollte Pete Best zum Stolperstein auf dem Wege zum Erfolg werden, der greifbar nahe erschien? Er war bereit, sich von Pete Best zu trennen. Den Mut, es ihm selbst zu sagen, brachte er nicht auf. Brian Epstein mußte es übernehmen, Pete Best den Abschied zu geben.

Fünf Tage später kam ein neuer Drummer, der schon gelegentlich bei den *Beatles* ausgeholfen hatte. Bis dahin war er Schlagzeuger bei *Rory Storm* gewesen. Sein Name: Richard Starkey, der sich den Künstlernamen Ringo Starr zugelegt hatte.

Der Rausschmiß Pete Bests löste verschiedene Reaktionen aus. Petes Mutter, die Chefin des „Casbah"-Clubs, hielt ihren Sohn für den eigentlichen Gründer der *Beatles*, entsprechend scharf fiel nun ihre Reaktion aus. Sie nutzte ihre Stellung in der Liverpooler Clubszene dazu, den *Beatles* Steine in den Weg zu legen, wo es nur ging.

Viele Mädchen aus dem Anhang der *Beatles* schrien auf, weil Pete, der ungerecht Behandelte, ihr Idol war. Der Zorn aller richtete sich gegen Brian Epstein, den sie für den Schuldigen hielten. Er wagte sich nur noch in Begleitung eines Leibwächters in den „Cavern"-Club.

Aber auch die *Beatles* kamen nicht ungeschoren davon. Bei ihrem ersten Auftritt mit Ringo am Schlagzeug dröhnten ihnen

Sprechchöre entgegen: „Pete Best forever – Ringo never!" Es gab handgreifliche Auseinandersetzungen, bei denen George ein blaues Auge abbekam.

Johns Gedanken kreisten inzwischen um ein ganz anderes Problem, das den Ärger um Pete Best an den Rand seines Bewußtseins drängte. Cynthia hatte von ihrer Ärztin bestätigt bekommen, daß sie mit ziemlicher Sicherheit annehmen durfte, schwanger zu sein. Bei John löste diese Mitteilung zwiespältige Gefühle aus. Einerseits liebte er Cynthia, andererseits sah er sich nun einer Pflicht gegenüber, die er als bedrohlich empfand.

Würde sich nicht eine Heirat, ein Leben mit Frau und Kind, als hinderlich bei der Verwirklichung seiner Ziele erweisen? Der Gedanke, seine Ungebundenheit zu verlieren, bedrückte ihn. Er sah Pflichten auf sich zukommen, die seine bisherige Freiheit einschränkten. Aber Cynthia einfach sitzenzulassen, das ließ sein Gerechtigkeitsgefühl nicht zu. So entschied er sich zur Heirat.

Am 23. August 1962 wurden John und Cynthia im Standesamt von Mount Pleasant getraut.

Brian Epstein und Cynthias Bruder Tony fungierten als Trauzeugen, Paul und George sahen mit gemischten Gefühlen der Zeremonie zu. Mary Smith blieb dem Trauakt fern. Die Begleitumstände erinnerten sie schmerzlich an die Heirat von Fred und Julia Lennon, die im gleichen Raum stattgefunden hatte.

Viel Zeit zum Feiern blieb ihnen nicht, am gleichen Abend standen sie wieder auf der Bühne des „River Park Ballrooms".

Sechs weitere Auftritte lagen noch vor ihnen, dann, am 11. September, waren sie im Studio Nr. 2 in der Londoner Abbey Road.

George Martin hatte vorsorglich einen Schlagzeuger besorgt, für den Fall, daß die Beatles mit Pete Best erschienen wären. Den ganzen Nachmittag probten sie, abwechselnd saßen Andy White, der Ersatzmann, und Ringo am Schlagzeug. Immer wieder schlug George neue Varianten vor. Gegen Abend, nach dem fünfzehnten Versuch, war George Martin zufrieden.

Die Titel *Love Me Do*, garniert mit originellen Mundharmonikapassagen, eingespielt von John, und *P. S. I Love You* können als erste echte Beatles-Single auf den Weg gehen.

Mit seiner Frau Cynthia

Bei einer Beratung der Chefs aller zum „EMI"-Konzern gehörenden Plattenfirmen, verkündete George Martin, daß er eine Single von einer noch unbekannten Band herausbringen würde. Er sagte: „Das ist eine gute Gruppe, von der wir noch einiges hören werden."

Ungläubiges Gelächter war die Reaktion.

Im Rausch des Erfolges

Love Me Do erschien Anfang Oktober 1962 und erreichte in der Hitparade den 17. Platz.

Am 25. Oktober standen die *Beatles* vor den Kameras der Fernsehstation „Granada IV" in Manchester. Brian Epstein war es gelungen, daß ihnen zwanzig Minuten Sendezeit in der Sendung „People and Places" zur Verfügung standen. Epstein, dem das immer noch ungepflegte Aussehen und das rebellische Gehabe der Gruppe nicht ins Konzept paßte, verordnete ihnen für den Fernsehauftritt seriöse Kleidung. John erhob Protest gegen die Verkleidung, weil er fürchtete, so würden sie ihre Anhänger nicht sehen wollen.

Am nächsten Tag, als der Film gesendet wurde, sah John nicht anders aus als Paul, George und Ringo. Schwarzer Anzug mit Weste, weißes Hemd und Schlips, dazu die weiche Pilzkopffrisur. Das war das Image, das Brian Epstein wollte. John, der sich in Lederjacke, Jeans und Stiefeln viel besser gefiel, gab zähneknirschend seinen Widerstand gegen den neuen Soft-Look auf, des Erfolgs willen.

Der 28. Oktober bescherte John ein besonderes Erfolgserlebnis: Brian hatte es geschafft, daß die *Beatles* ein Konzert in Liverpools Empire Theatre geben konnten, wo nur auf die Bühne kam, was Rang und Namen hatte. Und nicht genug damit, die Krönung war, sie standen zusammen mit Little Richard auf der Bühne, der eines der Vorbilder von John und seinen Freunden war.

Am 26. November holte George Martin die *Beatles* wieder ins „EMI"-Studio. Nach dem Erfolg mit *Love Me Do* gab es für ihn

Mit George Martin, dem Produzenten der Beatles

keinen Zweifel, daß er mit dieser Gruppe eine Goldader entdeckt hatte. Aber er wollte ganz auf Sicherheit gehen, deshalb ließ er für die A-Seite der geplanten Platte den Titel *How Do You Do It* von dem erfolgreichen Songschreiber Mitch Murray schreiben.

Als John die Instrumentalfassung des Songs hörte, lehnte er ihn ab. So schlecht kann er nicht gewesen sein, denn etwas später, mit *Gerry and the Pacemakers* aufgenommen, wurde er ein Hit.

Es ging John ums Prinzip. Wenn schon eine Platte mit seiner Gruppe, dann nur mit eigenen Songs. Außerdem bot sich hier für ihn eine gute Gelegenheit zu beweisen, daß er der Chef der Gruppe war, daß er das Sagen hatte. Er ließ keinen Zweifel daran, daß er die Aufnahmen platzen lassen würde, wenn es nicht nach seinem Willen gehen würde. George Martin gab nach.

Am nächsten Tag spielten sie George Martin den von Paul geschriebenen Titel *Please, Please Me* vor. Er fand ihn nicht schlecht, schlug lediglich vor, das Tempo etwas zu erhöhen. Er wurde für die A-Seite der Single vorgesehen. Dieser Titel sollte für die Musik der Beatles für lange Zeit beispielhaft bleiben, John spielte wie schon bei *Love Me Do* den sanftbluesigen Mundharmonikapart. Für die B-Seite nahmen sie den Titel *Ask Me Why* auf, bei dem schon romantische Töne anklingen, die später für eine ganze Reihe von Songs dominierend wurden.

Am 12. Januar 1963 kam die Platte auf den Markt, schoß von Platz Null auf den 17. und erklomm am 12. Februar den 1. Platz, auf dem sie sich wochenlang hielt. Mehr als 250 000 Exemplare wurden davon 1963 verkauft. Dafür erhielten die *Beatles* ihre erste Silberne Schallplatte.

„Über diese Silberne Schallplatte für *Please, Please Me* habe ich mich mehr gefreut als über all die vielen anderen, die wir nachher bekamen. In diesem Augenblick nämlich fühlte ich, daß mein Wunschtraum wahr werden würde."

Bevor der Erfolg von John ausgekostet werden konnte, mußte er in der Zeit vom 18. bis 31. Dezember 1962 noch einmal mit seiner Gruppe nach Hamburg. Lustlos fuhr er mit seiner Band über den Kanal, viel lieber wären sie in Liverpool geblieben, um mit ihren Familien und Freunden die Feiertage zu verleben, überhaupt, Hamburg interessierte ihn nicht mehr. Nun, wo alles blendend in England zu laufen schien, empfand er die Tour nach Hamburg als eine unnötige Unterbrechung. Aber es gab einen Vertrag, der eingehalten werden mußte. Allerdings mußte Manfred Weissleder, der Besitzer des Star-Clubs, Brian Epstein einen Tausender zur vorher ausgemachten Gage zulegen.

Zurück aus Hamburg, ging es ohne Pause weiter.

Vom 1. bis zum 5. Januar 1963 absolvierten sie eine Tournee durch Schottland. Am 11. Januar standen sie für die „ABC"-Fernsehsendung „Thank Your Lucky Star" vor den Kameras; sie produzierten sich mit *Please, Please Me* und *Ask Me Why*; ein von Brian Epstein gut gewählter Zeitpunkt, einen Tag später nämlich erschien die Single auf dem Markt.

Erfolgreiche Plattenproduktionen, Auftritte im Fernsehen, ihre Songs im Radio, eine steigende Anzahl von Konzerten – vorbei waren die Zeiten, wo sie für niedrigste Gage spielen mußten, sich mit miesesten Quartieren zu begnügen hatten, aber sie machten noch nicht das ganz große Geld, weil Brian Epstein die meisten Konzertverträge zu Zeiten abgeschlossen hatte, als der Marktwert der *Beatles* nicht so hoch war.

Für John war es wichtig, von seiner Tante anerkannt zu werden.

Sie blieb skeptisch. Zwar mußte sie einsehen, daß sie mit ihrer Prophezeiung, mit der Gitarre würde er nie Geld verdienen, nicht recht behalten hatte, dennoch übersah sie nicht, daß sich John mit zunehmendem Erfolg veränderte. Für Cynthia und John räumte sie die untere Etage ihres Hauses in der Menlove Avenue. So konnte ihr nicht verborgen bleiben, wie das Leben der beiden ablief. Was sie da sah, entsprach nicht ihren Vorstellungen von einem ordentlichen Familienleben.

John genoß es, auf den Tourneetouren durch ganz England als Star gefeiert zu werden, wenn die Mädchen während der Konzerte in hysterische Begeisterung verfielen, sich vor und in der Garderobe drängten. Er, der sich immer nach Anerkennung und Liebe gesehnt hatte, empfand die Zuneigung des Publikums als wohltuend. Nicht zuletzt schmeichelte es seiner Eitelkeit.

Zu Hause bei Cynthia kam ihm dagegen alles eng und kleinlich vor. Wenn er mit ihr zusammen war, was selten genug passierte, reagierte er auf alles, was sie sagte und tat, unfreundlich und mürrisch. Oft provozierte er grundlos Streit, es kam sogar zu tätlichen Auseinandersetzungen, wenn Cynthia ihm Vorwürfe machte, weil er es auf seinen Konzertreisen mit der ehelichen Treue nicht so genau nahm.

Cynthia hegte im Stillen die Hoffnung, daß sich Johns Verhalten ihr gegenüber ändern könnte, wenn erst ihr Baby da wäre.

Nicht weniger belastend für Cynthia war die Tatsache, daß Brian Epstein und die Reklame-Manager der Schallplattenfirma alles nur Erdenkliche unternahmen, um Johns Heirat zu verheimlichen. Knallhart kalkulierten sie, daß es dem Geschäft abträglich wäre, wenn die weiblichen Fans wüßten, John sei schon vergeben. Alle sollten das Gefühl haben, er wäre nur für sie da.

Besonders eng war Johns Verhältnis zu Paul, gemeinsam verfolgten sie mit brennendem Ehrgeiz das gleiche Ziel, und sie taten dafür, was sie konnten. Tag und Nacht, in jeder freien Minute, zu Hause oder im Bus dachten sie über neue Songs nach, machten sie Texte und komponierten.

Sie legten nun großen Wert auf die Erarbeitung eigener Titel. John komponierte vom Blues beeinflußten Rock, wobei er die drei Akkorde des klassischen Blues- und Rock-Schemas benutzte. Paul McCartneys musikalische Möglichkeiten waren umfangreicher, er verwandte bei seinen mehr melodiebetonten Kompositionen Elemente des Rock, des New-Orleans-Jazz und des Blues, bediente sich balladesker Formen.

Stand in der ersten Zeit noch die Rivalität – jeder wollte dem anderen beweisen, daß er die besseren Songs schreiben könne – im Mittelpunkt, so stellten sie bald fest, daß Johns einfache, auf unkomplizierte Gitarrengriffe aufgebaute Passagen gut für Strophe und Refrain geeignet waren, während Paul die mittleren Takte gestaltete, wo es auf Melodie und schwierige Harmonien ankam. Dieses Prinzip ihrer Zusammenarbeit läßt sich deutlich bei ihrem Song *A Hard Day's Night* heraushören.

Über seinen Anteil an der Entstehung gemeinsam geschriebener Titel äußerte John Lennon: „Mein Beitrag zu Pauls Songs war, sie bluesiger, kantiger zu machen ... Er lieferte eine Leichtigkeit, einen Optimismus, während ich immer abzielte auf Traurigkeit, Dissonanzen, die bluesigen Noten ..." (The Playboy Interview, 1980)

Wie stark sich John Lennon anfangs nicht nur musikalisch, sondern auch textlich an Blues-Mustern orientierte, wird auffällig, wenn man sich den Song *The One After 909* anhört, der 1960 entstand, aber erst zehn Jahre später auf der LP *Let It Be* veröffentlicht wurde. Er verwendete z. B. eine Reihe von Begriffen aus dem klassischen Blues-Vokabular der Eisenbahnszenerie wie railman, station, location, travelling, und die Formulierung I'm travelling on that line erinnert an Donegans *Rock Island Line*.

My baby says she's trav'ling on the One after Nine-O-Nine
I said move over honey I'm travelling on that line.
I said move over once, move over twice
Come on baby, don't be cold as ice

I got my bag, ran to the station
Railman says you've got the wrong location
I got my bag, ran right home
Then I find I've got the number wrong.

Mein Mädchen sagt, sie fährt mit dem Zug neun nach neun
Ich sagte, rutsch mal rüber, Baby, ich fahr die gleiche Richtung.
Rutsch ran, ganz dicht
Komm, Baby, sei nicht kalt wie Eis ...

Ich greif meine Tasche, lauf zum Bahnhof
Der Schaffner sagt, hier sind sie falsch.
Ich greif meine Tasche, renn nach Hause
Da merke ich, es war die falsche Nummer.

Brian Epstein war für John zu einer besonderen Bezugsperson geworden. Wenn John auch nicht alle Vorstellungen Brians teilte, zum Beispiel was das Image der Truppe betraf, so wußte er doch, daß er alles für den Erfolg der Truppe tat. Auch die Sicherheit, die Brian ausstrahlte, sein weltmännisches Auftreten beeindruckten John.

Welche Chance hatte da Cynthia gegen die *Beatles*, die Johns ausschließlicher Lebensinhalt waren?

Immer wieder bemühte sie sich, mit John zu reden. Aber worüber sollte er mit ihr reden! Über seine Tourneeabenteuer, über Musik?

Am 18. April 1963 brachte Cynthia im Sefton General Hospital ihr Baby zur Welt, Julian, so genannt nach Johns Mutter Julia.

Die von Cynthia erhoffte positive Veränderung Johns blieb aus. John fand kein Verhältnis zu seinem Sohn, die Verantwortung für dieses kleine, hilflose Wesen gab ihm das Gefühl, nun noch gebundener zu sein. Wenige Tage nach der Geburt seines Sohnes trat John mit Brian Epstein eine Urlaubsreise nach Spanien an.

„Ich fuhr mit Brian nach Spanien – womit diese Gerüchte in Gang gesetzt wurden, daß ich und Brian eine Affäre hätten, aber das stimmte nicht ganz. Aber wir hatten eine sehr enge Beziehung. Mit ihm machte ich damals meine erste Bekanntschaft mit jemandem, von dem ich wußte, daß er homosexuell war. Über unsere Reise nach Spanien wurden einige ziemlich blöde Geschichten erzählt. Es lag wahrscheinlich nur an unserer gegenseitigen Vertrautheit und an der gemeinsamen Reise, daß solche blödsinnigen Gerüchte überhaupt entstanden", äußerte John sich zu diesem Ereignis.

Auf Cynthia wirkte Johns Verhalten schockierend. Tante Mary war außer sich.

Hier manifestierte sich einer von Johns Charakterzügen, indem er das tat, was ihm gerade paßte, ohne Rücksicht auf die Gefühle anderer zu nehmen.

Eine Konzerttournee jagte die andere. Kreuz und quer durch England ging es. Zwar traten sie noch immer zusammen mit anderen Gruppen und Solisten auf, aber sie waren die Zugnummer. Das jugendliche Publikum kam in Scharen, um die *Beatles* zu hören und zu sehen. Doch der Erfolg hatte einen bitteren Beigeschmack! John trauerte den Zeiten nach, wo sie ausschließlich in Clubs spielten, wo jeder Abend anders ablief, wo der Kontakt zum Publikum bei ihnen spontane Reaktionen möglich machte. Da konnten sie sich so produzieren, frei von dem Zwang, sich einem festgelegten Image entsprechend zu verhalten.

Die Jeans- und Lederjackenzeit der *Beatles* war vorbei.

Über den Wandel ihres äußeren Erscheinungsbildes und die Motivation dafür ist von John Lennon zu erfahren: „Außerhalb Liverpools, wenn wir zum Beispiel in unseren Lederanzügen zu irgendwelchen Jobs nach Süden fuhren, konnten uns die Manager der Tanzhallen überhaupt nicht leiden. Sie meinten immer, wir sähen aus wie eine Schlägerbande. Deshalb stimmte wohl, was Epstein uns immer riet: ,Seht zu, daß ihr euch ordentliche Anzüge besorgt ...' Wir liebten zwar unsere Ledersachen immer noch und auch die Jeans, aber wir wollten auch einen tollen Anzug, nicht nur für die Bühne, sondern auch für nachher. ,Yeah, Mann, hol mir einen Anzug!' Und wenn du so etwas trägst, dann kriegst du auch viel Geld ... na gut, zieh ich mir einen Anzug an und okay, ich werd ihn tragen. Ich würd sogar den schärfsten Fummel tragen, wenn man mich dafür entsprechend bezahlt. So sehr bin ich auch nicht in mein Lederzeug verliebt."

Der Erfolg hatte aber auch eine stimulierende Wirkung:

Die fast frenetische Begeisterung, die ihnen als Reaktion auf ihre Songs vom Publikum entgegenschlug, regte John an, zusammen mit Paul mehr und immer bessere Songs zu schreiben.

Zum nächsten Höhepunkt wurde die Aufnahme ihrer ersten LP *Please, Please Me*.

Am 11. Februar 1963 fanden sie sich um 10.30 Uhr im „EMI"-Studio in der Abbey Road ein. Als sie um 23.00 Uhr das Studio verließen, waren alle Titel aufgenommen. Die extrem kurze Produktionsdauer hatte ihre Ursache darin, daß alle aufgenommenen Titel zu ihrem ständigen Repertoire gehörten. Ein Phänomen dieser ersten *Beatles*-LP war, von den vierzehn Titeln waren sieben Lennon/McCartney-Songs. (Vier davon waren bereits auf Singles erschienen.) Das war ein deutliches Signal dafür, daß die Nachspielphase zu Ende ging.

In den Texten ihrer Songs befaßten sie sich mit einem Thema, was durchaus nicht neu war: Liebe.

Vom Thema her also kein unbedingt neuer Trend, aber die Art, wie sie mit diesem Thema umgingen, ließ ihre Altersgefährten aufhorchen durch die Schlichtheit der Texte, die ihre eigene Gefühlswelt widerspiegelte, die fernab vom bisher üblichen Schlagerschmalz war. Dazu kam eine gradlinige melodiöse Musik, die originell arrangiert war und bei der zunehmend romantische Töne anklangen.

Der Song *P.S. I Love You* ist typisch für die erste Text- und Musizierphase der *Beatles*.

Die Beatles in Hamburg 1961

P.S. I Love You

As I write this letter, send my love to you,
remember that I'll always be in love with you.
Treasure these few words till we're together
keep all my love forever.
P.S. I love you...

Während ich diesen Brief schreibe und dir meine Liebe schicke, denk daran, daß ich dich immer lieben werde.
Bewahre diese wenigen Worte wie einen Schatz, bis wir uns wiedersehen.

Heb meine Liebe mir auf.
P.S. Ich liebe dich...

Dem Titel *Please, Please Me,* bei dem John wieder den Mundharmonikapart spielte, zollten Kritiker höchste Anerkennung. Konzeption und Kompositionsstil sind beispielhaft für eine Serie von Songs in der folgenden Zeit.

Und noch etwas deutete sich bei dieser Produktion an: George Martin, der Produzent, nahm zunehmend Einfluß auf die musikalische Entwicklung der Gruppe. Auf seinen Vorschlag hin wurde bei dem Titel *A Taste Of Honey* Pauls Stimme doppelt aufgenommen und übereinanderkopiert; bei *Misery* ließ er Piano-Zwischenteile einbauen und spielte sie selbst ein.

In den Hitlisten erreichte die LP zwar nur Platz drei, blieb aber sechs Monate lang in den englischen LP-Charts, was wesentlich zur Popularität der Gruppe beitrug.

Am 4. März standen sie wieder im „EMI"-Studio. Sie nahmen den Titel *From Me To You* auf, den John und Paul im Februar während einer Tournee mit Helen Shapiro im Auto komponiert hatten. Sie fanden ihn dann zu bluesorientiert und wollten ihn deshalb nicht aufnehmen, George Martin ließ sie die Mundharmonika einsetzen, was den Bluesstil vertiefte. Für die B-Seite nahmen sie *Thank You Girl* auf, John übernahm bei dieser Produktion wieder den Mundharmonikapart.

Im April erschien die Single, stieg steil nach oben und hielt sich als Dauerbrenner sieben Wochen auf dem 1. Platz.

Nun wurden bei ihren Konzerten die Eintrittskarten zu Schwarzmarktpreisen gehandelt, ihr Ruhm breitete sich landesweit aus, drang über die Landesgrenzen. Aber in der Presse und den anderen Medien spiegelte sich davon kaum etwas wider. Der große Rummel hatte noch nicht begonnen.

Kennzeichnend für das Jahr 1963 war die ungeheure Produktivität, die John und Paul an den Tag legten.

Am 1. Juli nahmen sie *She Loves You* auf, den Titel, der vom Einsatz der musikalischen Mittel typisch für die ersten Beatles-Jahre ist. Zum erstenmal tauchte das wie ein provozierender Schlachtruf klingende „Yeah, Yeah, Yeah" auf.

Die Beatles (1961)

Zu den Aufnahmen hatte Brian Epstein eine Reihe von Journalisten eingeladen. John störte dieses Gedränge im Studio. Er bestand darauf, daß alle Reporter zu verschwinden hätten.

She Loves You war ein Titel, der nicht auf Anhieb gelang. Immer wieder spielten sie ihn durch, bis er endlich stand. Für die B-Seite spielten sie den Titel *I'll Get You* ein.

Als die Single am 23. August 1963 in England erschien, sprang sie sofort auf den ersten Platz in den Hitparaden. Wieder war ihnen ein großer Wurf gelungen. Daß sie bereits einen glänzenden Namen und einen grenzenlosen Kredit bei ihren Fans hatten, beweist diese Tatsache: Am Tage vor dem Erscheinen der neuen Platte lagen bereits Bestellungen von 500 000 Stück vor! Damit war ihnen ihre erste Goldene Schallplatte sicher.

John genoß den Erfolg. Sein Selbstbewußtsein, das ohnehin nicht gerade unterentwickelt war, abgesehen von gelegentlichen depressiven Phasen, stieg ins Unermeßliche. Zwar waren die Einkünfte noch nicht in der Höhe der Superstargagen, aber John durfte sicher sein, bald würde sich der Erfolg mit entsprechend hohen Zahlen auf den Konten der *Beatles* manifestieren.

Es schien, als hätte die Begeisterung der Fans für die *Beatles* keine Steigerungsmöglichkeiten mehr, bis dann das *Beatles*-Fieber ausbrach, eine Erscheinung, die bis dahin einmalig in der Geschichte der Popmusik war.

Am 13. Oktober 1963 bemächtigten sich die Medien, besonders die englischen Zeitungen und Zeitschriften, der *Beatles*. An diesem Tag trat die Gruppe in der beliebten englischen Fernsehunterhaltungsshow „Sunday Night at the London Palladium" auf. Die Einschaltquote bei dieser Sendung lag bei etwa 15 Millionen Zuschauern.

Vor Ankunft der *Beatles* hatten sich einige Mädchen vor dem Theatergebäude in der Argyll Street eingefunden. Kein großer Auflauf. Nach dem Konzert sah es vor dem Theater nicht wesentlich anders aus. Aber am nächsten Morgen vermittelten die auflagenstärksten Zeitungen ein ganz anderes Bild.

Im „Daily Mirror" war zu lesen: „Die Polizei konnte nur mit Mühe 1000 kreischende Teenager zurückhalten, als die Beatles nach ihrem Auftritt im Palladium abfuhren."

Im „Daily Express" war ein Foto zu sehen, auf dem John, Paul, George und Ringo angeblich angstvoll auf eine gewaltige Menschenmenge blickten, die aber auf dem Foto nicht zu sehen war.

Auch andere Zeitungen berichteten in großer Aufmachung von Tumulten Jugendlicher nach der Show im Palladium.

Dezo Hoffmann, der zum inzwischen stark erweiterten Mitarbeiterstab von Brian Epstein gehörte, kommentierte die Zeitungsberichte so: „Es gab an diesem Abend keine Tumulte, ich war doch dabei. Wir sahen vielleicht acht Mädchen, möglicherweise waren es sogar weniger. Als später die Roadmanager losgeschickt wurden, um jedem der Beatles ein Mädchen zu besorgen, waren überhaupt keine da."

Merkwürdig war es schon, daß die Zeitungen gerade zu diesem Zeitpunkt das *Beatles*-Fieber entdeckten und anheizten.

Als bei einem Konzert im „ABC" in Cambridge im März 1963 Hunderte Mädchen sich in hysterischen Krämpfen vor der Bühne wanden, auf der ihre Idole agierten, nahmen die Zeitungen davon keine Notiz.

Warum gerade im Oktober 1963 das gesteigerte Interesse an dieser neuen Gruppe?

Seit Wochen lieferte der britische Heeresminister John D. Profumo Schlagzeilen. Es war aufgedeckt worden, daß er ein Verhältnis zu dem Callgirl Christine Keeler unterhielt. Ein Skandal erster Klasse. Ein paar Tage später liefen dann die Posträuber, die die stattliche Summe von 2,5 Millionen Pfund erbeutet hatten, dem Heeresminister als Schlagzeilenlieferant den Rang ab. Die zunächst erfolglose Fahndung nach den Posträubern war kein Ruhmesblatt. Dazu die Meldungen über steigende Preise, sich erhöhende Arbeitslosenzahlen.

Ähnliche Krisenstimmung in den USA.

Amerika wurde von Rassenunruhen erschüttert; die Bürgerrechtsbewegung unter der Führung von Martin Luther King formierte sich. Die nationalen Befreiungsbewegungen waren auf dem Vormarsch. Die ehemalige britische Kolonie Kenia wurde unabhängig. In Algerien wurde Ahmed Ben Bella zum Staatspräsidenten gewählt. In Saigon (Südvietnam) protestierten buddhistische Mönche durch Selbstverbrennung gegen das von imperialistischen Mächten ausgehaltene Diem-Regime. Mit verschiedenen Weltraumexpeditionen, u. a. dem Flug der ersten Frau ins Weltall (Valentina Tereschkowa), bewies die Sowjetunion ihre Stellung bei der Erforschung des Weltraums. Die Unterzeichnung des Atomwaffenteststopp-Vertrages auf Initiative der Sowjetunion, unterstützt durch den Druck der fortschrittlichen Weltöffentlichkeit, und die Ermordung von Präsident John F. Kennedy in Dallas (Texas)... – das waren die herausragenden Ereignisse des Jahres 1963.

Da war eine Sensation fällig, um von Mißhelligkeiten abzulenken.

Nach dem Zeitungsrummel um die angeblichen Tumulte vor dem Palladium ließen die Medien die *Beatles* nicht mehr aus ihren Fängen. Sie popularisierten damit ein Verhaltensmuster, an dem sich die *Beatles*-Fans orientierten. Wo die *Beatles* nun auftraten, lief überall das gleiche Ritual ab: Mädchen kreischten, weinten, wanden sich in Krämpfen, fielen in Ohnmacht. Vor und nach den Konzerten Tumulte. Oft genug gab es Situationen, bei denen die vier Liverpooler sich fürchten mußten.

Die Medien bastelten nicht ohne Absicht am Image der *Beatles*. Sie suggerierten ein ganz bestimmtes Bild: Die vier Arbeiterjungen, die aus den Slums von Liverpool kamen, die es geschafft hatten, aus eigener Kraft, die dazu witzig und intelligent waren. Eine neue Variante des alten Märchens „vom Tellerwäscher zum Millionär" war geboren.

Noch eine Woche vor dem angeblichen Tumult vor dem „Palladium" und noch eine Zeit danach hörte sich alles ganz anders an, was über die *Beatles* geschrieben wurde. Da waren sie die verrückten Pilzköpfe, die ihr Publikum zu Krawallen provozierten, die sich aggressiv verhielten und die heiligsten Werte der Nation durch den Dreck zogen.

Nun passierte in den Massenmedien, was die Plattenindustrie schon eine Weile mit beachtlichem Gewinn tat, die totale Vermarktung.

Es entspräche jedoch nicht der Realität, wollte man behaupten, die *Beatles* wären ausschließlich von den Medien manipuliert gewesen.

Die Basis des Erfolges war in erster Linie das Ergebnis der Arbeit des Komponisten- und Texterteams John Lennon und Paul McCartney. Mit ihren frischen, unkomplizierten Songs und ihrer spöttischen Haltung trafen sie genau das Lebensgefühl ihrer Generation. Ihr betont lässiges Auftreten, ihre Schnoddrigkeit, besonders die Johns, in der sich ihr unbewußter Protest gegen den Konservatismus manifestierte, ihre humorvoll vorgetragenen Angriffe auf das Spießertum innerhalb der englischen Gesellschaft, das alles zusammen hatte eine sehr intensive Wirkung auf ihre gleichaltrigen Zuhörer, weil es für sie bisher unbekannte Identifikations- und Solidarisierungsmöglichkeiten bot.

Sicher ist, daß sich John Lennon zu diesem Zeitpunkt dieser Wirkung nicht bewußt war. Er gab sich, wie er war. Und er war so wie die überwiegende Mehrheit seiner Altersgefährten. Er lehnte die gleichen Pressionen ab, sehnte sich nach Anerkennung und

Zuneigung. Was ihn von den meisten seiner Altersgenossen unterschied und hervorhob, war sein Talent, seine Gefühle und Sehnsüchte in Texten und Musik ausdrücken zu können. Ein weiterer, nicht zu unterschätzender Faktor war die Tatsache, daß vier Jungen, nicht älter als ihr Publikum, durch ihre Texte und ihre Musik eine Lebenshaltung und ein Lebensgefühl ausstrahlten, das dem ihrer jugendlichen Zuhörer voll und ganz entsprach. Sie trafen mit ihren Songs den Lebensnerv ihrer Generation. In einer Umwelt, die Jugendlichen kaum positive Orientierungsmöglichkeiten bot, löste ihre Botschaft einen weitreichenden Solidarisierungseffekt aus, was es wiederum den Medien- und Geschäftemachern aller Art leicht machte, die vier jungen Männer aus Liverpool schnell zu Idolen aufzubauen. Um 1965 herum gab es in England schätzungsweise 5 000 Beatgruppen, allein über hundert in Liverpool. Alle orientierten sich am Beispiel der *Beatles.* Wenn man zeitgenössischen Polizeiberichten glauben darf, hatte die „Beat-Bewegung" eine Senkung der Jugendkriminalität in den englischen Großstädten zur Folge.

Die von den Massenmedien ab Oktober 1963 geschürte *Beatles*-Psychose nahm dieser Bewegung den sozialkritischen Aspekt und lenkte sie in die Bahnen kommerzieller Ausbeutung.

Dazu gehörte, daß von den *Beatles* ein glattes, geschöntes Bild gezeichnet wurde, das kaum Ähnlichkeit mit der Wirklichkeit hatte. Sie wurden die Sunnyboys des Showgeschäfts, nett; sauber, witzig, gelegentlich etwas frech, aber immer liebenswert. Alles, was nicht in dieses Klischee paßte, wurde verschwiegen, unterdrückt, weggelassen. Kein Wort erschien in den Teenager-Zeitschriften über die Orgien, die sich in den Garderoben und Hotelzimmern der *Beatles* abspielten, bei denen John stets der Hauptakteur war.

„Wo immer wir waren, lief gleich eine große Sache. Wir mußten irgendwas machen, und was macht man schon, wenn die Wirkung der Pillen nicht nachläßt? Ich konnte grundsätzlich nicht schlafen – das war schon eine brutale Szene. Damals hießen sie noch nicht Groupies, man nannte sie irgendwie anders. Wenn wir keine Groupies kriegten, holten wir uns Nutten und so, was gerade angesagt war. Wenn wir in 'ne Stadt kamen, dann ging's erbarmungslos rund, da wurde nicht lange gefackelt. Es gibt keine Fotos von mir, wo ich irgendwo rumkrieche, wo ich in Amsterdam auf allen vieren aus einem Puff gekrochen komme. Ich wurde unter Polizeiaufsicht in den Puff zurückgebracht. Alle wollten den großen Skandal vermeiden." So beschrieb John die Situation.

Der Erfolg mit all seinen Nebenerscheinungen hatte auf John nicht nur positive Auswirkungen. Einerseits genoß er ihn, ließ er sich davon zu neuen Ideen für Songs stimulieren; andererseits litt er darunter, daß seine Distanz zum normalen Leben und zu seinen Altersgefährten immer größer wurde. Seine Popularität und die seiner Gruppe führte dazu, daß es nicht mehr möglich war, einfach allein auf die Straße zu gehen, einen Kaufhausbummel zu machen oder sich in einem Club sehen zu lassen. Die Zeiten, in denen er mit seiner Band durch die Lande tingelte oder als Gleicher vor Gleichen im Liverpooler „Cavern" spielte und spontane Kommunikation zwischen Band und Zuhörer sich problemlos einstellte, waren vorbei.

John fehlte dieser Kontakt. Er spürte ein Vakuum, das er krampfhaft zu füllen versuchte. Mit den angenehmen Seiten des Ruhms verdrängte er das sich ausbreitende Gefühl der Isolation. Er tat es hemmungslos, berauschte sich an dem Gefühl, Macht über andere zu haben. Immer wieder mußte er es sich beweisen.

Während Filmaufnahmen an einem Swimmingpool traktierte er einen älteren Journalisten so, daß sich dieser einen Zeh brach. Die Mädchen, die die Roadmanager auf sein Zimmer schickten, mußten sich seine verächtliche Behandlung gefallen lassen.

In Augenblicken, in denen die Anspannung etwas nachließ, wurde er sich der Tatsache bewußt, daß sein Verhalten anderen gegenüber mies war, und der ganze Starrummel widerte ihn an, hing ihm zum Halse heraus. Zugegeben, solche Augenblicke waren selten im großen Erfolgsjahr 1963.

Sehr treffend charakterisierte der in Westberlin lebende Publizist Siegfried Schmidt-Joos die Situation, in der sich erfolgreiche Popstars befinden: „Allmählich wird der Rock-Superstar zum Gefangenen seines Reichtums und seines Ruhms. Seine gesellschaftlichen Beziehungen beschränken sich zunehmend auf andere Musiker, auf Manager, Plattenbosse, Musikverleger, Diskjockeys, Popjournalisten, Groupies und eine Horde internationaler Jet-Setter und Snobs, die mit seinem ursprünglichen Publikum und dessen Lebensstil kaum mehr etwas gemein haben."

In den Teenager-Zeitschriften und Boulevardblättern war über diese Seite des Erfolgs der *Beatles* nichts zu finden. Sie schürten weiter das *Beatles*-Fieber.

Während ihrer Schweden-Tournee vom 24. bis 30. Oktober stürmten in Stockholm fanatische *Beatles*-Fans die Bühne, schüttelten wild ihre Pilzkopffrisuren und tobten, daß die Polizei alle Hände voll zu tun hatte, die Ordnung wieder herzustellen. In Bild und Text berichteten die englischen Zeitungen darüber. Als die *Beatles* aus Schweden zurückkamen, versammelten sich am Flugplatz Heathrow Tausende Jugendliche, überwiegend Mädchen, um ihre Idole gebührend zu empfangen. John, Paul, George und Ringo wurden mit unbeschreiblichem Jubel begrüßt. Von dem zur Zeit im Flughafengebäude anwesenden Premierminister Sir Alec Douglas Home und der frischgewählten Miss World nahm niemand Notiz.

Wenige Tage später, am 4. November, glich die Gegend um das „Prince of Wales Theatre" in London einem brodelnden Hexenkessel. Bei der „Royal Command Performance"-Veranstaltung waren die *Beatles* angesagt. Fünfhundert Bobbies versuchten ein paar tausend kreischender Mädchen zurückzudrängen. Ein gewaltiger Sprechchor „We want the Beatles" übertönte die Kommandos der Polizei. Die *Beatles* mußten durch einen Hintereingang ins Theater geschleust werden. Weltstars wie Marlene Dietrich und Tommy Steele konnten indessen unbemerkt den Haupteingang passieren.

Brian Epstein saß zitternd in der Garderobe seiner Schützlinge. Zwar hatte er ihnen beigebracht, sich vor und nach ihrem Auftritt ordentlich und brav vor den anwesenden Mitgliedern des Königshauses zu verbeugen, aber Johns Ankündigung, er würde ihnen sagen, sie sollten mit ihren „Scheiß-Klunkern" klimpern, trieb Brian Epstein den Angstschweiß auf die Stirn.

Die *Beatles* wurden die Sensation des Abends.

Obwohl John seine Drohung wahrmachte, wenn auch in recht gemilderter Form, konnte Brian Epstein zufrieden sein. Als John den Titel *Twist And Shout* ansagte, fügte er die Aufforderung hinzu: „Würden die Leute auf den billigen Plätzen bitte in die

Auf dem Londoner Flughafen bei der Rückkehr von einer Skandinavien-Tournee (1963)

Hände klatschen? Für die anderen genügt es, mit den Juwelen zu klimpern ..." Huldvoll lächelte die Königinmutter, begeistert klatschte Prinzessin Margaret in die Hände, Lord Snowdon schien amüsiert.

Am Tage darauf überschlugen sich die Schlagzeilen:

„Beatles reißen königliche Gäste mit!" verkündete der „Daily Express".

„Triumph für vier junge Männer – auch in der königlichen Loge wurde der Rhythmus mitgestampft!" posaunte „Daily Mail".

„Beatles-Fieber! Beatles-Fieber!" hämmerte der „Mirror".

In der Folgezeit fehlte es nicht an Versuchen, die Wirkung der *Beatles* auf ihr Publikum zu erklären, zu analysieren, was teilweise recht eigenartige Blüten trieb. Da glaubten Experten entdeckt zu haben, daß es Parallelen zwischen sexueller Erregung und dem Anschwellen der Entzückungsschreie der Mädchen bei dem Song *Twist And Shout* gab.

Hinzuzufügen ist, zur Entwicklung dieser Massenpsychose trug wesentlich die aufreizende Berichterstattung in den Medien bei.

Aber unbestritten bleibt Tatsache, daß die *Beatles* genau die Töne anschlugen, die bei ihrem jungen Publikum ankamen. In ihren Texten dominierten realistische Details, Stimmungen und Situationen, die dem Empfinden und der Erfahrung ihrer Generation entsprachen. Eine völlig neue Erfindung des Songschreiberteams John Lennon/Paul McCartney war diese Tendenz nicht. Sie hatten Vorbilder, von denen sie sich anregen ließen.

Chuck Berry war eines davon, Little Richard ebenso, und bei ihrem nächsten Erfolgshit *I Want To Hold Your Hand* könnte Ray Charles' *Baby, Let Me Hold Your Hand* Pate gestanden haben.

Mit der am 29. November 1963 erschienenen Single *I Want To Hold Your Hand/This Boy* erklommen sie auf der Leiter des Erfolges eine neue höhere Sprosse. In England waren Vorbestellungen in Höhe von einer Million Stück notiert, bis Ende Dezember stieg die Zahl der verkauften Exemplare auf die Rekordmarke von 1 250 000 Stück. Mit dieser Single gelang ihnen auch der Durchbruch in den USA. Auf Anhieb eroberte sich *I Want To Hold Your Hand* den 1. Platz in den Hitparaden. Innerhalb von vier Tagen wurden 1 500 000 Exemplare abgesetzt.

John Lennon, gefragt, wie er sich den Erfolg seiner Gruppe erkläre, antwortete: „Jeder kann Erfolg haben! Wenn man sich das oft genug vorsagt, dann schafft man es auch. Wir sind nicht besser als viele andere. Was ist überhaupt Talent? Ich weiß es nicht. Wird man damit geboren? Oder entdeckt man es erst später? Das eigentliche Talent ist wohl die Fähigkeit, an den eigenen Erfolg zu glauben. Bis zu meinem fünfzehnten Lebensjahr war ich nicht anders als jeder andere Fünfzehnjährige. Dann beschloß ich jedoch, einen Song zu schreiben, und das tat ich. Aber es änderte sich nicht viel. Das ist totaler Unsinn, daß ich plötzlich meine Begabung entdeckt haben soll. Ich hab's einfach gemacht. Ich hab überhaupt kein Talent, außer vielleicht die Fähigkeit, glücklich zu sein oder mich vor allem zu drücken."

Diese Erklärung ist kaum ernst zu nehmen, sie stellt ein gezieltes „understatement" (Untertreibung) dar, schließlich behauptete John bei anderer Gelegenheit der Größte, Genialste, auch der Talentierteste zu sein.

Es war überhaupt so eine Sache mit seinen Äußerungen, die er Journalisten gegenüber machte. In den Interviews, die er massenweise gab, widersprach er sich ständig, war er ausschließlich auf den momentanen Effekt aus, ließ er erkennen, daß er alles nicht ernst nahm, „verkohlte" er die Zeitungsschreiber und ihr Leserpublikum dazu. Dennoch stand er als Interviewpartner bei den Journalisten hoch im Kurs, weil er ihnen mit seinem frech-aggressiven Witz genau das Pulver lieferte, worauf sie scharf waren. Besonders in der Hoch-Zeit des *Beatles*-Fiebers ließ sich John im Rausch des unwahrscheinlichen Erfolges leicht zu effektvollen Äußerungen provozieren. Das unter anderem trug John den Ruf ein, ein egozentrischer Clown zu sein, was seinem Ansehen bei seinen Fans allerdings keinen Abbruch tat. Es gibt genügend Anlaß zu der Annahme, daß John hinter der Maske des Clowns seine wahren Gefühle verbarg.

Sollte er den nach Sensationen gierenden Zeitungshyänen von seinen privaten Sorgen erzählen?

Sein Problem war, daß er niemanden hatte, mit dem er hätte über seine Gefühle reden können. Zwei Menschen hatte es in seinem Leben gegeben, mit denen er reden konnte. Julia, seine Mutter, und Stuart Sutcliffe. Beide waren tot.

Solange er noch um den Erfolg kämpfen mußte, war das sein Lebensinhalt gewesen. Nun, wo erreicht war, wovon er geträumt hatte, begann sich zunehmend eine quälende Orientierungslosigkeit einzustellen. Wie kein anderer in der Gruppe spürte er, daß Reichtum und Ruhm nicht alles sein konnten. Es fehlte etwas, etwas Wichtiges.

Gelegentlich unternahm er den Versuch, mit Paul über sein Unbehagen zu reden. Mußten sie nicht alles ganz anders machen? Verkauften sie nicht nur ihre Musik, ihre Songs, sondern sich selbst?

Paul teilte Johns Zweifel nicht. Im Gegenteil. Er war sich sicher, daß sie so weitermachen müßten wie bisher. So wollten es ihre Fans, so machten sie ihre Millionen. Jeder Schritt in eine andere Richtung würde ein unnötiges Risiko bedeuten, den jetzt garantierten Erfolg unsicher werden lassen. Und so wie Paul sah es auch Brian Epstein. Sein Erfolgrezept war aufgegangen. Warum es in Frage stellen? Um die quälenden Gedanken zu verdrängen, spielte John den Narren, suchte er Ablenkung in Ausschweifungen jeder Art, stellte er prahlerisch seinen Reichtum zur Schau.

Es waren die Symptome der gleichen Erfolgskrankheit, an der Brian Jones, Jimi Hendrix, Janis Joplin und andere Popstars tragisch zugrunde gingen.

Die Last des Ruhms

Ende 1963/Anfang 1964 siedelten John, Paul, George und Ringo von Liverpool nach London über. John und Cynthia bezogen eine Wohnung in Kensington in der Nähe des West London Air Terminal.

Durch den Umzug nach London war Cynthias Leben nicht leichter geworden. In Liverpool hatte sie noch Tante Mary an ihrer Seite gehabt, in London war sie allein auf sich gestellt.

John lebte in seiner eigenen Welt, zu der Cynthia kaum Zugang hatte.

Die Londoner Szene beschrieb John Lennon so:

„Als wir in London ankamen, wurden wir von den Leuten erst

mal wie echte Provinzler behandelt. Und das waren wir ja auch... Wir waren damals so was wie die Könige des Urwalds, und wir waren mit den *Stones* unheimlich befreundet. Ich weiß nicht, wie das mit den anderen stand, aber ich war viel mit Brian Jones und Mick Jagger zusammen – ich bewunderte sie. Ich mochte sie gleich beim erstenmal, ich sah sie in diesem Ding, wo sie immer rumhingen, im ‚Richmond Club'. Ich war viel mit ihnen zusammen, das war echt Spitze. Wir waren die Kings, und wir standen alle noch am Anfang; wir jagten mit unseren Autos durch London, besuchten uns gegenseitig und redeten mit den *Animals* und Eric Burdon über Musik und solche Sachen. Es war wirklich eine tolle Zeit. Es war, was die Berühmtheit anging, sogar die beste Phase, weil wir noch nicht von diesen Fans verfolgt wurden. Ich weiß auch nicht, es war wie ein Herren-Rauchclub, einfach eine unheimlich dufte Szene." (Wemer-Interview, 1970)

Die „Times" feierte John und Paul als die herausragendsten englischen Komponisten des Jahres 1963. Ein großes Jahr lag hinter den beiden. Was würde das neue Jahr bringen?

Im internationalen Popmusikgeschäft konnte nur bestehen, wer in den USA in den Hitparaden das Rennen machte. Brian Epstein wußte das. Er bemühte sich, die *Beatles* in den Vereinigten Staaten zu etablieren. Seit Jahrzehnten galt es als normal, daß Stars aus Amerika den englischen Markt beherrschten, während die Zahl der britischen Stars, die in den USA durchschlagenden Erfolg hatten, an den Fingern einer Hand abzuzählen waren.

George Martin hatte den in England erfolgreichen Titel *Please, Please Me* nach New York zur Plattenfirma Capitol geschickt. „Wir sehen für die Beatles keine Chancen auf unserem Markt", lautete die Antwort. Mit dem Titel *From Me To You* passierte das gleiche.

She Loves You gelang es nicht, sich unter den „Hot 100" von Billboard zu placieren.

Die Wellen der zahllosen privaten Radiostationen zwischen New Mexico und Alaska, New York und Los Angeles beherrschte eine Gruppe, die eine freundliche Teenager-Musik zelebrierte, *The Beach Boys*.

Der rastlos tätige Brian Epstein fand in New York einen Verbündeten: Ed Sullivan, der seit zwanzig Jahren bei der Fernsehstation „CBS" in einer Unterhaltungsshow unbekannte Talente aus aller Welt vorstellte. Ed Sullivan hatte die *Beatles* schon einmal erlebt; als sie nach der Rückkehr von ihrer Schweden-Tournee von ihren Fans auf dem Londoner Flugplatz Heathrow begeistert empfangen wurden, stand er in der Menge.

Als sich Ed Sullivan und Brian Epstein nach längerer Unterhaltung im Dezember 1963 im Delmonico-Hotel trennten, stand fest, die *Beatles* kommen im Februar 1964 nach Amerika zu Aufnahmen für Sullivans Talentshow.

Am 1. Februar, sieben Tage bevor sich die *Beatles* auf den Weg nach Amerika machten, eroberte ihr Song *I Want To Hold Your Hand* den 1. Platz auf der Billboard-Liste.

Am 7. Februar 1964, gerade vor drei Tagen aus Paris zurück, wo die *Beatles* das verwöhnte Pariser Publikum nicht gerade zu Begeisterungsstürmen animieren konnten, stieg John mit seiner Frau, Paul, George, Ringo und der inzwischen beträchtlich angewachsenen Begleitung in London in die Linienmaschine der PAN AM nach New York.

Es war das erstemal, daß Cynthia John auf einer Konzertreise begleiten durfte. Im stillen hoffte sie, daß dies nun öfter passieren würde, daß sich dadurch Johns Verhältnis zu ihr besserte. Ihren Sohn Julian wußten sie bei Tante Mary in sicherer Obhut.

Johns Gefühle während des Fluges waren zwiespältig. Einerseits freute es ihn, nun in Amerika zeigen zu können, was die *Beatles* zu bieten hatten; andererseits machte er sich Sorgen, ob sie gegen die starke einheimische Konkurrenz würden bestehen können.

Ringo sagte zur damaligen Situation: „Dieses Mal war uns allen ein bißchen komisch zumute. Das erging uns immer so vor etwas Großem, obwohl wir uns nichts anmerken ließen. Vor Auftritten im Palladium hatten wir uns ebenfalls elend gefühlt. Die Reise in die Staaten war ein wichtiger Schritt. Warum sollten wir dort populär sein, nur weil wir es in England waren?

War nicht erst kurz zuvor Cliff Richard während einer Amerika-Tournee gescheitert?"

Während des Fluges über den Atlantik herrschte eine nervöse

Stimmung an Bord, die die *Beatles* durch eine übertriebene Fröhlichkeit zu verdrängen suchten.

Brian Epstein, der nichts dem Zufall überließ, hatte durch seinen Werbemanager Kontakt zu einem T-Shirt-Produzenten und zwei New-Yorker Radiostationen herstellen lassen. Alle fünfzehn Minuten versprachen die beiden Sender allen Fans, die sich zum Empfang der PAN AM, Flugnummer 101, auf dem Kennedy Airport einfinden würden, ein *Beatles*-T-Shirt kostenlos.

Der Sprecher der Radiostation WMCA machte gewaltige Stimmung am Mikrofon. Mit sich überschlagender Stimme verkündete er:

„Es ist jetzt 6.30 Uhr, Beatles-Zeit. Sie haben London vor dreißig Minuten verlassen. Sie befinden sich jetzt mit Kurs auf New York über dem Atlantik. Die Temperatur beträgt 32 Grad Beatle."

Das Schauspiel, das sich John beim Verlassen des Flugzeuges bot, ließ alle Sorgen von ihm abfallen, nun wußte er genau: Er und seine *Beatles* waren in den USA „angekommen", bevor die Räder des Flugzeuges amerikanischen Boden berührt hatten.

10 000 tobende Fans erwarteten sie. „We Love You Beatles, Oh Yes We Do", scholl es ihnen entgegen.

Gleich im Flughafengebäude fand eine Pressekonferenz statt, bei der sich John in Hochform präsentierte. Die fast zweihundert Journalisten schossen ihre Fragen ab, einer den anderen überschreiend. John gebot ihnen, den Mund zu halten.

„Wollen Sie uns etwas vorsingen?" fragte ein Reporter.

„Zuerst brauchen wir Geld", konterte John.

„Wie erklären Sie sich Ihren Erfolg?"

„Wir haben einen Pressesekretär."

„Welchen Ehrgeiz haben Sie?"

„Nach Amerika zu kommen."

„Gedenken Sie, sich die Haare schneiden zu lassen?"

„Das haben wir gestern erledigt."

„Gedenken Sie, sich etwas mit nach Hause zu nehmen?"

„Das Rockefeller-Center."

„Rebellieren Sie gegen die ältere Generation?"

„Das ist eine gemeine Lüge."

„Was halten Sie von der Bewegung in Detroit, die die Beatles auslöschen will?"

„Wir haben einen Feldzug in Gang gesetzt, um Detroit auszulöschen."

Nicht ohne Bedenken verfolgte Brian Epstein das Frage-und-Antwort-Spiel. Er fürchtete, unbedachte Äußerungen seiner Schützlinge könnten dem mühsam aufgebauten Image der *Beatles* schaden. Wie sich etwas später bei anderer Gelgenheit erweisen sollte, war diese Furcht nicht unbegründet. In diesem Fall konnte er mit der Wirkung zufrieden sein. John und die anderen hatten sich so verhalten, wie es ihrem Image entsprach, so, wie die Reporter sie haben wollten.

Die Zeit vor dem Auftritt im „Ed Sullivan Theatre" an der West 53rd Street war von nervenaufreibender Hektik bestimmt. Cynthia muß sich dabei wie das fünfte Rad am Wagen vorgekommen sein.

Am Abend vor der Sullivan-Show schlichen sich John und Cynthia aus dem Hinterausgang ihres Hotels, weil der Haupteingang von Fans blockiert war. Ringo begleitete sie. Sie gingen in die „Peppermint Lounge", die in dem Ruf stand, die „Heimat des Twist" zu sein. Was sie fanden, war eine Band, die ein mittelmäßiger *Beatles*-Verschnitt war. Natürlich wurde John erkannt und mußte sich der Zudringlichkeiten aufdringlicher Verehrerinnen erwehren. Fluchtartig verließ er mit Cynthia die „Peppermint Lounge"; um von den vor dem Hotel lauernden Fotografen nicht erkannt zu werden, zogen sie sich ihre Mäntel über die Köpfe.

Am nächsten Tag war das Auto, das die *Beatles* zum Auftrittsort bringen sollte, von kreischenden Mädchen umringt. Der Fahrer mußte über das Dach des Wagens steigen, um hinter sein Steuer zu kommen. John, der sich mit dunkler Brille und Mütze getarnt hatte, saß scheinbar ungerührt im Fond. Von einem Reporter gefragt, ob ihm diese Belagerung etwas ausmache, antwortete er: „Nein, ist ja nicht unser Auto."

Die Show, die am Abend des 9. Februar 1964 über die Bildschirme lief, wurde von 70 Millionen Zuschauern gesehen. Zum Auftakt wurde ein Glückwunschtelegramm von Elvis Presley verlesen, dessen Songs die vier aus Liverpool als Jungen heimlich unter der Bettdecke gehört hatten.

Der Erfolg ihres Auftrittes in der Sullivan-Show ließ die Begeisterung des jugendlichen Publikums ins Unermeßliche steigen; die großen amerikanischen Zeitungen verhielten sich zurückhaltender und kritischer.

Die „New York Herald Tribune" verkündete, die Wirkung der *Beatles* bestünde zu „75 Prozent aus Publicity, 20 Prozent Haarschnitt und 5 Prozent fröhlichem Gejammere".

Die „Washington-Post" fand sie „asexuell und reizlos".

Aber was die Musikkritiker und Kommentatoren auch schreiben mochten, die *Beatles* hatten ihr amerikanisches Publikum erobert.

Die Plattenumsätze stiegen in astronomische Höhen, eine Firma warf hunderttausend *Beatles*-Puppen auf den Markt, ein anderes cleveres Unternehmen produzierte täglich 35 000 *Beatles*-Perücken. *Beatles*-Masken, *Beatles*-Spiele, -Kugelschreiber, -Schleifen, -T-Shirts, *Beatles*-Nußeis und eßbare Schallplatten tauchten in den Shops und Kaufhäusern auf und fanden reißenden Absatz.

Das „Wall Street Journal" prophezeite bis zum Jahresende einen Umsatz von fünf Millionen Dollar durch den Verkauf von *Beatles*-Produkten. Das Journal irrte: Der Umsatz fiel beträchtlich höher aus.

Am 10. Februar bestiegen John und seine Freunde mit dem unvermeidbaren Troß von Begleitern, Journalisten und einem Fernsehteam auf der Pennsylvania-Station einen Schlafwagen nach Washington. Dabei mußte Cynthia wieder die Erfahrung machen, daß sie nur eine unbedeutende Randfigur war. Mit einer großen Sonnenbrille und einer brünetten Perücke unkenntlich gemacht, hätte man sie fast auf dem Bahnsteig vergessen.

Am Abend des 10. Februar gaben die *Beatles* ihr erstes offenes Konzert in den USA.

Die Bühne im Washingtoner Coliseum inmitten der arenaförmigen Anlage wurde vom Geschrei der 7 000 Fans umtost.

Zehn Songs spielten die *Beatles*.

Tüten mit Gummibären flogen auf die Bühne, Lockenwickler, Kleidungsstücke, Teddybären ...

John war in seinem Element, er genoß es, die Zuneigung des

Publikums zu spüren. Es machte ihm Freude, die Wirkung ihrer Musik unmittelbar zu erleben. Er sah sich am Ziel seiner Wünsche: Nicht nur Ruhm in Liverpool, nicht nur in England, sondern in den USA, und das hieß Weltruhm!

Lange hielt Johns euphorische Stimmung nicht an.

Nach dem Konzert fand ein Empfang in der Britischen Botschaft statt. John haßte Veranstaltungen dieser Art. Aus Gründen der Imagepflege bestand Brian Epstein darauf, daß die *Beatles* an diesem Empfang teilnahmen.

Im großen Empfangssaal unter Kristalleuchtern tummelten sich befrackte Diplomaten und ihre in teure Abendroben gekleideten Gattinnen. Die Damen drängelten sich um John, Paul, George und Ringo, sie forderten Autogramme. Eine standesbewußte Lady fragte amüsiert: „Können Sie tatsächlich schreiben?"

John kochte vor Wut. Hier mußte er für Leute, deren Lebensstil und überhebliche Haltung er ablehnte, den Clown spielen. Schmerzlich wurde ihm bewußt, daß dies nicht seine Welt war, und gleichzeitig belastete ihn die Erkenntnis, daß er zu der Welt, aus der er kam, keinen Zugang mehr hatte.

Für tieferes Nachdenken über das Problem, das sich hier andeutete, blieb John erst einmal keine Zeit.

Am nächsten Abend standen sie in New York auf der Bühne der Carnegie-Hall, umgeben vom Jubel ihrer Fans. Kurz darauf flogen sie nach Miami, wo die zweite Ed-Sullivan-Show produziert werden sollte.

Als am 16. Februar die Show gesendet wurde, saßen 75 Millionen Zuschauer vor den Bildschirmen.

Wenn Cynthia während der hektischen Amerikareise überhaupt etwas von John gehabt hat, dann während der wenigen Tage in Miami. Es gibt Fotos, die beide am Strand zeigen, die den Eindruck fröhlicher Gelöstheit erwecken. Es waren nur „Momentaufnahmen".

Cynthias Erwartungen, John während dieser Reise näherzukommen, erfüllten sich nicht.

Ununterbrochen gehörte John den anderen – den Fans, Journalisten, den *Beatles*, der Öffentlichkeit ... So war es in England, so war es noch potenzierter in den USA. John, im Dezember 1970 in dem Interview mit dem amerikanischen Journalisten Jann Wenner, gefragt, wie er sich den Erfolg seiner Gruppe in Amerika erklären würde, antwortete:

„Aus dem gleichen Grund heraus, aus dem amerikanische Stars in England so viel Erfolg haben, nehme ich an – das Gras ist eben grüner. Und außerdem waren wir, als wir das erstemal hier in Amerika ankamen, schon echt professionell, wir hatten das ganze Spielchen voll drauf. Als wir rüberkamen, wußten wir bereits, wie man mit der Presse umgehen muß. Die englische Presse ist die brutalste der Welt; wir konnten mit allen fertig werden. Wir waren echt gut ... Aber das ist nur die eine Seite. Andererseits wußten wir genau, daß wir alle anderen vom Tisch fegen würden, vorausgesetzt, wir kamen irgendwie an euch Amis ran. Schließlich waren wir neu ..."

Als John nach England zurückflog, konnte er eine überwiegend positive Bilanz ziehen. Cynthia aber kehrte mit der Furcht heim, daß sie und John sich immer mehr auseinanderleben könnten.

Auch nach der Heimkehr blieb John kaum Zeit, über seine sich mehr und mehr verändernde Situation nachzudenken.

Am 2. März 1964 begannen die Dreharbeiten unter der Regie von Richard Lester zu ihrem ersten Film *A Hard Day's Night*.

Noch Ende Februar arbeiteten sie an der EP *Long Tall Sally*, zu der John den Titel *I Call Your Name* beisteuerte, den er noch in Liverpool geschrieben hatte. Neben *Long Tall Sally* (Entoris Johnson/Richard Penniman/Robert Blackwell) und *Slow Down* (Larry Williams) befand sich der Carl Perkins Titel *Matchbox* auf der EP, den sie schon seit Cavern- und Starclubzeiten als eines ihrer Lieblingsstücke in ihrem Repertoire hatten.

Neben den Dreharbeiten und gleich danach arbeiteten sie das Material für die LP *A Hard Day's Night* auf und produzierten die Titel im Studio.

Dazwischen konnte John am 23. März noch einen ganz persönlichen Erfolg für sich verbuchen. An diesem Tag erschien sein Buch *In His Own Write*. Schwarzhumorige und skurrile Geschichten in verballhorntem Englisch, garniert mit Zeichnungen, wie sie einst in jenem Zeichenheft gestanden haben mochten, das sein Lehrer an der Kunstschule fand. Das Buch wurde ein Erfolg, schon deshalb, weil es ein *Beatle* geschrieben hatte.

Premiere des ersten Beatles-Films „A Hard Days Night" in London (1964)

Eine versuchte „gedeutschte“ Nachdichtung (aus „John Lennon – in seiner eigenen Schreibe“) liest sich so:

Morden, morden, nur nicht heute
O Pflaumenzeit der dungnen Früh
wie bist du schwarz versaut
verloren dahin ist meine Müh
um eine Regenhaut

Ich Knallfrosch Huckebein
liech gern auf fauler Pelle
doch laß ich Augsbruck sein
und rette meine Felle

Sauf Whiskybranntweinfranz
bin ich der Haferweiz?
Mit Trapper Geierschwanz
vergleich ich mich bereiz

Im britischen Parlament hielt der Abgeordnete der Konservativen Charles Curran eine flammende Rede, die den Bildungsnotstand in Liverpool anprangerte; zum Beweis zitierte er aus John Lennons Buch, bezeichnete ihn als Analphabeten.

In der „Times Literary Supplement“ war zu lesen: „Es verdient die Aufmerksamkeit eines jeden, der um die Verarmung der englischen Sprache und Phantasie der Briten bangt.“

Am 4. Juni 1964 starteten die *Beatles* zur „Short World Tour“, die bis zum 29. Juni ging. In Dänemark, Holland, Hongkong, Australien und Neuseeland geschah nun das gleiche, was überall bei ihren bisherigen Konzerten Schlagzeilen geliefert hatte.

John nahm seine Tante mit auf diese Reise. Nun sah sie wohl ein, daß sie sich mit ihrer Prophezeiung, daß John nie mit der Gitarre Geld verdienen würde, gewaltig getäuscht hatte. Jetzt war sie stolz auf ihren John. Allerdings ging ihr die Tournee-Hektik bald auf die Nerven. Vor Ende der Tournee flog sie zurück in die wesentlich ruhigeren Gefilde der Menlove Avenue in Woolton.

Am 6. Juli fand in London die Premiere des Films *A Hard Day's Night* statt. Das Königshaus hatte Prinzessin Margaret und Lord Snowdon zur Uraufführung delegiert.

Ihr Album *A Hard Day's Night,* das erste, das ausschließlich mit eigenen Titeln realisiert wurde, erreichte in England und in den USA Verkaufserfolge, die alle bis dahin existierenden Rekorde in der Popbranche in den Schatten stellten.

Inzwischen bereitete Brian Epstein die erste Amerika-Tournee vor. Konzerte, Schreiben neuer Songs, Arbeit am Film, Produktionen im Studio, Interviews in allen Medien – die *Beatles* waren in aller Munde!

Die sich ständig steigernde Berühmtheit schlug sich in hohen Zahlen auf den Konten der *Beatles* nieder.

War es nicht das, wovon John geträumt hatte? Empfand er es nun als Glück, das Ziel seiner Träume erreicht zu haben?

Nicht nur John, auch seine Freunde kamen aus bescheidenen Verhältnissen. Kein Wunder, daß sie den Reichtum erst einmal genossen.

Aber bei John stellte sich gelegentlich in den knappen Ruhephasen, die ihm blieben, das Gefühl ein, sich von seinem Publikum immer weiter zu entfernen; nicht ohne Wehmut erinnerte er sich der Zeiten, wo er einer von ihnen war, die gleichen Sehnsüchte, Wünsche und Hoffnungen hatte wie sie, gegen die heuchlerischen Spielregeln des Establishments rebellierte.

Es sind Aussagen von John Lennon bekannt, in denen er später zum Ausdruck brachte, daß er sich fast wie ein Verräter seinem Publikum gegenüber vorkam.

Dennoch würde es wohl kaum der Realität entsprechen, behauptete man, John Lennon hätte bereits 1964 unter den negativen Begleiterscheinungen des Ruhms gelitten. Ablenkungsmöglichkeiten bot ihm sein Reichtum in Hülle und Fülle.

Im Juli 1964 kaufte er mit Cynthia ein respektables Haus. Für 20 000 Pfund ließ er sich einen Swimmingpool bauen. Noch bevor er einen Führerschein hatte, besaß er einen Rolls Royce, einen Ferrari und einen Mini Mirror.

Bei aller Lust am Genießen des Reichtums entging John nicht, daß mit ihnen etwas geschah, wovon sie nichts geahnt hatten, als sie vom Ruhm träumten.

Ihre Konzerte verliefen nun wie eingetrimmte Rituale, bei denen ihre Musik kaum noch eine Rolle zu spielen schien. Einem Freund gegenüber äußerte John:

„Es kam mir vor, als wären wir vier Monster, die rausgekarrt und zur Schau gestellt werden, wir schüttelten unsere Haare, und anschließend wurden wir wieder in unseren Käfig gesperrt."

Welchem Druck sich John und auch die anderen zunehmend ausgesetzt sahen, läßt sich ahnen, wenn man die Begleitumstände der „First Amerika Tour" (vom 19. August bis 20. September 1964) während ihres zweiten Aufenthaltes in den Staaten betrachtet.

Vergleicht man die Belastungen auf dieser ersten Tournee durch Amerika und Kanada mit denen ihres ersten USA-Aufenthalts im Februar des gleichen Jahres, dann muß einem die Februarreise wie ein freundlicher Familienausflug vorkommen. Diese Spätsommertournee wurde zu einem Marathonlauf: Innerhalb von 32 Tagen absolvierten sie 31 Konzerte in 24 Städten der USA und Kanadas. Dabei legten sie 36 000 Kilometer mit ihrem Privatjet vom Typ Lockheed Electra zurück, mehr als 60 Stunden befanden sie sich in der Luft. Auch die Zuschauerzahlen und Kasseneinnahmen erreichten Rekordmarken.

Was sich, im knappen Reporterstil aufgezählt, aufregend und sensationell anhört, war für John und seine Freunde nervenaufreibender, kräftezehrender, eintöniger Tournee-Alltag:

Sie hetzten von Auftrittsort zu Auftrittsort. Nach jeder Landung das gleiche Bild – Bürgermeister, Reporter, Senatoren und deren Frauen waren die erste Empfangswelle, dann hinter Stacheldrahtzäunen tobte und kreischte die zweite Welle, die Fans der *Beatles*. Die Garderoben und Zugänge zu den Bühnen blockierten Körperbehinderte, chronisch Kranke und Rollstuhlfahrer, die auf Wunderheilung durch die *Beatles* hofften.

Einunddreißigmal zogen sie auf der Bühne die gleiche Show ab, spielten sie das gleiche Dutzend Songs: *Twist And Shout, You Can't Do That, All My Loving, She Loves You, Things We Said Today, Roll Over Beethoven, Can't Buy Me Love, If I Fell, I Want To Hold Your Hand, Boys, A Hard Day's Night* und *Long Tall Sally*.

Als die *Beatles* am 19. August in San Francisco landeten, wurden sie vom Flugzeug aus von der Polizei in einen Käfig geleitet, um sie vor der lebensgefährdenden Zuneigung ihrer Fans zu schützen.

In den Zeiten zwischen ihren Auftritten saßen John, Paul, George und Ringo wie Gefangene in ihren Hotelzimmern.

Immer seltener passierte ihnen etwas zum erstenmal. Es war der Punkt erreicht, wo sich die Begeisterung der Fans kaum noch steigern ließ, alles, was nun geschah, war Wiederholung oft erlebter Vorgänge und Ereignisse, selbst den Journalisten fielen keine neuen Fragen mehr ein.

„... ständig versuchten irgendwelche Leute, uns anzufassen. Wo immer wir hinkamen, erwartete man, daß wir irgend etwas täten, was nicht normal war. Wir sollten uns allen möglichen Schwachsinn von Bürgermeistern und deren Frauen anhören, und wir sollten uns berühren und begrapschen lassen ... Die ganze Zeit waren irgendwelche Leute in unseren Garderoben, Epileptiker, oder was auch immer ... Wir sollten wohl ständig gute Taten vollbringen. Du willst allein sein, weißt einfach nicht, was du mit ihnen reden sollst, denn meistens sagen sie nur: ‚Ich habe eure Platte.' Oder sie können nicht reden und wollen dich einfach nur anfassen. Und immer ist es die Mutter oder die Krankenschwester, die sie dir anschleppen. Sie selbst würden vielleicht nur einfach hallo sagen und wieder Leine ziehen, aber die Mütter schieben die Ärmsten direkt zu dir hin, als wärst du Jesus oder so was Ähnliches, als umgäbe dich irgendeine Aura, die auf sie abfärben könnte ... Wir haben gefühllos darauf reagiert. Es war einfach schauerlich. Jeden Abend das gleiche, du kommst auf die Bühne, und statt der Kids siehst du erst mal nur eine Reihe von Krüppeln vor dir ... Wir hatten das Gefühl, die ganze Zeit nur von Krüppeln und Blinden umgeben zu sein, und wenn wir durch die Korridore gingen, schon faßten sie uns an. So war das, der reinste Horror." (Wenner-Interview, 1970)

In demselben Interview bekundete John Lennon seine Abneigung gegen die Vertreter des sogenannten Establishments:

„Es wurde immer schlimmer – je größer wir wurden, desto unrealistischer wurden die Dinge, mit denen man uns konfrontierte, desto mehr wurde von uns erwartet. Es ging so weit, daß irgendeine Bürgermeistersfrau anfing, dich zu beschimpfen und rumzuschreien und zu sagen: ‚Wie können Sie es wagen!', nur weil du ihr nicht die Hand geschüttelt hast. Derek (Derek Taylor gehörte zu den Tourneebegleitern der Beatles, später war er Pressechef der *Beatles*-Firma „Apple") hat mir so eine Geschichte erzählt. Das war irgendwo in einem Hotel in Amerika. Wir hatten uns gerade nach dem Konzert schlafen gelegt, und die Frau des Bürgermeisters kommt und sagt: ‚Wecken Sie sie auf, ich möchte sie gern sehen', und Derek sagte: ‚Nein, ich werde sie nicht wekken.' Da fängt sie an zu schreien: ‚Entweder wecken Sie sie auf, oder ich werde das der Presse erzählen ...' So was kam andauernd vor. Immer drohten sie damit, alles der Presse zu erzählen und für schlechte Publicity zu sorgen, es sei denn, wir würden mit ihren blöden Töchtern samt ihrer Zahnspangen im Mund ausgehen. Und es war immer die Tochter vom Polizeichef oder die Tochter vom Bürgermeister, immer die unangenehmsten Kinder, weil sie die unangenehmsten Eltern hatten. Wir hatten sowieso die ganze Zeit irgendwelche Menschen um uns herum, und dann rückten uns zum Überfluß auch noch die Leute auf den Pelz. Das waren entsetzlich demütigende Erfahrungen. Zum Beispiel, als wir auf den Bahamas ‚Help' gedreht haben. Da saßen wir manchmal mit dem Gouverneur zusammen und mußten uns von diesen verzogenen, pißköpfigen Bürgerärschen beleidigen lassen, die irgendwelche abfälligen Bemerkungen über unsere Herkunft aus der Arbeiterklasse oder über unsere Manieren vom Stapel ließen. Ich fing an, sie zu beschimpfen und so, ich kann in solchen Augenblicken meinen Mund nicht halten. Es war schrecklich, das ganze Geschäft war schrecklich. Es war eine widerliche Demütigung, man mußte sich total erniedrigen, um das zu sein, was die Beatles waren, und genau das finde ich ekelhaft. Ich meine, ich habe es ja selbst mitgemacht, ich hatte keinen Schimmer und habe es nicht vorausgesehen, es kam einfach Stück für Stück, nach und nach. Und plötzlich bist du von diesem totalen Wahnsinn umgeben, machst lauter Dinge, die du nicht machen willst, mit Leuten, die du nicht ausstehen kannst, die du gehaßt hast, als du zehn warst ..." .

Zwischen der hier geschilderten Situation und dem Zeitpunkt, als John Lennon diese Ereignisse des Jahres 1964 kritisch und selbstkritisch bewerten konnte, lagen sechs Jahre, Zeit, in der er noch manch andere bittere Erfahrung machen mußte.

Längst waren die *Beatles* nicht mehr eine Gruppe unter vielen, sie waren eine Institution geworden, von der ganz Bestimmtes erwartet wurde.

Bei allem, was sie taten, hatten sie zu kalkulieren, wie es bei ihren Fans ankommen würde. Das betraf nicht nur ihre Songs, auch ihren Lebensstil. John störte es, unter den Augen der Öffentlichkeit leben zu müssen. Ray Coleman gegenüber äußerte er sich: „Ich habe es satt ... An manchen Wochenenden ist es so schlimm, daß wir das Haus verlassen und irgendwo hingehen. Hauptsache weg von den Fans, die kommen und gaffen. Nein, das Wort nehme ich zurück. Das sind keine Fans! Sie betrachten mein Haus als ein verdammtes Ferienlager. Sie sitzen mit belegten Broten und Thermosflaschen mit Tee auf dem Grundstück herum. Wofür halten sie mein Grundstück eigentlich, für den *Beatles*-Nationalpark? Es kommen auch Erwachsene, nicht nur Schulmädchen. Ich bin rausgegangen und habe gesagt, sie sollen abzischen, und dann haben sie gesagt, daß sie meine Platten nicht mehr kaufen ..."

Etwas später formulierte John Lennon seinen Unwillen noch krasser: „Es ist widerlich, wenn sich Leute umdrehen und sagen: ‚Aber wir haben euch zu dem gemacht, was ihr seid, ihr undankbaren Schweine.' In gewisser Weise ist das wahr, aber irgendwo haben unsere Verpflichtungen auch ihre Grenzen. Als ich schwarze Scheiben in meinen Rolls Royce einsetzen ließ, hat mir ein Fan geschrieben: ‚Du versteckst dich vor den Leuten, die dich zu dem gemacht haben, was du bist, du drehst ihnen den Rücken zu, und du läufst vor ihnen weg!'

So ein Quatsch! Wenn ich in den nächsten Laden gehe und einen Strauß Blumen kaufe, erwarte ich doch nicht vom Verkäufer, daß er sich für den Rest seines Lebens verbeugt und Kratzfüße macht ... Ich möchte nicht den Eindruck machen, daß wir es nicht mögen, wenn man uns mag. Wir wissen es zu schätzen, aber wir können uns nicht unser ganzes Leben vorschreiben lassen ... Die Leute scheinen uns für Automaten zu halten. Sie zahlen sechs Schilling und acht Pence für eine Platte, und wir haben uns so zu verhalten, wie sie es uns vorschreiben. Man wirft Geld ein, und das Kistenteufelchen hat rauszukommen. Dieser Aspekt des Daseins als Popstar paßt mir überhaupt nicht."

Die letzten Monate des Jahres 1964, nach der Rückkehr von der USA-Tournee, ließen John wenig Zeit für Cynthia und seinen Sohn Julian.

Vom 2. Oktober bis zum 8. Oktober arbeitete er mit seinen Freunden im Studio an einem Teil der Aufnahmen zur LP *Beatles For Sale,* am 9. Oktober starteten sie zu ihrer 5. England-Tournee. Am 12. November standen sie schon wieder im Studio, um bis zum 16. November die Produktion der LP *Beatles For Sale* abzuschließen. Bei den Aufnahmen standen sie unter Zeitdruck. Deshalb waren von den fünfzehn Songs der LP sechs Titel aus ihrem „Cavern-Repertoire". Durch den Rückgriff auf die Titel *Rock And Roll Music* (Chuck Berry), *Mr. Moonlight* (Ray Lee Johnson), dem Medley *Kansas City* (Jerry Kleiber/Mike Stoller), *Hey-, Hey-, Hey-, Hey* (Richard Penniman), *Words Of Love* (Buddy Holly), *Honey Don't* und *Everybody's Trying To Be My Baby* von Carl Perkins war es ihnen möglich, in nur zwölf Tagen die LP fertigzustellen.

Für die Produktivität von John Lennon und Paul McCartney spricht die Tatsache, daß jeder von ihnen während der zweiten Aufnahmesession für *Beatles For Sale* je einen Song schrieb, die beide noch vor dem Erscheinen der LP auf der Single *I Feel Fine/She's A Woman* erschienen.

Die Titel *No Reply, I'm A Loser,* die John schrieb, und *Babys In Black,* den er zusammen mit Paul erarbeitete, lassen bei John eine depressive Gefühlslage und den Trend erkennen, ehrliche Texte zu schreiben, die persönliche Probleme zum Gegenstand hatten. Er schildert Situationen, in denen Beziehungen in die Brüche gehen, signalisiert Kommunikationsschwierigkeiten.

I'm A Loser
I'm a loser, I'm a loser
And I'm not what I appear to be.
Of all the love I have won or have lost,

There is one love I should never crossed.
She was a Girl in a million my friend,
I should have known she would win in the end.
I'm a loser, and I lost someone who's near to me,
I'm a loser, and I'm not what I appear to be ...

Ich bin ein Verlierer, ich bin ein Verlierer
und nicht der, für den mich alle halten.
Von all den Lieben, die ich gewann und verlor,
gibt es eine, der ich besser nicht begegnet wäre.
Sie war ein Mädchen, mein Freund, das eine unter Millionen,
Ich hätte es wissen müssen, sie wollte die Siegerin sein.
Ich bin der Verlierer, und ich verlor jemand, der mir nah war.
Ich bin ein Verlierer und nicht der, für den mich alle halten ...

Seine Lebenssituation erschien ihm immer unbefriedigender. Immer bewußter wurde ihm, daß sein Anspruch auf ein eigenes Leben unter den Umständen, in denen er lebte, nicht zu realisieren war.

Die Rock 'n' Roll-Oldies auf der *Beatles For Sale* lassen Sehnsucht nach der Zeit in Hamburg und im Cavern-Club ahnen.

Er fühlte sich einsam. Sein Verhältnis zu Cynthia hatte sich nicht verbessert, im Gegenteil, es wurde schlechter. In den seltenen Augenblicken, die er in seinem Haus in Weybridge verbrachte, fand er nicht den Ausgleich, nicht die Geborgenheit, die er suchte.

Cynthia machte ihm Vorwürfe, klagte, weil er keine Zeit für sie und Julian hatte. Sie fragte sich, welche Rolle sie überhaupt noch in seinem Leben spielte. John reagierte gereizt.

So war er einerseits froh, daß er über Weihnachten (vom 24. Dezember 1964 bis 16. Januar 1965) allabendlich in London, im „Hammersmith Odeon" in der „Beatles Christmas Show" auf der Bühne stand; andererseits empfand er es als belastend, was an einundzwanzig Abenden auf der Bühne ablief: Außer den *Beatles* waren *Jimmy Saville, Mike Cotton Sound, The Yarbirds, Ray Fell/Freddie And The Dreamers* und *Elkie Brocks* am Programm beteiligt. Die *Beatles* kamen in dandyhafter Verkleidung auf die Bühne gerannt, brachten einen kurzen Sketch, spielten neun Titel, übertönt vom Geschrei der Fans, Luftsprung nach dem letzten Titel, Verbeugung, Verbeugung, Abgang unter frenetischem Beifall ...

An einundzwanzig Abenden das gleiche Ritual: Immer die gleichen neun Titel, Luftsprung, Beifall, Verbeugung, Abgang ...

Heute weiß man, daß in jener Zeit die Spannungen innerhalb der Gruppe begannen. Das ständige „Beieinanderseinmüssen" bei der Arbeit im Studio, auf den Tourneen, in den Hotels fing an, allen auf die Nerven zu gehen.

John wurde als erstem bewußt, daß sich aller Existenz vor der Öffentlichkeit als „Gruppenbild" darstellte, der einzelne als unverwechselbare, einmalige Persönlichkeit war nicht gefragt. Diese Erkenntnis konnte bei John als ausgesprochenem Individualisten auf Dauer nur zunehmend Unzufriedenheit provozieren.

1965 äußerte er in einem Interview Ray Coleman gegenüber: „Hier bin ich jetzt, so reich und berühmt, wie ich es immer sein wollte, und nichts passiert." Nun drohte Stillstand, der Johns unruhigen Geist nicht befriedigen konnte. Es drängte ihn, sich und andere zu bewegen. Aber zu welchem Ziel, zu welchem Zweck?

Täglich las er in den Zeitungen und sah es im Fernsehen, wie die USA mit ihrer gewaltigen Militärmaschinerie über das vietnamesische Volk herfielen. War das nicht ein Problem, zu dem er Stellung beziehen mußte? In der Dritten Welt starben täglich Kinder an Hunger, Seuchen, Unterernährung. Im eigenen Land gab es genug Leute, die, mit zunehmender Arbeitslosigkeit, unter dem Existenzminimum vegetierten. Waren sie, er und seine Gruppe, da nicht nützliche Idioten, die die Gebrechen der kapitalistischen Gesellschaft mit ihrer Musik, ihren Songs und dem frenetischen Geschrei ihrer Fans übertönen halfen?

Brian Epstein ließ es nicht zu, daß sich John oder einer der anderen *Beatles* zu politischen Ereignissen in der Öffentlichkeit äußerte. Er fürchtete, das könnte dem Image der Gruppe Abbruch tun, ihren Erfolg in Frage stellen, die Einnahmen senken.

John geriet in einen Zwiespalt, der mit der Zeit immer belastender für ihn wurde. Einerseits ahnte er, daß die Gesellschaft, in der er lebte, ungerecht und barbarisch war; andererseits war er sich bewußt, daß er zu den Nutznießern dieser Ordnung gehörte.

Eine Möglichkeit, aus dieser Situation auszubrechen, ohne alle Annehmlichkeiten des Ruhmes aufzugeben, gab es nicht.

Tony Sheridan, dem Freund aus wilden Hamburger Tagen, gegenüber äußerte er in einem Gespräch: „Ich habe meine Seele an den Teufel verkauft."

John verdrängte diese Gedanken, indem er mit Drogen zu experimentieren begann.

Cynthia, die diesen Weg nicht guthieß, sagte: „John konnte nie abwarten, ein Kapitel abzuschließen. Die *Beatles* waren groß herausgekommen, und der Druck auf John und Paul war so stark, daß John nach etwas Neuem Ausschau hielt, was seinen Geist beschäftigen und ausfüllen konnte. Wir sind alle zu einer Party in Brian Epsteins Wohnung gegangen, und dort haben John und ich zum erstenmal Marihuana geraucht. Nach den ersten Zügen sagte John: ‚Das bringt mich nur zum Kichern, sonst tut es gar nichts mit mir.'"

Bei Cynthia war die Wirkung anders, ihr wurde schlecht, und sie lehnte es ab, weiter Marihuana zu rauchen. John fand nach und nach Gefallen daran.

Auf einer Dinnerparty bei einem Londoner Zahnarzt kam John zum erstenmal mit LSD in Berührung.

In dem Interview, das John Lennon im Dezember 1970 Jann Wenner in New York gab, berichtete er über diesen Abend: „Ein Zahnarzt in London hat es George, mir und unseren Frauen bei sich zu Hause während einer Dinnerparty untergejubelt, ohne daß wir etwas davon wußten. Er tat es uns einfach in den Kaffee oder so. Irgendwann wollten wir gehen ... Der Typ sagte, ich rate euch, lieber nicht zu gehen. Wir dachten, er wollte uns für eine Orgie in seinem Haus behalten, und darauf waren wir nicht besonders scharf. Also zogen wir los ins ‚Ad Lib' und in noch 'n paar andere Diskotheken, und da liefen dann lauter unglaubliche Geschichten ... Der Typ kam mit, und er war unheimlich nervös, aber wir hatten natürlich keine Ahnung, was eigentlich los war und daß wir unheimlich auf Trip waren. Es war reinster Irrsinn, so durch London zu fahren. Als wir in den Club kamen, dachten wir, er stünde in Flammen, und dann dachten wir, da sei 'ne große Premiere im Gange, dabei war's nur 'ne Lampe draußen am Eingang. Wir dachten, Scheiße, was ist denn hier los. Und wir flippten durch die Straßen, und dann schrie irgend jemand: ‚Los, wir schmeißen 'ne Scheibe ein!' Wir waren total ausgeflippt. Völlig neben der Tasse ... Na ja, das ist wohl die ganze Nacht so weitergegangen ... George schaffte es irgendwie, uns mit seinem Mini nach Hause zu fahren, und wir fuhren höchstens zwanzig Kilometer in der Stunde, aber uns kam es vor wie tausend ... Es war einfach furchterregend, aber auch fantastisch. Ich stand am Ruder, und die anderen gingen alle ins Bett. Ich machte weiter, das Haus schien über die Gartenmauer hinwegzuschweben, die fünf Meter hoch war, und ich stand am Ruder ..."

Was John nicht ohne Begeisterung schilderte, stieß bei Cynthia auf Ablehnung.

„Ich habe ihn gewarnt, habe ihm davon abgeraten. Manchmal bin ich mir vorgekommen wie eine Mutter, die ihr ungezogenes Kind beschimpft, aber er hat nur gesagt: ‚Es ist einfach phantastisch, Cyn, es ist wunderbar. Warum nimmst du es nicht auch? Du mußt mit mir kommen, du mußt es einfach tun.' Er war so begeistert von der ganzen Sache, und er war so glücklich dabei, und ich konnte einfach nicht mitmachen. Auf der Ebene konnten wir uns nicht treffen. Ich habe es zwar versucht, ich habe LSD geschluckt, aber ich konnte einfach nicht sehen, was er sah.

Er sah darin offensichtlich den Ausweg aus allem, wovor er davonrannte."

Das Jahr 1965 ließ John nicht zur Ruhe kommen. Die *Beatles* hatten Hochkonjunktur. Am 22. Febraur flogen sie auf die Bahamas, die Dreharbeiten zu *Help* begannen. Kurz zuvor produzierten sie die Single *Ticket To Ride/Yes It Is.* Der Arbeit am Film folgten Tourneen: vom 20. Juni bis 3. Juli die Europa-Tour, die sie durch Frankreich, Italien und Spanien führte. Vom 14. bis 31. August absolvierten sie ihre zweite Amerika-Tournee; fünfzehn Konzerte und ein Auftritt in der „Ed-Sullivan-Show" in zwölf Tagen, dazwischen fünf Ruhetage.

Im Dezember begaben sie sich auf ihre sechste England-Tournee.

In den kurzen Pausen zwischen den Tourneen erarbeiteten sie neue Songs und produzierten sie. Im April nahmen sie die Titel *Help* und *I'm Down* auf, die auf einer Single erschienen; im Mai produzierten sie vier Titel (*You Like Me Too Much, Bad Boy, Dizzy Miss Lizzie* und *Tell Me What You See),* mit denen sie die LP *Beatles VI* komplettierten; zwischen Februar und Anfang März nahmen sie alle Songs für die erste Seite der LP *Help* auf (außer *Help* und *Ticket To Ride);* von Ende Mai bis Anfang Juni arbeiteten sie an der Fertigstellung der LP *Yesterday.* Der Titelsong, von Paul McCartney komponiert und getextet, wurde zu einem der größten Hits der *Beatles,* auf alle Fälle einer ihrer populärsten. Im November entstand eine Single mit den Titeln *We Can Work It Out* und *Day Tripper.* Im Oktober und November arbeiteten sie intensiv an der LP *Rubber Soul.*

Johns Kommentar zu *Rubber Soul*: „Wir wurden immer besser, technisch und musikalisch. Letztlich übernahmen wir das Studio; in den frühen Tagen hatten wir zu nehmen, was man uns gab, wir wußten nicht, wie man mehr Baß bekommt. Wir haben die Technik während *‚Rubber Soul'* gelernt. Wir waren gewissenhafter, als wir das Album machten, und wir übernahmen das Cover und alles ..."

Wie die Aufzählung der 1965 erschienenen Singles und LP überzeugend ausweist, war es ein sehr produktives Jahr, trotz der starken Belastung durch Filmarbeit und anstrengenden Tourneebetrieb.

Kennzeichnend für die Texte, die John zur LP *Help* beisteuerte, war der Trend weg vom „Allerweltssong", hin zu Texten, in denen er sich über seine Befindlichkeit äußerte. In dem Song *You've Got To Hide Your Love A Way* bekannte John: „Das hab' ich während meiner Dylan-Zeit geschrieben für den Film *‚Help'*. Als ich Teenager war, pflegte ich Gedichte zu schreiben, aber ich versuchte immer, meine wirklichen Gefühle zu verstecken. Ich war in Kenwood, und ich wollte einfach Songs schreiben; und so versuchte ich, jeden Tag ein Lied zu schreiben, und es ist eines von denen, die ein wenig traurig machen, wenn du singst ‚here I stand, head in hand ...'

Ich begann über meine Gefühle nachzudenken – ich weiß nicht genau, wann es anfing, vielleicht bei *‚I'm A Loser'* oder *‚Hide Your Love A Way'* oder diesen Sachen –, anstatt mich selbst in eine Situation hineinzuversetzen, wollte ich nun versuchen, zum Ausdruck zu bringen, was ich von mir zu halten hatte; wie ich es in meinen Büchern getan hatte. Ich glaube, es war Dylan, der mir half, das zu verwirklichen – nicht durch irgendeine Diskussion oder irgend so etwas, sondern durch das Anhören seiner Songs –, ich hatte so einen Hang zum professionellen Songschreiben, um Popsongs zu schreiben; er wollte einen bestimmten Typ von Songs für eine Single produzieren; und wir wollten eine bestimmte Art von Dingen für dieses oder jenes Stück. Ich war schon auf dem Album ein stilistischer Songschreiber. Aber um mich selbst auszudrücken, wollte ich wie ‚Spaniard In The Works' oder ‚In His Own Write' schreiben; die persönlichen Gedichte, die meine persönlichen Gefühle ausdrückten. Es gibt noch einen komponierenden John, der Songs für den Unterhaltungsmarkt schreibt; aber ich hatte nicht in Betracht gezogen – die Texte oder all das –, daß sie überhaupt einen tieferen Sinn haben. Sie waren nur ein Gag. Dann begann ich, in den Songs ich selbst zu sein ..."

Der Text des Songs *Help* ist ein Beispiel für die neue Subjektivierung, mit der John Lennon, orientiert an Bob Dylan, seine nächsten Lieder schreibt:

Help
When I was younger, so much younger than today
I never needed anybody's help in any way ...
... my independence seems to vanish in the haze,
but ev'ry now and then I feel so insecure ...
... help me get my feet back on the ground,
won't you please please help me?

Als ich jünger war, so viel jünger als heute,
war ich nicht auf die Hilfe anderer angewiesen ...
... und jetzt hat sich mein Leben so verändert,
meine Unabhängigkeit scheint sich im Nebel aufzulösen ...
... und immer wieder fühle ich mich unsicher,
helft mir, wieder Boden unter die Füße zu bekommen.
Wollt ihr mir bitte, bitte helfen?

Mit dem damaligen britischen Premierminister Harold Wilson (1964)

Das Jahr 1965 brachte für John und seine Gruppe eine Ehrung, die vor ihnen noch keiner Popgruppe zuteil geworden war.

Im Juni war aus dem Buckingham Palace zuhören, daß den vier erfolgreichen Musikern der Orden Mitglied des Britischen Empire (MBE) verliehen werden sollte. Der Vorschlag dazu kam vom damaligen englischen Premierminister Harold Wilson, der für diesen Vorschlag von vielen Seiten angefeindet wurde. 1982 erklärte Wilson in einem Interview mit Ray Coleman: „Ich sehe in den *Beatles* Leute, die die Jugend verwandelt haben, und zwar meistens zum Guten hin. Sie haben viele Jugendliche von der Straße geholt. Sie haben viele, viele junge Menschen mit der Musik in Berührung gebracht, was an sich schon etwas Gutes ist. Viele frühere Bühnenkünstler mögen in ihrer Musik etwas Idiosynkratisches gesehen haben, aber der Mersey-Beat war etwas Neues, und er war von Bedeutung. Aus diesem Grunde haben sie eine solche Auszeichnung verdient."

Daß ein solcher Akt seiner Partei bei Wahlen die Stimmen der jungen Wähler einbringen sollte, das sagte Mister Wilson nicht.

Als John erfuhr, welche Ehrung ihnen bevorstand, äußerte er verwundert: „Ich dachte, die Dinger sind für Leute da, die Panzer gefahren und Kriege gewonnen haben."

Energische Proteste hagelte es von seiten der Ordensträger, die den MBE für Schlachtenruhm erhalten hatten. Einige schickten voller Empörung ihre Auszeichnungen der Königin zurück. Johns Kommentar dazu: „Offiziere bekommen ihre Orden dafür, weil sie Menschen töten. Wir sind wegen unseres Unterhaltungswertes ausgezeichnet worden. Wenn man das vergleicht, würde ich sagen, daß wir den Orden eher verdient haben." Er verschwieg auch nicht die Tatsache, daß die *Beatles* durch ihre Plattenexporte und Steuern ihrem Land Gewinne in Millionenhöhe einbrachten, allein dafür stünde ihnen dieser Orden zu.

Am 24. Juni erschien in Abwesenheit Johns – die *Beatles* gaben im Rahmen ihrer Europa-Tournee an diesem Tage zwei Konzerte in Mailand – sein zweites Buch mit Gedichten und Nonsensgeschichten. Es ist zu vermuten, daß John diesem Ereignis mehr Bedeutung beimaß als der bevorstehenden königlichen Ordensverleihung. Mit seinem Buch „A Spaniard In The Works" stellte er sich seinem Publikum nicht als *Beatle,* sondern als John Lennon vor, nicht als Teil eines Gebildes, das sich *The Beatles* nannte.

Am 26. Oktober herrschte bedrohliches Gedränge vor dem Bukkingham Palace, Tausende *Beatles*-Anhänger warteten. Es war der Tag der Ordensverleihung. Gut frisiert, in tadellosen schwarzen Anzügen, weißen Hemden und dunklen Krawatten entstiegen die vier Jungen aus Liverpool ihrer Luxuslimousine, um vor der Königin ihr Knie zu beugen.

In der jubelnden Menge fiel wohl kaum einem auf, daß die *Beatles,* die einst rebellisch gegen das sogenannte Establishment auftraten, diese Haltung nun spätestens an der königlichen Garderobe abgeben würden.

Die Legende will wissen, daß John in einem seiner Stiefel ein paar Marihuana-Joints versteckt hatte; kurz vor Beginn des feierlichen Aktes sollen sie sich auf die Toilette zurückgezogen und in aller Ruhe einen Joint geraucht haben.

Für den Wahrheitsgehalt dieser Geschichte ist keine Garantie zu übernehmen, aber ganz unglaubhaft ist sie nicht.

Das Jahr 1965 bescherte, bevor es zu Ende ging, John noch eine Überraschung. Als er eines Tages nach Hause kam, saß im Wohnzimmer seines Hauses in Weybridge ein ziemlich heruntergekommen aussehender Mann. Es war Fred Lennon, Johns Vater. Seit seinem fünften Lebensjahr hatte John nichts von ihm gehört. John, der sich nie besonders Mühe gab, sich zu beherrschen, ließ seinen Vater merken, was er von ihm hielt. Geradeheraus fragte er: „Und wo hast du dich die letzten zwanzig Jahre rumgetrieben?"

Die Begegnung zwischen Vater und Sohn stand nicht unter dem Zeichen besonderer Herzlichkeit. Cynthia, die Zeugin des Gesprächs zwischen beiden war, sagte später: „Er hat nur darüber geredet, was für ein schweres Leben er hatte und wie mühsam es war, für andere zu arbeiten, um ein paar Kröten zu verdienen. Er hatte das Haus noch vor keiner Stunde betreten, als er schon sagte, wie schrecklich es ihm wäre, etwas von seinem Sohn anzunehmen, und daß das nicht in Frage käme. Aber er war ganz offensichtlich nur gekommen, um zu betteln."

Fred Lennon blieb drei Tage in Weybridge. In langen quälenden Gesprächen versuchte John, Klarheit über seine Kindheit zu gewinnen.

Er warf seinem Vater vor, daß er sich nicht genug um Julia bemüht hätte, er habe nichts unternommen, die Ehe vor dem Scheitern zu retten, deshalb habe er, John, nicht das Glück gehabt, in einem harmonischen Elternhaus aufzuwachsen.

Fred Lennon wies alle Schuld von sich, behauptete, Julia sei an allem schuld gewesen, sie habe sich, während er auf See war, einen anderen Mann gesucht.

Seine Dankbarkeit bewies John seiner Tante, indem er ihr im

Verleihung des Ordens „Member Of The British Empire" durch Königin Elisabeth II. am 26. Oktober 1965

August 1965 ein Haus im Bungalow-Stil in Poole, Dorset, kaufte. Im Oktober verließ sie das Haus in der Menlove Avenue, in dem John aufgewachsen war, und siedelte nach Poole über.

Als John seine Tante zum Weihnachtsfest 1965 in ihrem neuen Haus besuchte, brachte er ihr ein Geschenk ganz besonderer Art mit: den Orden, den er aus der Hand der Königin erhalten hatte.

Sein Orden erhielt einen Ehrenplatz über der Kommode neben seinem Foto aus der Hamburger Zeit, aufgenommen von Astrid Kirchherr.

Zum Jahresende bereitete Fred Lennon seinem Sohn eine weitere Überraschung, die John mehr als peinlich war. Am 31. Dezember erschien eine von Fred Lennon besungene Schallplatte mit den Titeln *That's My Life* und *My Love And My Home,* die künstlerisch indiskutabel war und geschäftlich eine Pleite wurde. Fred Lennons Versuch, im Windschatten des Ruhms seines Sohnes zu segeln, erwies sich als Fehlkalkulation.

Sieht man sich den Terminkalender 1966 der *Beatles* an und vergleicht ihn mit denen von 1964 und 1965, dann entsteht der Eindruck, als wäre es ein ruhiges Jahr für John und seine Mitstreiter gewesen.

In den ersten Monaten machten die *Beatles* Urlaub. Auch John und Cynthia gingen auf Reisen. John nahm seine Probleme mit auf die Reise.

Im März gab John der Journalistin Maureen Cleave vom „Evening Standard" ein Interview, das in England gelassen aufgenommen wurde, später in Amerika aber eine wütende Kampagne gegen John Lennon und die *Beatles* auslöste.

In diesem Interview, das am 4. März veröffentlicht wurde, äußerte John Lennon u. a.: „Das Christentum wird abtreten. Es wird abnehmen und verschwinden. Ich brauche keine Argumente dafür; ich habe recht, und es wird sich erweisen, daß ich recht habe – wir sind jetzt beliebter als Jesus; ich weiß nicht, was zuerst verschwinden wird, der Rock 'n' Roll oder das Christentum. Jesus war in Ordnung, aber seine Jünger waren fett und gewöhnlich. Ihre Verdrehungen sind es, die für mich das Christentum kaputt machen ..."

Das englische Publikum, das Johns originelle und provozie-

Fred Lennon mit seiner ersten und einzigen Single „That's My Life." (1966)

rende Äußerungen gewöhnt war, fand an diesem Bekenntnis nichts Tadelnswertes, im Gegenteil, man bewunderte seinen Scharfsinn, man zollte Beifall. Selbst Brian Epstein, der ein besonders entwickeltes Gespür dafür hatte, was dem Image der *Beatles* schaden könnte, sah keinen Anlaß zur Beunruhigung.

Von April bis Juni arbeiteten die *Beatles* im „EMI" Studio Nr. 3. Das Ergebnis: Die Single *Paperback Writer/Rain*, die im Juni erschien, und die LP *Revolver*, die im August auf den Markt kam. Die LP *Revolver* ließ deutlich werden, daß die *Beatles* bewußt einen neuen Weg einschlugen. Zu hören waren nun nicht mehr die musikalisch unkomplizierten *Beatles*-Songs, wie man sie bis dahin kannte; was sich schon bei der LP *Rubber Soul* andeutete, kam bei den Songs auf „Revolver" voll zur Entfaltung. Hier dominierte der gezielte Einsatz aller zur Verfügung stehenden technischen Mittel, die Arrangements waren raffinierter, die Palette der zum Einsatz kommenden Instrumente wurde umfangreicher. Letzteres ging zum größten Teil auf George Martins Einfluß zurück.

So wurden zum Beispiel bei dem Titel *Eleanor Rigby* vier Violinen, zwei Violen und zwei Celli eingesetzt. Auch textlich gab es neues zu entdecken. *Taxman*, von George Harrison komponiert und gesungen, attackierte die englische Steuergesetzgebung, die bis zu 98 Prozent der Einkünfte der *Beatles* „wegsteuerte"; im Text des Songs *Eleanor Rigby*, von Paul gesungen und in Gemeinschaftsarbeit mit John geschrieben, klangen zum erstenmal sozialkritische Töne an.

Da es längst kein Geheimnis mehr war, daß auch die *Beatles* wie andere namhafte Gruppen mit Rauschgift umgingen, suchten die Fans nach versteckten oder verschlüsselten Hinweisen darauf in den Songs auf der neuen LP. Ringo wurde gefragt, ob *Yellow Submarine* ein Drogensong wäre. Seine Antwort: „Durchaus nicht. Es ist einfach ein Kinderlied ohne versteckte Absichten."

Im Gegensatz dazu steht Johns Aussage, die er zu dem Song *She Said, She Said* in diesem Zusammenhang machte: „Ich mag dieses Stück. Ich schrieb es über einen LSD-Trip, auf dem ich in Los Angeles (1965) war. Es war erst der zweite Trip, den wir hatten. Wir nahmen es, weil wir angefangen hatten, Dinge darüber zu hören, und wissen wollten, was es damit auf sich hatte ..."

Keinen Zweifel gibt es daran, daß der Song *Tomorrow Never Knows* als Aufforderung zum LSD-Konsum zu verstehen ist:

> Turn off your mind relax and float down-stream,
> it is not dying, it is not dying,
> lay down all thought surrender to the void,
> it is shining, it is shining.
> That you may see the meaning of within,
> it is speaking, it is speaking,
> that love is all and love is ev'ryone,
> it is knowing, it is knowing ...
>
> Schalt dein Gehirn aus, entspann dich, treib mit dem Strom,
> es ist nicht Sterben, es ist nicht Sterben,
> leg die Gedanken nieder, gib dich der Leere hin,
> sie ist Leuchten, sie ist Leuchten.
> Auf daß du den Sinn von innen siehst,
> es ist Sprechen, es ist Sprechen.
> Daß Liebe alles ist und alle Liebe sind,
> es ist Wissen, es ist Wissen ...

Mitten in den Aufnahmen zur LP *Revolver* beteiligten sich die *Beatles* an einem Konzert im Londonder „Wembley Empire Pool", das vom „New Musical Express" veranstaltet wurde. Der Veranstalter hatte alles, was Rang und Namen in der Popszene besaß, aufgeboten. Neben den *Beatles* standen diese klangvollen Namen auf dem Programmzettel: *Spencer Davis Croup; Dave Dee, Dozy, Beaky Mick And Tich; Fortunes; Herman's Hermits; Roy Orbison, Overlanders; Alan Price Set; Cliff Richard; The Rolling Stones; Small Faces; Dusty Springfield* u. a.

Keiner der beteiligten Musiker und erst recht nicht das begeisterte Publikum ahnte, daß dies der letzte Live-Auftritt der *Beatles* in England war.

In den letzten Junitagen 1966 gingen die *Beatles* auf BRD-Tournee. Je zwei Konzerte gaben sie im Münchner Zirkus Krone, in der Essener Grugahalle und in der Hamburger Ernst-Merck-Halle.

Für John wurde der Aufenthalt in Hamburg zur nostalgischen Erinnerung. Ihm wurde bewußt, wie sehr sich sein Leben seit den ersten Tagen in Hamburg 1960 verändert hatte. Er dachte an die wilden Nächte im „Indra" und später im „Kaiserkeller", an die ersten Aufnahmen im Studio von Tony Sheridan. Schmerzlich stieg in ihm die Erinnerung an Stuart Sutcliffe auf, den Freund, den viele längst vergessen hatten.

Ihre Auftritte in der überfüllten Ernst-Merck-Halle dauerten jeweils dreißig Minuten, in denen ihre Songs vom Geschrei des Publikums übertönt wurden.

Obwohl die Nächte im „Indra" und im „Kaiserkeller" John und seine Freunde bis an die Grenze ihres Leistungsvermögens strapaziert hatten, erschien ihnen jetzt diese Zeit als eine goldene. Damals konnten sie tun, was ihnen und ihrem Publikum Spaß machte, damals steckten sie noch nicht in der Zwangsjacke, die sich Image nennt.

Hatte er nicht damals davon geträumt, was nun erreicht war?

Ruhm, Reichtum, fast götzenhafte Verehrung – würde er es eintauschen wollen gegen die „guten alten Zeiten"? Er dachte diesen Gedanken nicht zu Ende ...

Auch das Zusammentreffen mit Freunden aus den alten Tagen hob seine Stimmung nicht. Astrid Kirchherr, die nicht mehr fotografierte und in einer Bar als Tanzgirl arbeitete, nahm sich frei, um sich mit den vier *Beatles* zu treffen.

Nachts stahl sich John aus dem gut bewachten Hotel hinweg. Unerkannt ging er durch die Große Freiheit. Den Star-Club gab es nicht mehr, die Musik, die aus den Clubs und Amüsierlokalen drang, klang nicht mehr wie die, die einst die Gruppen aus Liverpool machten.

Die Szene beherrschten einheimische Bands, die sich am Vorbild der frühen *Beatles* orientierten.

John lenkte seine Schritte zur Seemannsmission, wo er einst zusammen mit George in einer Nacht im Mai 1961 auf einem verstimmten Klavier den Titel *Cry For A Shadow* komponiert hatte.

Als John mit den anderen die Maschine bestieg, die sie über die Polroute nach Tokio fliegen sollte, nahm er ein Bild mit, nicht auf Fotopapier abgezogen, sondern in seinem Kopf: in Astrid Kirchherrs schwarzgestrichenem Zimmer brennende Kerzen vor einem Foto von Stuart Sutcliffe ...

Sechs Konzerte gaben sie in Tokio (am 30. 6.; 1. 7. und 2. 7. 1966). Alles war japanisch-perfekt organisiert. Selbst für ihre berühmt-berüchtigten Einkäufe brauchten sie die Präsidentensuite des Tokioter Hilton nicht zu verlassen. Auf der Etage hatten die Veranstalter extra für die *Beatles* einen kleinen Supermarkt einrichten lassen. Von teurem Schmuck über Radios bis zu Kameras reichte das Angebot. Das war mehr als nur eine freundliche Geste des Gastgebers, es gehörte zum perfekten Sicherheitssystem. Es wäre undenkbar gewesen, daß John und seine Freunde einfach hätten das Hotel verlassen können.

Am 3. Juli flogen sie weiter auf die Philippinen, wo sie in Manila ein Konzert vor mehr als 100 000 Zuhörern gaben.

Ihr Abflug einen Tag später glich mehr einer überstürzten Flucht: Die Frau des Diktators Marcos hatte eine Gartenparty veranstalten wollen, bei der sie ihrem Mann und dreihundert Kindern von Diplomaten und Politikern die *Beatles* vorführen wollte.

Brian Epstein hatte wohl die Bedeutung, die die Frau des Präsidenten dieser Veranstaltung beimaß, unterschätzt und die Einladung abgelehnt. Die eitle Melda Marcos fühlte sich gekränkt und rächte sich. Die Zeitungen verkündeten in dicken Überschriften: „Beatles beleidigen den Präsidenten!"

Die Konzertveranstalter weigerten sich, an Epstein das vereinbarte Honorar auszuzahlen; in der britischen Botschaft liefen Morddrohungen gegen die *Beatles* ein. Auf dem Flugplatz von Manila mußten sie sich ohne jeden Polizeischutz durch eine aufgeputschte Menschenmenge kämpfen. Man bedrohte, trat und schlug sie. Als sie endlich in der KLM-Maschine nach New Delhi saßen, war das lebensgefährliche Abenteuer noch nicht zu Ende. Ein Vertreter der Steuerbehörde wollte den Start erst freigeben lassen, wenn 7 000 Pfund gezahlt würden.

Die Ereignisse in Manila ließen bei John und auch bei den anderen Mitgliedern der Gruppe Zweifel daran aufkommen, ob die Tourneen vom Sicherheitsaspekt her gesehen überhaupt noch vertretbar waren. –

Die Amerika-Tournee vom 12. bis 29. August 1966 stand unter keinem guten Stern. Sie wurde zu einem Spießrutenlauf, besonders für John.

Wenige Tage bevor die *Beatles* in den USA eintrafen, erschien in der amerikanischen Zeitschrift „Datebook" das Interview, das Maureen Cleave im Frühjahr für den englischen „Evening Standard" mit John gemacht hatte. Die Äußerung Johns, daß die *Beatles* bekannter wären als Jesus und das Christentum im Absterben begriffen sei, die in England ohne jeden Protest aufgenommen worden war, löste in den USA eine regelrechte Hexenjagd gegen John und die Band aus.

Brian Epstein nutzte alle seine Beziehungen, um einen Umschwung in der öffentlichen Meinung zu erreichen. Er erklärte den Journalisten, daß John kein Feind des Christentums sei; daß er seine Äußerungen aus „Sorge über den Rückgang geistlicher Werte" getan hätte; er versprach, daß sich John gleich nach seiner Ankunft in den USA entschuldigen würde.

Für die Medien in Amerika war der „Fall John Lennon" ein gefundenes Fressen. Bot er doch die günstige Gelegenheit, für eine Weile mit der Ausschlachtung dieses angeblichen Skandals von der zunehmenden Protestbewegung gegen die sich ausbreitende amerikanische Aggression in Vietnam und den Aktivitäten der Bürgerrechtsbewegung im eigenen Land abzulenken.

Für John Lennon, dem es schwerfiel, sich zu entschuldigen, selbst wenn er einsah, einen Fehler begangen zu haben, muß es wie ein Gang nach Canossa gewesen sein, als er am Tage seiner Ankunft in Chicago auf einer eilig einberufenen Pressekonferenz erklärte: „Es tut mir leid, daß ich den Mund so weit aufgerissen habe. Ich bin nicht gegen Gott, Christus oder die Religion. Ich würde nie darüber spötteln. Ich habe nicht sagen wollen, daß wir größer oder besser sind."

Obwohl John seinen Kniefall vor der Presse gemacht hatte, lief die Kampagne gegen ihn und seine Band weiter.

Radiostationen boykottierten ihre Platten; in Alabama, Georgia und Texas wurden *Beatles*-Platten auf Scheiterhaufen verbrannt; in Cleveland (Ohio) bedrohte ein Pfarrer seine Gemeindemitglieder mit Exkommunikation, wenn sie gegen sein Verbot ein Konzert der *Beatles* besuchen würden. In Memphis (Tennessee) organisierte der Ku-Klux-Klan eine Demonstration gegen die *Beatles*; während eines Konzerts im Coliseum von Memphis ging ein Hagel von Unrat auf die Bühne nieder, Knallkörper explodierten.

Dennoch, bei allen fünfzehn Konzerten waren die Stadien, in denen sie spielten, bis zum letzten Platz ausverkauft, tobten die begeisterten Fans wie eh und je.

Als John, Paul, George und Ringo am 29. August 1966 nach dem letzten Konzert der Tournee in San Francisco die Bühne verließen, war es ein Abschied für immer.

Es war das letzte öffentliche Konzert, das dic *Beatles* gegeben hatten. Zwei Gründe waren es im wesentlichen, die ihre Entscheidung, keine öffentlichen Konzerte mehr zu geben, beeinflußten: Ihr komplizierter und anspruchsvoller gewordener Sound ließ sich nur noch mit größtem technischen Aufwand im Studio produzieren, im Konzert war er nicht mehr reproduzierbar; dazu kam die Erkenntnis, daß, wie ihre Erfahrungen in Manila und während der letzten USA-Tournee bewiesen hatten, ihre Sicherheit nicht mehr gewährleistet werden konnte.

Der Entschluß, nicht mehr öffentlich aufzutreten, war kein einhelliger, John und George stimmten in ihren Ansichten überein. Paul, der den Tourneebetrieb liebte, der im direkten Kontakt zum Publikum ein wichtiges Element für die Existenz der Gruppe sah, war gegen den Entschluß.

Aus ganz anderen Gründen fand er Unterstützung bei Brian Epstein. Brian fürchtete einen Rückgang der Popularität der Gruppe, wenn sie sich vom Tourneegeschäft zurückzöge, damit verbunden eine rückläufige Tendenz bei den Einnahmen. Ein anderer Grund war, Brian Epstein war immer viel daran gelegen, die unmittelbare Nähe der *Beatles* zu spüren. Die Tourneen boten ihm dafür die beste Gelegenheit. Nun vermutete er zu Recht, daß sich sein Abstand zu ihnen zwangsläufig vergrößern würde, denn bei der Arbeit im Studio war er kein gern gesehener Gast, der rein private Kontakt war nur beschränkt.

Ringos Haltung war von der realistischen Einsicht bestimmt, daß ohne John und George keine Konzerte möglich waren. Außerdem akzeptierte er ihre Gründe.

Wie unumstößlich der Entschluß war, läßt eine Äußerung John

Lennons ahnen. Brian rief bei ihm an und sagte, daß der Tourneeveranstalter Arthur Howes besorgt sei, weil sie keine England-Tournee mehr machen wollten. „Sag ihm, er soll unsere vier Wachsfiguren schicken, die zum richtigen Zeitpunkt mit dem Kopf wackeln, keiner wird den Unterschied merken."

John befand sich nun plötzlich in einer für ihn völlig neuen Situation. In den letzten zehn Jahren lief er ständig auf Hochtouren; erst beim Kampf auf dem Weg zum Erfolg, dann, als der erreicht war, galt es, ihn zu sichern – neben Public-Relation-Rummel, emsiger Arbeit in den Studios, jagte eine Tournee die andere.

Das alles hielt ihn ständig in Spannung, seine Kreativität schien grenzenlos zu sein.

Nun trat Ruhe ein. Eine Zeit gefiel ihm das. Cynthia sah es gern, wenn er am Tage mit Julian spielte, ihm abends am Bett Geschichten vorlas. Sie schöpfte wieder Hoffnung, daß es nun vielleicht auch mit ihrer Ehe besser gehen würde.

Aber John war nicht der Mann, der diese Ruhe lange ertrug. Sehr bald quälte ihn die Frage: Wie soll es nun weitergehen?

Die Rolle des Ehemanns und Vaters konnte ihn auf die Dauer nicht ausfüllen. Dazu breitete sich in ihm das Gefühl aus, allein zu sein.

Er kaufte Bücher, las Zeitungen, saß stundenlang vor dem Fernsehapparat. Er dachte darüber nach, wie er seinem Leben einen neuen Inhalt geben könnte: Was er sich lange gewünscht, wovon er geträumt hatte, nämlich nicht nur der vierte Teil eines Phänomens zu sein, das *Beatles* hieß, sondern er selbst zu sein, konnte er das jetzt nicht verwirklichen? Wie sollte es nun mit den *Beatles* weitergehen? Konnte es überhaupt weitergehen?

In den Monaten nach ihrem letzten Auftritt tauchten die ersten Gerüchte auf, daß sich die Gruppe trennen würde. Es schien, als würde nun jedes Gruppenmitglied seine eigenen Wege gehen wollen. George Harrison hatte sich auf den Weg nach Indien gemacht, um sich bei dem Sitharvirtuosen Ravi Shankar in die Geheimnisse des Sitharspiels einweihen zu lassen.

Von Paul und Ringo war wenig zu hören.

John erhielt ein Angebot, das ihm sehr zupaß kam: Richard Lester bot ihm die Hauptrolle in dem Film „Wie ich den Krieg ge-

Mit Sohn Julian vor seinem Rolls-Royce

wann" an. Er sollte die Rolle des Soldaten Gripweed in dieser Antikriegsgeschichte übernehmen. John nahm das Angebot an, weil sich ihm hier die Gelegenheit bot, seine Abneigung gegen Gewalt und Krieg zu demonstrieren und sich künstlerisch auf einem neuen Gebiet auszuprobieren.

Der Film wurde in der BRD und in Almeria/Spanien gedreht.

Mehr als die 20 000 Pfund, die er für die Rolle bekam, war ihm die Tatsache wert, daß er außerhalb des Kreises der *Beatles seine* Kreativität unter Beweis stellen konnte.

Während der Arbeit am Film veränderte John sein äußeres Bild: Er ließ sich die Haare kurz schneiden und setzte wieder die Kassenrahmennickelbrille auf, die er als Kind nie gemocht hatte.

Sein neues Aussehen fand sofort Nachahmung, besonders unter Studenten wurde es Mode, sich das Haar stutzen zu lassen und sich mit der schmucklosen Brille mit den kleinen kreisrunden Gläsern – meistens schlichtes Fensterglas – auszurüsten.

Bevor sich John Anfang November 1966 wieder mit Paul, George und Ringo zusammenfand, um im Studio an einer neuen LP zu arbeiten, die einen neuen, wenn nicht gar *den* Höhepunkt ihrer Entwicklung markierte, trat ein Ereignis ein, das sein Leben nach und nach von Grund auf verändern sollte.

Die Ballade von John und Yoko

Nach Beendigung der Aufnahmen zum Film *How I Won The War* war John wieder in der Situation, darüber nachdenken zu müssen, wie es nun mit ihm weitergehen sollte. Möglichkeiten boten sich ihm in Hülle und Fülle. Verlage wollten, daß er für sie Bücher schreiben sollte; Postkartenverlage bedrängten ihn, Motive für sie zu entwerfen; es gab Angebote für weitere schauspielerische Betätigung.

Je länger er in seinem Haus in Weybridge herumsaß, um so unruhiger wurde er.

Mit LSD versuchte er, sich Zugang zu sich selbst zu verschaffen. Er glaubte an das Märchen, durch Drogenkonsum Bewußtseinserweiterung zu erlangen.

Um der häuslichen Langeweile in Weybridge zu entfliehen, ließ sich John mehrmals wöchentlich in seinem in allen Regenbogenfarben schillernden Rolls Royce nach London fahren und besuchte Kunstausstellungen in verschiedenen Galerien.

Am 9. November, einem neblig-trüben Tag, besuchte John die „Indica Gallery" in der Duke Street. Unter dem Titel „Unvollendete Bilder und Objekte" bereitete eine japanische Künstlerin eine Ausstellung vor. Am folgenden Tag sollte die Eröffnung stattfinden.

John Dunbar, dem Besitzer der Galerie, lag viel daran, John Lennon in diese Ausstellung zu locken. John Lennon – mit diesem Namen ließ sich Publicity machen.

John ging durch die Ausstellungsräume und sah merkwürdige Dinge.

„Ich hatte gerade drei Nächte durchgemacht, war unrasiert und übernächtigt. In der Zeit hatte ich noch meine Trips. Ich war high. Ich hatte meine psychodelische Tour ... Ich hatte schon von dieser erstaunlichen Frau gehört, die demnächst eine Kunstauktion abhalten wollte. Es sollten Leute in Säcke gesteckt werden, in schwarze Säcke, und das Ganze sollte ein Happening sein ... Da war ein Apfel für hundert Pfund. Ich fand das umwerfend. Bei einem anderen Objekt mußte ich mich selbst auf die Probe stellen, ob ich für oder gegen ihre Kunst war. Es war eine Leiter, die zu einem unter der Decke befestigten Bild hinaufführte. Es sah aus wie ein schwarzes Stück Leinwand und daran hing eine Kette mit einem Fernglas. Ich stieg die Leiter hoch, sah durch das Fernglas und sah ganz klein geschrieben das Wort ‚Ja' stehen. Also war es positiv. Ich fühlte mich erleichtert. Ich war sehr beeindruckt, und dann machte uns John Dunbar miteinander bekannt. Er hatte schon vorher auf sie eingeredet: Das ist ein Mäzen! Tun Sie was. Reden Sie mit ihm! Er meinte eben, sag dem Millionär mal guten Tag, na ja, Sie wissen schon ... Und sie kam auf mich zu und gab mir eine Karte, darauf stand: Atme! Ich schnappte also nur nach Luft und ging dann hinaus. Das war unsere erste Begegnung." (Wenner-Interview, 1970)

Liebe auf den ersten Blick war es nicht. John war zwar beeindruckt von den originellen Kunstwerken der Japanerin Yoko Ono, er fand sie amüsant und rätselhaft, aber gleichzeitig hatte er den Verdacht, er könnte ausgenutzt werden.

Yoko Ono war dreiunddreißig Jahre alt, als John sie kennenlernte. Am 18. Februar 1933 wurde sie in Tokio geboren, in einer Familie, in der ein musisches Klima herrschte. Ihr Vater war ein erfolgreicher Pianist, der seine künstlerische Karriere abbrechen mußte, weil sein Vater ihn zwang, ins Bankfach umzusteigen. Was ihm verwehrt blieb, wollte nun Yokos Vater über seine Tochter realisieren. Mit drei Jahren erhielt sie Klavierunterricht, mit fünf komponierte sie kleine Lieder, die sie mit Zeichnungen schmückte. Über diesen Abschnitt ihrer Kindheit sagte Yoko Ono: „Es war seltsam, sie erzogen mich so, daß ich glauben mußte, einmal ungeheuer berühmt zu werden. Ich glaube, sie wollten mich als den ersten weiblichen Premierminister von Japan sehen, wenn nicht das, dann vielleicht als Diplomatin. Was dabei herauskam, war, daß ich langsam fühlte, daß sie nicht mich, sondern nur ‚die Ono' (Kind des Ozeans) in mir liebten."

Zu den prägenden Grunderlebnissen ihrer Kindheit zählte das Kriegserlebnis. Als die Atombomben auf Nagasaki und Hiroshima fielen, war sie zwölf Jahre alt, alt genug, um das Grauen zu empfinden, das von diesem Ereignis ausging, eine Erfahrung, die auf ihr weiteres Leben wesentlichen Einfluß haben sollte.

Anfang der fünfziger Jahre siedelten Yoko Onos Eltern nach New York über. Yoko begann am Sarah Lawrence College ein Musikstudium, brach es aber ab. Sie beschäftigte sich mit avantgardistischer Kunst, schrieb Gedichte, gab Kunstabende und entwarf Kunsttheorien. Sie litt darunter, daß sie mit ihren künstlerischen Ideen in der Öffentlichkeit keinen Anklang fand.

Als sie 1966 John Lennon traf, war sie mit dem amerikanischen Jazzmusiker und Filmproduzenten Anthony Cox verheiratet, es war ihre zweite Ehe. Mit Anthony Cox hatte sie eine dreijährige Tochter.

Es hat den Anschein, als verfolgte Yoko Ono sehr zielstrebig einen bestimmten Plan, denn die nächsten Aktivitäten gingen von ihr aus. Es ist nicht von der Hand zu weisen, daß sie Johns Geld und noch mehr sein Ansehen für ihre Zwecke nutzbar machen wollte. Bisher wurde sie mit ihrer Kunst nicht ernst genommen. Ihre Fotos von nackten menschlichen Hinterteilen, der von ihr in Leinen eingewickelte Löwe auf dem Trafalgar Square, die obskuren Kunstwerke ihrer Ausstellung „Unvollendete Bilder und Objekte" ließen die Kunstkritiker mit höhnender Heiterkeit reagieren.

Mußte es da nicht von Vorteil sein, wenn man in der Öffentlichkeit wußte, daß sich ein Mann wie John Lennon mit ihrer Auffassung von Kunst identifizierte und sie förderte?

Den Sinn der Kunst sah sie einzig und allein darin zu schockieren, und zwar um jeden Preis.

Die nächsten Monate bis in den April des Jahres 1967 hinein arbeiteten John, Paul, George und Ringo an einer neuen LP, die der Höhepunkt ihres gemeinsamen Schaffens werden sollte:

Yoko Ono 1966, als John Lennon sie kennenlernte

Sgt. Pepper's Lonely Hearts Club Band.

Nie zuvor und nie danach hatten die *Beatles* mehr Aufwand für eine LP-Produktion getrieben als für diese. Die Kosten beliefen sich um 300 000 Mark; für jeden Titel ließen sie sich mehr als eine Woche Zeit. Von Anfang an war die neue Produktion als Konzept-Album geplant. Es sollte eine Reise in die Kinderzeit in Liverpool werden. Mit dem vorgezogenen Erscheinen der *Strawberry Fields Forever* und *Penny Lane* auf einer Single im Februar 1967 ließen sie diese Idee fallen. Eine neue Idee wurde geboren; George Martin erläuterte später: „Das Lied stammte von Paul; es war nichts Aufregendes, ein ganz gewöhnliches Ding. Als sie mit den Proben fertig waren, sagte Paul: ‚Warum machen wir denn nicht die ganze LP so, als würde die *Pepper Band* wirklich existieren, als würde Sergeant Pepper die Platte machen. Wir könnten dann mit allen möglichen Effekten arbeiten.' Von diesem Moment an war es so, als würde Pepper tatsächlich leben."

Mit ihren originellen Ideen zur Realisierung ihres Vorhabens brachten John und Paul George Martin fast an den Rand der Verzweiflung. George Martin: *„Sgt. Pepper* war wohl in der Hauptsache das Werk Pauls. John steuerte lediglich drei Songs bei, nämlich *Mr. Kite, Lucy* und *Good Morning.* Nichtsdestoweniger entstanden gerade die beiden stärksten Titel *With A Little Help From My Friends* und *A Day In The Life* in Gemeinschaftsarbeit."

Ein besonders exotischer Reiz ging von George Harrisons Sitharspiel aus, das dem Titel *Within You Without You* eine psychodelische Nuance verlieh.

Nicht nur die Musik, die originellen Arrangements, bei denen Cembalo, die indische Tamboura, Harmonium, Dampforgeleffekte, Streicher und Bläser zum Einsatz kamen, und die untereinander kommunizierenden Texte machten die LP *Sgt. Pepper's Lonely Hearts Club Band* zu einer Novität, auch das Plattencover setzte neue Maßstäbe in der Popbranche. Über einem bunten Blumenarrangement und einem Schlagzeug mit der Aufschrift *Sgt. Pepper's Lonely Hearts Club Band* posierten die vier *Beatles* in seidenen Phantasieuniformen umgeben von achtundfünfzig weltbekannten Persönlichkeiten.

Zur Promotionstrategie gehörte, daß bereits sechs Wochen

Juni 1967: Nach dem Erscheinen der LP „Sgt. Pepper ..."

vor dem Erscheinen der LP in England und den USA verschiedene Radiostationen Songs in den Äther schickten.

250 000 Stück gingen dann innerhalb von zwei Wochen über die Ladentische der englischen Plattenläden; in den USA wurden innerhalb einer Woche über eine Million verkauft.

Die internationale Musikkritik feierte die neue LP als „Maßstabsetzendes Ereignis".

Viele Fans der *Beatles* glaubten, in den Texten der Songs versteckte Drogenbotschaften zu entdecken. Besonders der Lennon-Song *Lucy In The Sky With Diamonds* geriet in diesen Verdacht. Steckte nicht schon im Titel ein deutlicher Hinweis auf LSD? In Interviews stritten die *Beatles* ab, daß es auf der LP Drogensongs gäbe.

Lucy In The Sky With Diamonds

Picture yourself in a boat on an river
With tangerine trees and marmalade skies
Somebody calls you, you answer quite slowly
A girl with kaleidoscope eyes
Cellophane flowers of yellow and green
Towering over your head
Look for the girl with the sun in her eyes
And she's gone ...

Stell dir vor, du in einem Boot auf einem Strom
Mit Mandarinenbäumen und Marmeladenhimmel
Jemand ruft dich, du antwortest langsam
Ein Mädchen mit Kaleidoskopaugen
Zellophanblumen, gelb und grün
Turmhoch über deinem Kopf
Suche das Mädchen mit der Sonne in den Augen
Und sie ist gegangen ...

In dem Interview mit Jan Wenner vom Dezember 1970 sagte John zu diesem Thema: „Ja, ich hab mich totgelacht, weil soviel Aufstand um ‚Pepper' gemacht wurde – die Leute haben es rückwärts abgespielt und dabei auf dem Kopf gestanden und lauter so 'n Quatsch. Das ist bis heute noch nicht vorbei: Ich habe gerade vor ein paar Tagen Mel Torme im Fernsehen gesehen, und er sagte, daß *Lucy* als Drogensong geschrieben worden sei, und das gleiche gelte für *A Little Help From My Friends,* aber das ist natürlich totaler Blödsinn ..."

Tatsache ist, und John gab es später auch öffentlich zu, daß während der Arbeit an der LP alle Mitglieder der Gruppe mit Rauschgift zu tun hatten. Während der Aufnahmen mußte John gelegentlich auf das Dach des Studios gebracht werden, weil er dringend frische Luft nötig hatte; einmal mußte Paul ihn nach

John Lennon vor seinem Haus in Weybridge (1967)

Hause fahren, weil er nach einem LSD-Trip unfähig war weiterzuarbeiten.

Die Vermutungen der Fans, daß sich in verschiedenen Songs der neuen LP Bezüge zum Drogenkonsum finden ließen, waren nicht aus der Luft gegriffen. Das zuzugeben oder sich gar dazu zu bekennen, wagten zu diesem Zeitpunkt weder John noch einer seiner Freunde; es wäre einer Selbstbezichtigung gleichgekommen und hätte für sie gerichtliche Folgen gehabt.

Es war kein Wunder, daß das jugendliche Publikum der *Beatles* gewisse Botschaften aus den Texten heraushörte. Täglich berichteten die Medien von den Drogenproblemen bekannter Popstars. Die Zahl der drogensüchtigen Jugendlichen stieg sprunghaft an. Es erfolgte zu dieser Zeit der massenhafte Umstieg von Haschisch auf härtere Drogen wie LSD und Heroin.

Von den *Beatles*, durch ihre Musik längst zu einem Leitbild für junge Leute geworden, erwartete man Aussagen zum Drogenproblem, das viele bewegte. Und man fand sie auf der neuen LP. Es schien so, als würden die vier in der gleichen Problemlage stecken wie viele ihrer Fans.

Ließ die einen der Mangel an Idealen, Perspektivlosigkeit und soziale Deklassiertheit die Flucht aus der rauhen gesellschaftlichen Wirklichkeit antreten, so waren zum Beispiel Johns Motive anders geartet. Er erhoffte sich vom Umgang mit Rauschmitteln eine bewußtseinserweiternde Wirkung, eine Steigerung seiner Kreativität.

Über John Lennons Situation um 1967 gibt der Text *All You Need Is Love* Aufschluß. Zu Beginn des Jahres erging an die *Beatles* die Bitte, sich an einer internationalen Fernsehshow unter dem Titel „Our World" zu beteiligen. Am 25. Juni 1967 lief der Titel *All You Need Is Love* über die Bildschirme. Musikalisch entsprach der Song ihrem neuen Sound, wie er schon bei den letzten beiden LP-Produktionen *Revolver* und *Stg. Pepper's Lonely Hearts Club Band* zu hören gewesen war. Kennzeichnend war der Einsatz unterschiedlichster Instrumente: John spielte Cembalo, Paul strich mit dem Geigenbogen den Arco-Baß, George spielte Geige. Ein dreizehn Mann starkes Orchester trug zur Klangfülle bei. Der Text verkündete eine Botschaft, die in einer Zeit, in der

Millionen junger Menschen in den kapitalistischen Ländern glaubten, mit alternativen Lebensformen, mit Drogen von Haschisch bis LSD und Heroin die rauhe gesellschaftliche Wirklichkeit humanisieren zu können, auf offene Ohren traf.

Love, love, love ...
All you need is love
Liebe, Liebe, Liebe ...
Alles, was du brauchst, ist Liebe ...

In Vietnam brannten GI's friedliche Dörfer nieder, die US Air Force zerbombte Hanoi, Hue, Haiphong, täglich starben in Nordirland Menschen, in den Ghettos der amerikanischen Großstädte kämpften Afroamerikaner um ihre Gleichberechtigung, täglich starben in der Dritten Welt Kinder an Hunger ...

Love, love, love ...
All you need is love.

John glaubte, daß Liebe das Heilmittel gegen alle Gebrechen und Ungerechtigkeiten der kapitalistischen Welt sei. Die *Beatles* glaubten es, und viele, enttäuscht vom Zustand ihrer Gesellschaft, wollten es auch glauben. Mit freundlichen Songs, Liebe, Rauschgift und Flower-Power wollten sie die Welt verbessern. Eine Illusion, die beim großen Popfestival in Woodstock ihren Höhepunkt erreichte und in einer Orgie von Gewalt beim Altamont-Festival spätestens zu Grabe getragen wurde.

Dennoch, erstmals errang die Single *All You Need Is Love/ Baby You'r A Rich Man* 1967 in den USA den 1. Platz in den Hitparaden, *All You Need Is Love* wurde zur Hymne der Flower-Power-Bewegung.

Für John hatte der Text wohl auch eine sehr persönliche Komponente, die sein Leben betraf, in der sich *seine* Sehnsucht nach Liebe ausdrückte.

John war voller Unruhe und Unsicherheit. Ein enormer Aktionismus hatte sein Leben in den letzten Jahren bestimmt, nun, in einer Zeit relativer Ruhe, wurde er nervös. Es mußte etwas geschehen.

In dieser Situation brachte sich Yoko Ono wieder in Erinnerung. Mehr, als er vor sich selber zugab, war er von der Japanerin beeindruckt.

Sie schickte ihm ein Exemplar ihres Buches „Grapefruit". Darin las er solche Sätze wie: „Schneide ein Loch in einen Sack, der mit Samen gefüllt ist, und hänge den Sack an einen Ort, an dem Wind weht. Versteck dich, bis alle nach Hause gehen. Versteck dich, bis dich alle vergessen haben. Versteck dich, bis alle gestorben sind."

Zur Wirkung, die die Lektüre des Buches auf ihn hatte, bekannte John Lennon: „Manchmal las ich etwas daraus und ärgerte mich darüber. Da stand zum Beispiel ‚Male, bis du umfällst' oder ‚Blute'. Manchmal war ich dann wieder davon gefangengenommen und durchlief all die Veränderungen, die das Lesen ihrer Gedichte auslöst."

Yoko Ono suchte auch auf andere Art Johns Nähe. Sie wußte es einzurichten, daß sie ihn in einer Pop-Art-Ausstellung traf. Sie rief ihn an, um ihn für ihre nächste Ausstellung zu gewinnen.

Yoko Onos Bemühungen blieben nicht ohne Erfolg: In der Nachauflage ihres Buches „Grapefruit" fanden die Leser dieses Geleitwort: „Hallo, ich heiße John Lennon. Ich möchte euch Yoko Ono vorstellen." John finanzierte ihre nächste Ausstellung, die unter dem Titel „Half-Wind-Show" stattfand.

Dann attackierte sie John mit Postkarten, die sie ihm täglich schickte, auf denen merkwürdige Anweisungen standen:

„Atme!"

„Tanze!"

„Betrachte die Lichter, bis der Tag vergeht!"

Johns Gefühle pendelten zwischen extremen Polen. Einerseits empfand er Yokos Haltung ihm gegenüber als verrückt, andererseits fühlte er sich auf bisher unbekannte Art inspiriert.

Durch Yoko Ono wurde John mit der avantgardistischen Kunstszene konfrontiert, zu der er bis dahin keine Beziehungen hatte. Nun, wo er auf der Suche nach Neuem war, zeigte er sich besonders empfänglich für alles, was aus Yokos Richtung kam. Neben der Neugier war John voller Zweifel:

„Manchmal war mir der Gedanke, jetzt Intellektueller oder verdammter Avantgardist zu sein, einfach zuwider. Dann gefiel es mir wieder. Es war ein ständiges Hin und Her", beschrieb er später die Situation. Yoko Ono drängte sich immer mehr in Johns Leben.

Sie tauchte im Haus in Weybridge auf. John und Cynthia waren nicht zu Hause. Sie bat die Haushälterin, telefonieren zu dürfen. Dann ging sie wieder. Am Tag darauf rief sie John an, kündigte ihren Besuch an, weil sie einen ihrer wertvollen Ringe neben dem Telefon hatte liegenlassen.

Als John und Cynthia auf George Harrisons Initiative hin mit Paul und Ringo zu einem Vortrag des Maharishi Mahesh Yogi ins Londoner Hilton gingen, trafen sie auf Yoko Ono.

John war begeistert von den Möglichkeiten der Meditation, über die der Maharishi sprach. War Meditation nicht der Weg, um zu sich selbst zu finden, seelisches Gleichgewicht und innere Ruhe zu gewinnen? War hier nicht langfristig etwas zu haben, was Drogen aller Art nur kurzfristig boten?

Das hätte vielleicht auf der Rückfahrt nach Weybridge ein Gesprächsthema zwischen John und Cynthia sein können ... Beide stiegen in ihren Rolls Royce, und noch jemand drängte sich in den Wagen: Yoko Ono! Cynthia fand das sehr befremdlich, John wußte nicht, wie er reagieren sollte. Yoko Ono begann sofort, über ihr Buch „Grapefruit" zu reden, rauchte eine Zigarette und bat dann, an der nächsten Ecke abgesetzt zu werden.

An diesem Abend wurde in Weybridge nicht über den Vortrag des Maharishi gesprochen, sondern über Yoko Ono.

Cynthia, beunruhigt, wollte von John wissen, was sie von seiner Beziehung zu Yoko Ono zu halten habe. Da waren die ständigen Anrufe, das aufdringliche Verhalten an diesem Abend, die merkwürdigen Kartengrüße ...

Dennoch spürte Cynthia, daß da mehr sein mußte, als John zugab. Später sagte sie: „Trotzdem, es hing da etwas in der Luft. Ich habe mir Sorgen gemacht, aber ich hatte keine handfesten Beweise. Dadurch, daß er gekifft und LSD genommen hat, war die Kommunikation zwischen uns erschwert. Er hatte mich immer angefleht, mitzumachen, aber ich wollte meinen gesunden Menschenverstand behalten. Als wir wieder einmal deswegen Streit hatten, habe ich zu ihm gesagt: ‚Vielleicht ist Yoko die Richtige für dich, John ...' Ich erinnere mich, daß er darauf sagte: ‚Red keinen Unsinn. Diese komische Künstlerin ...'"

Bei Dreharbeiten zum Film „Magical Mystery Tour" (1967)

Am 25. August 1967 fuhren John und die anderen *Beatles* zu einem Wochenendseminar zum Maharishi Mahesh Yogi nach Bangor in North Wales. John hoffte, tiefer in die Geheimnisse der Meditation einzudringen, erwartete, daß er sich dadurch über seine Ehe- und anderen Probleme klar werden könnte.

Cynthia hatte mit auf die Reise gehen sollen, verpaßte aber den Zug.

Bei den gemeinsamen Meditationen unter Anleitung des Maharishi empfand John eine Gelöstheit, wie er sie lange nicht gespürt hatte.

Sollte die weltabgewandte Lehre des indischen Guru John den inneren Frieden geben können, nach dem er sich sehnte?

Zwei Tage nach der Ankunft in Bangor wurden John und seine Freunde aus ihrer transzendenten Meditation in die Wirklichkeit zurückgerissen:

Am 27. August 1967 starb unerwartet nach der Einnahme einer Überdosis von Medikamenten Brian Epstein. Ob es Selbstmord, eine Verkettung unglücklicher Umstände oder gar Mord war, wie verschiedene Zeitungen argwöhnten, ist nie restlos geklärt worden.

Welch große Hoffnungen John auf die Lehren des Maharishi setzte, kommt in einer Äußerung zum Ausdruck, die er Ray Coleman gegenüber machte: „Unser Zusammentreffen mit dem Maharishi hat unser Denken ein bißchen geändert, und Brians Tod hat unser Denken sehr geändert. Irgendwie ist es jetzt sinnvoller, nach Indien zu gehen. Wir wollen das mit der Meditation von Grund auf lernen, damit wir sie propagieren und jedem die ganze Idee verkaufen können, die dahintersteckt. So wollen wir unsere Macht einsetzen – man hat uns immer als die Anführer der Jugend bezeichnet, und wir glauben, etwas gefunden zu haben, wohin man die Menschen führen sollte ..."

Mit Brian Epsteins Tod wuchsen die Probleme. Die sichere Hand, die alle geschäftlichen Angelegenheiten ordnete, fehlte. Nun versuchte Paul McCartney, die Führung zu übernehmen. John bemerkte das mit Unwillen, war aber durch seine eigene Problemlage nicht imstande, selbst das Heft in die Hand zu nehmen. Wegen seiner Beziehung zu Yoko Ono hatte er seiner Frau gegenüber ein schlechtes Gewissen, der Tod Brian Epsteins belastete ihn. Alles schien nun noch unsicherer geworden zu sein. –

Die Dreharbeiten zum Film *Magical Mystery Tour* im September 1967 führte die Gruppe wieder zusammen. Um dieses Projekt zu realisieren, verschoben die *Beatles* ihre geplante Indienreise auf das Jahr 1968.

John und George gaben in der „David-Frost-Show" ein vielbeachtetes Interview. Sie machten einen ausgeglichenen, heiteren Eindruck, was besonders John nicht leichtgefallen sein muß, schließlich entsprach sein Auftreten ganz und gar nicht seiner inneren Situation.

Am 18. Oktober 1967 fand die Premiere des Films *How I Won The War* statt, am 12. November eröffnete Yoko Onos Ausstellung, die von John finanziert worden war, Film und LP *Magical Mystery Tour* standen kurz vor der Veröffentlichung beziehungsweise vor der Premiere. Da liegt es nahe zu vermuten, daß das Interview in der „David-Frost-Show" einen Promotioneffekt verfolgte.

Ende November erschien in England die Single *Hello Goodbye/I Am The Walrus*. Obwohl oder weil die Kritiker Johns *I AM The Walrus* Obszönität vorwarfen, fand die Single reißenden Absatz.

Am 16. Dezember sah man John und George in Begleitung des Maharishi bei einer UNICEF-Veranstaltung in Paris.

Anfang Januar 1968 brachte sich Johns Vater in Erinnerung. Fred Lennon überraschte seinen Sohn mit der Mitteilung, daß er die neunzehnjährige Studentin Pauline Jonas heiraten wolle. John gab diesem Vorhaben seinen Segen und wohl auch einen Scheck dazu.

Enttäuschte Hoffnungen

Am 16. Februar 1968 flogen John und Cynthia zusammen mit George und seiner Freundin Pattie nach Indien. Wenige Tage danach folgten Paul mit seiner Verlobten Jana Asher und Ringo mit seiner Frau Maureen. Cynthia hoffte, daß der für drei Monate geplante Aufenthalt beim Maharishi in Rishikesh die Verbindung zwischen John und Yoko Ono abreißen lassen würde.

John fuhr mit der Bereitschaft nach Indien, tiefer in die Gedankenwelt der Philosophie des Maharishi einzudringen, von der er hoffte, sie könne ihn von seinen seelischen Nöten befreien und seinem Leben einen neuen Sinn geben.

Cynthia glaubte außerdem, daß die Meditationskurse beim Maharishi John vom LSD abbringen könnte.

Bei beiden lagen die Erwartungen ziemlich hoch.

In Rishikesh hatte sich eine recht illustre Gesellschaft eingefunden: Mike Love von den *Beach Boys*, der englische Folksänger Donovan, die amerikanische Schauspielerin Mia Farrow und die *Beatles*. Alle wohnten in komfortabel ausgestatteten Bungalows.

War das die richtige Umgebung und Gesellschaft, um erfolgreich innere Einkehr zu halten?

Am leichtesten ließ sich der äußere Wandel vollziehen. John und die anderen legten ihre Hippiekleidung ab. Die Frauen hüllten sich in indische Saris, die Männer schlüpften in weite Hosen, wallende Obergewänder und Sandalen. Um seine zahlungskräftigen Gäste bei Laune zu halten, sorgte der weise Guru neben den von eintönig-monotonen Gesängen und Gebeten begleiteten Meditationen auch für ein abwechslungsreiches geselliges Leben. Er organisierte Touren durch landschaftlich reizvolle Gegenden, veranstaltete turbulente Partys.

Dennoch betrieb John die Meditation mit Ernst und Ausdauer.

Cynthia fand, daß er mehr Ruhe ausstrahlte, mit besonderer Freude nahm sie zur Kenntnis, daß John keine Drogen mehr nahm. Bald bemerkte sie jedoch eine Veränderung in seinem Verhalten. Sie berichtete:

„Jeden Morgen war er vor mir auf und verschwand sofort aus dem Zimmer, um sieben Uhr, und sagte, er wolle allein meditieren. Morgens hat er mich einfach ausgeschaltet. In der ersten Woche in Indien ist es mir gut gegangen, aber danach hat er mich völlig abgeblockt. Wir hatten immer Dinge gemeinsam gemacht ... Ich konnte nicht verstehen, warum er mich gerade zu diesem Zeitpunkt abschob. Ich gab dem Umstand, daß wir weit weg waren, und seiner veränderten Einstellung zur Meditation die Schuld. Ich war froh, daß nichts mehr mit Drogen lief. Die Meditation hatte den Drogen den Todesstoß versetzt, gerade als

Die Beatles mit ihren Frauen und dem Maharishi Mahesh Yogi in Rishikesh, Nordindien (1968)

es schon gefährlich wurde. Ich hatte schon damit gerechnet, daß das Heroin als nächstes Stadium kommen würde. Aber er war nervös und reizbar."

Johns Gereiztheit hatte verschiedene Ursachen: Er konnte Yokos Existenz nicht aus seinem Bewußtsein drängen, wollte es wohl auch nicht. Fast täglich ging er, von Cynthia unbemerkt, zur Post, wo Briefe von Yoko für ihn lagen. „Ich bin eine Wolke. Sieh dich am Himmel nach mir um", schrieb sie. John sehnte sich nach ihrer Nähe.

Johns kritischer Aufmerksamkeit entging nicht, daß zwischen den Reden des Maharishi und seiner üppigen, sehr weltlichen Genüssen zugewandten Lebensweise eine beträchtliche Kluft bestand. Der Luxus seiner Residenz mit Hubschrauberlandeplatz, seine Geldgier und nicht zuletzt des Maharishis sexuelles Interesse an der Schauspielerin Mia Farrow, ließen John an der Redlichkeit des Gurus zweifeln.

Anfang April, früher als geplant, flog er mit Cynthia zurück nach England. Im Gepäck befanden sich etwa fünfzehn Songs, die er in Rishikesh geschrieben hatte, darunter der Titel *Revolution.*

Nach der Rückkehr in die Heimat erklärte John Cynthia, er würde in der nächsten Zeit oft im Studio arbeiten und sich um verschiedene Geschäfte kümmern müssen. Er machte ihr den Vorschlag, mit Freunden nach Griechenland zu fahren.

Cynthia schätzte die Situation so ein: „Wir brauchten beide Platz zum Atmen. Ich glaube nicht, daß er mich vorsätzlich loswerden wollte. Er wollte nur erst wieder mit sich selbst ins reine kommen nach diesem Indienaufenthalt, und das wollte ich auch. Er war sich seiner selbst nicht sicher und wußte nicht, was er davon halten sollte, wie sein Leben jetzt verlief. Er war enttäuscht vom Maharishi, und die *Beatles* mußten sich alles weitere genau überlegen, nachdem Brian Epstein gestorben war. Dazu kamen die Unstimmigkeiten zwischen uns. Es schien mir eine gute Lösung zu sein, daß ich ihn seiner Arbeit überließ."

John pendelte zwischen Weybridge und dem Londoner Aufnahmestudio hin und her. In der Zeit zwischen Mai und Oktober arbeitete er mit den anderen an der Single *Hey Jude/Revolution* und der LP *The Beatles (White Album).*

Bei der LP machte sich eine neue Tendenz bemerkbar. Bisher war es üblich gewesen, daß John und Paul im schöpferischen Miteinander die Texte und die Musik der Songs erarbeitet hatten. Die neue LP erweckte den Eindruck, daß hier nicht mehr das Werk einer geschlossenen Gruppe vorlag, sondern aus einer Zusammenstellung von Solotiteln der einzelnen Gruppenmitglieder bestand. Die Gemeinsamkeit bestand nur noch darin, daß jeder jedem kollegial dabei half, seine Titel zu produzieren.

Für John fielen in dieser Zeit wichtige Entscheidungen.

Einen Tag bevor Cynthia von ihrer Griechenlandreise zurückkehrte, griff er in der Nacht zum Telefonhörer. Er wählte Yokos Nummer.

„Ich sagte, sie solle vorbeikommen. Es war mitten in der Nacht, Cyn war nicht da, ich dachte, so, das ist jetzt die Gelegenheit, wenn ich sie überhaupt jemals richtig kennenlernen will. Sie kam zu mir nach Hause, und ich wußte nicht, wie ich mich verhalten sollte. Wir gingen rauf in mein Studio, und ich spielte ihr alle meine Bänder vor, die ich gemacht hatte, all dieses abgehobene Zeug, zum Teil komische Sachen, zum Teil elektronische Musik. Sie war einigermaßen beeindruckt, und dann sagte sie, o. k., machen wir doch gemeinsam auch 'ne Aufnahme, und so ist *Two Virgins* entstanden. Es war Mitternacht, als wir mit *Two Virgins* anfingen, und im Morgengrauen waren wir fertig, und im Morgengrauen haben wir dann auch zusammen geschlafen. Es war wunderschön."

So beschrieb John die Ereignisse in jener Mainacht des Jahres 1968.

Am Nachmittag traf Cynthia in Weybridge ein. Was sie vorfand, ließ an Deutlichkeit nichts zu wünschen übrig: Im Bademantel gekleidet saßen John und Yoko auf der Terrasse und tranken Tee, vor der Tür des Gästezimmers sah Cynthia Yokos Pantoffeln stehen.

Cynthia sträubte sich gegen die Erkenntnis, daß dies der Schlußpunkt ihrer Ehe mit John sein sollte. John schwieg.

„Ich habe Johns Schweigen so aufgefaßt, als wolle er sagen, ich solle verschwinden. ‚Störe diesen phantastischen Augenblick nicht. Hau ab, du verdirbst alles', hätte er damit sagen können. Diese Ausstrahlung habe ich ohne jedes weitere Wort verstanden." So deutete Cynthia die Situation.

Sie verließ das Haus, zog zu Freunden nach London. Wenige Tage später kam sie zurück nach Weybridge, um nach Julian zu sehen, der sich in der Obhut der Haushälterin befand.

Völlig gegen ihre Erwartungen wurde sie freundlich von John begrüßt. Er sagte ihr, seine Beziehungen zu Yoko seien ausschließlich intellektueller Art, sie hätten die ganze Nacht nur mit Tonbandgeräten experimentiert.

Aus Johns Verhalten ihr gegenüber in den nächsten Tagen und Wochen zog Cynthia den Schluß, daß sie ihn noch nicht verloren hatte, daß für den Fortbestand ihrer Ehe noch eine Chance bestand.

Nur zu gern gab sich Cynthia dieser Illusion hin, weil es ihrem Wunsch, mit John zusammenzubleiben, entsprach.

Mit Julian und ihrer Mutter wollte sie eine Urlaubsreise nach Italien antreten. Unter den gegebenen Umständen zweifelte sie daran, ob das richtig war. Sie sprach mit John darüber, er redete ihr zu. Cynthia fuhr nach Italien.

Johns Entschluß, sich von Cynthia zu trennen, stand fest, es fehlte ihm lediglich der Mut, es ihr zu sagen. Es wäre ihm lieber gewesen, der Schritt zur Scheidung wäre von Cynthia ausgegangen.

Obwohl er in diesen Tagen hart zu arbeiten hatte – mit Paul, George und Ringo war er täglich im Studio anzutreffen, wo sie das *White Album* produzierten –, traf er sich in jeder freien Minute mit Yoko. Er zeigte sich mit ihr in der Öffentlichkeit. Während Cynthia, sicher nicht ganz ahnungslos, Urlaub machte, lieferten John und Yoko durch ihr gemeinsames Auftreten der einschlägigen Presse Schlagzeilen.

Am 15. Juni 1968 starteten John und Yoko in Coventry im Rahmen der Nationalen Skulpturenausstellung vor der Kathedrale ihre erste Friedensaktion. Sie pflanzten zwei Eichen in die Erde als Friedenssymbol. Sie schickten Eicheln an verschiedene Staatsmänner der Welt, sie sollten durch ihre Beteiligung an der Eichelaktion ihren Willen zum Frieden bekunden.

Yoko konfrontierte John mit avantgardistischer Kunst, von ihr ging die Hinwendung zu einer für ihn neuen Weltsicht aus, sie inspirierte ihn, sich dem Friedensgedanken zuzuwenden, der von nun an in seinen Songs zunehmend an Bedeutung gewinnen sollte. Durch Yokos Einfluß wurde er sensibler für gesellschaftliche Probleme. Dazu kam, daß er mit intensiver Aufmerksamkeit die Meldungen in den Zeitungen und im Fernsehen über die politischen Ereignisse des Jahres 1968 in sich aufnahm: Die Befreiungsfront in Südvietnam startete die Tet-Offensive; in der BRD kam es zu Massendemonstrationen gegen den Vietnamkrieg der Amerikaner, gegen Notstandsgesetze und die Meinungsmanipulation der Springerpresse. In London versuchten jugendliche Demonstranten die USA-Botschaft zu stürmen; in Paris revoltierten Studenten, fand ein von linken Gewerkschaften organisierter Generalstreik statt. In den USA nahm der Widerstand gegen den Vietnamkrieg zu.

Es hatte den Anschein, daß die Revolution nun vor der Tür stand.

Mit seinem Song *Revolution* stieß John Lennon seine Anhänger aus der maoistisch-linken Szene vor den Kopf, die ihn wegen seiner rebellischen, antiautoritären Haltung als Leitbild okkupiert hatten.

In *Revolution* vertrat John Lennon seine Ansicht zur Veränderung der Welt, die jede Form von Gewalt ablehnte, die die extrem Linke, konzeptionslos und auf Spontanität setzend, auf ihre Fahnen geschrieben hatte. Was John ihnen sagte, mußte sie gegen ihn aufbringen.

You say you wanna revolution
Well, you know we all wanna change the world ...

But when you talk about destruction
Don't you know that you can count me out ...

You say you got a real solution
Well, you know we'd all love to see the plan ...

But if you want money for people with minds that hate
All I can tell you is brother, you have to wait.

You say you'll change the constitution ...
Well, you know you better free your mind instead ...

Du sagst, du willst eine Revolution.
Weißt du, wir alle wollen die Welt verändern ...

Doch wo du von Zerstörung redest,
Da kannst du wissen, da könnt ihr mit mir nicht rechnen ...

Du sagst, ihr habt die Lösung,
Okay, euren Plan möchten wir mal sehen ...

Wenn ihr Geld wollt für Leute, die hassen,
da muß ich sagen, Bruder, da könnt ihr lange warten ...

Ihr sagt, ihr seid gegen jede Institution.
Wißt ihr, befreit doch lieber erst mal eure Köpfe ...

Die Gegenreaktion war entsprechend scharf. In seinem Essay „Rock-Power oder Wie musikalisch ist die Revolution" schrieb Helmut Salzinger: „Wie beunruhigend an *Revolution* ist es, daß die Platte den intellektuellen Verkalkungsprozeß der *Beatles* bestätigt. Die Zeiten haben sich geändert, aber die *Beatles* bleiben die gleichen und singen ein selbstgefälliges Liedchen namens *Revolution,* das nichts weiter als Konterrevolution predigt ... Angesichts der jüngsten Ereignisse ist es leider nicht mehr möglich zu glauben, daß es mit einer Imitation des lebensfrohen *Beatles*-Optimismus oder ihrer Lebensweise getan ist. Es geht nicht mehr um Musik, eher um Verrat ..."

Die Haltung, die John Lennon in dem Text von *Revolution* bezog, den er in Indien unter dem Einfluß der Ideen des Maharishi geschrieben hatte, markierte nicht den Endpunkt einer Entwicklung, sondern ist mehr als Ausgangspunkt zu werten, von dem aus er noch zu anderen Ansichten kommen sollte.

Johns weiteres Verhalten zu Cynthia war alles andere als fair. Er ließ sie in Italien von einem Privatdetektiv beobachten. Kaum war sie wieder in London, ließ ihr John die Scheidungsklage zustellen. Begründung: In Italien hätte sie ein Verhältnis mit dem Hotelbesitzer Roberto Bassanini gehabt. Am 22. August 1968 konfrontierte Cynthia John mit ihrer Gegenklage. Als Scheidungsgrund gab sie an, John hätte Ehebruch mit Yoko Ono begangen.

Die Fronten klärten sich, als im Oktober John und Yoko öffentlich verkündeten, sie würden im Februar 1969 ein Kind erwarten.

Anfang November 1968 wurde Cynthia von John geschieden.

Das Gericht sprach ihr das Sorgerecht für Julian zu und verurteilte John zur Zahlung von einhunderttausend Pfund. Zusätzlich mußte John jährlich zweitausendvierhundert Pfund Schulgeld bezahlen.

Von sich aus traf er die Verfügung, daß Julian bei Erreichen seines fünfundzwanzigsten Lebensjahres eine Summe von einhunderttausend Pfund ausgezahlt werden sollte. Bis zum Verkauf des Hauses in Weybridge durfte Cynthia dort wohnen.

Was hier wie Großzügigkeit aussieht, hatte offensichtlich einen anderen Grund: John wollte mit Geld sein schlechtes Gewissen beruhigen.

Der Anfang vom Ende

Es gibt viele Legenden vom Ende der *Beatles*. Einige machen Yoko Ono den Vorwurf, sie trage die Schuld an der Trennung, sie hätte Zwietracht unter den Gruppenmitgliedern gesät.

John: „Sie hat die *Beatles* nicht auseinandergebracht... Sie ist eine Frau, und sie ist Japanerin, die Leute haben rassistische Vorurteile gegen sie, und sie haben Vorurteile gegen sie als Frau. So einfach ist das..." (Wenner-Interview, 1970)

Mit dem Abstand von zehn Jahren äußerte John Lennon im Dezember 1980 Andy Peebles gegenüber: „Wenn ich zurückschaue, verstehe ich, daß das Problem daher rührte, daß die Frauen oder Freundinnen dieser sehr eng befreundeten Jungs zu der altmodischen Sorte Frau gehörten, die wir alle kennen und lieben. Du weißt schon, die Sorte, die die ganze Zeit in der Küche oder mit den Babys verbringt und bei Sessions nicht einmal auftaucht. Man sah die Frauen nur ganz selten, bei besonderen Anlässen. Und plötzlich waren wir beide – Yoko und ich – unzertrennlich, saßen für uns in der Ecke, flüsterten und kicherten zusammen, machten *Two Virgins* und verschwanden in Säcken. Auf der anderen Seite standen Paul, George und Ringo, die sich fragten, was zum Teufel wir denn machten. Was ist mit ihm? Ich habe mich fast ganz von ihnen abgekapselt. Das geschah keineswegs mit voller Absicht, ich war nur so eingespannt und eingewoben in Sachen, die wir beide unternahmen, daß ich erst später merkte, daß eben dies nicht auf Gegenliebe stieß. Aber ich verstehe schon, wie sie sich gefühlt haben müssen. Wenn es Paul, George oder Ringo so erwischt hätte, ich weiß nicht, wie ich reagiert hätte..."

Tatsache ist, daß der Weg, den John unter dem Einfluß von Yoko Ono einschlug, von den *Beatles* wegführte.

Für die endgültige Trennung der Gruppe gab es aber noch

eine Reihe anderer Gründe, die schon bestanden, als Yoko Ono noch nicht die dominierende Rolle in Johns Leben spielte.

Das war besonders nach der Einstellung des Tourneebetriebes der Drang aller Gruppenmitglieder, sich als Einzelpersönlichkeiten künstlerisch zu profilieren.

George Harrison produzierte bereits im Dezember 1967 und Januar 1968 seine erste Solo-LP *Wonderwall Music*, die stark von den Einflüssen indischer Musik geprägt war. Nach Johns und Yokos Alleingang mit der LP *Two Virgins – Unfinished Music No. 1*, deren Stücke alle in einer einzigen Nacht entstanden waren – folgte Ringo mit seiner ersten Solo-LP *Sentimental-Journey*, die zwölf der erfolgreichsten amerikanischen Titel der letzten Jahre auf sich vereinigte.

Spätestens seit dem Tode Brian Epsteins nahmen auch die Kontroversen zwischen John und Paul zu, die das Management und die Geschäfte der Gruppe betrafen.

In den Jahren 1964 bis 1968 war unter der Leitung Brian Epsteins, assistiert von sachkundigen Finanzberatern, ein in sich verflochtenes Wirtschaftsunternehmen entstanden. Nun, wo die alles ordnende Hand Epsteins fehlte, stellte sich sehr schnell heraus, daß John und Paul völlig überfordert waren, mit den auftretenden Problemen fertig zu werden.

Da gab es „Nems Enterprises", die Firma, die die Gruppe betreute und ihre Erzeugnisse vermarktete, ein Unternehmen, an dem die *Beatles* mit 10 Prozent beteiligt waren. 20 bis 25 Prozent der Gewinne aus der künstlerischen Produktion der *Beatles* wurde von Nems einbehalten. Ein Teil davon floß jedoch auf die Konten der einzelnen Gruppenmitglieder, weil sie an der Firma beteiligt waren. Und es gab den Musikverlag Northern Songs, bereits 1963 gegründet, John und Paul besaßen jeweils 20 Prozent der Anteile, 10 Prozent gehörten „Nems Enterprises".

Zu Beginn des Jahres 1968 befanden sich in den Händen von John und Paul je 744 000 Aktien.

Darüber hinaus gab es noch eine Reihe anderer Firmen, an denen sie beteiligt waren. Ihre Tantiemen als Komponisten ließen sie nicht direkt an sich auszahlen, sondern an zwei Gesellschaften, deren Namen „Lenmac Enterprises" und „Maclen Music" auf die Besitzer schließen ließen.

Der Grad der Verflochtenheit der einzelnen Unternehmen miteinander machte John und Paul den Durchblick fast unmöglich. Im Dschungel der Finanz- und Steuergesetzgebung waren sie unerfahrene Wanderer ohne Karte und Kompaß.

Die *Beatles* stürzten sich in neue Unternehmungen.

Mit mehr philanthropischer Absicht als Kenntnis der kapitalistischen Marktgesetze gründeten sie in der Londoner Baker Street die „Apple Boutique" und die Firma „Beatles LTD.", die sie im Januar 1968 in „Apple Corps LTD." umbenannten. Unter anderem wollten sie mit ihrer neuen Firma, deren Alleinbesitzer sie waren, jungen Talenten eine Chance geben.

Auf einer Pressekonferenz legte John die Absichten dar, die sie mit ihrem neuen Unternehmen verfolgten: „Unser Ziel ist nicht nur ein Haufen Goldzähne auf der Bank. Das haben wir hinter uns. Wir wollen sehen, ob sich künstlerische Freiheit ohne Firmenstruktur erreichen läßt und ob wir nicht etwas schaffen können, ohne dafür fünfmal mehr als unsere Unkosten zu verlangen."

Paul erläuterte: „Wir wollen Leuten helfen, aber nicht mit Almosen. Wir mußten immer auf unseren Knien vor den großen Tieren herumrutschen und demütig fragen: Können wir nicht bitte dies oder jenes tun? Jetzt sind wir in der glücklichen Lage, daß wir kein Geld mehr brauchen. Zum erstenmal haben jetzt die Bosse keinen Anteil am Gewinn. Wenn einer zu uns kommt und sagt: Ich habe eine Idee, dann sage ich zu ihm: Geh hin und tue es."

In der „Apple Boutique" in der Baker Street wimmelte es von Leuten. Die Ware, die der *Beatles*-Shop anbot, ging reißend weg. Dennoch, Gewinn stellte sich nicht ein, weil der größte Teil der Kundschaft einen Bogen um die Kasse machte, ohne zu zahlen den Laden verließ. Die Boutique war auf dem Weg in die Pleite.

Am 30. Juli, nach siebenmonatigem Bestehen, wurde sie geschlossen. Die noch vorhandene Ware wurde verschenkt.

Die neue Firma „Apple" schien sich zu einem Imperium auszuwachsen.

Neben „Apple Corps LTD." entstanden „Apple Films LTD.", „Apple Publishing Company", „Apple Electronis" und „Apple Records". Der Mitarbeiterstab wurde größer und größer, die Büros in der Wirmore Street wurden zu klein, ein neues fünfstöckiges Bürohaus in der exklusiven Savile Row wurde bezogen.

In der zweiten Etage des neuen Bürohauses hatte Pete Shotton, Johns alter Freund aus Liverpool, sein Büro. John hatte ihn zum Personalchef aller „Apple"-Unternehmen gemacht und ihm die Leitung der „Apple"-Einzelhandelskette übertragen.

Immer mehr blähte sich der Personalbestand auf: Direktoren mit Sekretärinnen, Abteilungsleiter mit Sekretärinnen...

Nicht alle Mitarbeiter dienten dem „Apple"-Unternehmen treu und ehrlich wie Pete Shotton. Viele der Angestellten waren unfähig, ihre Aufgaben zu bewältigen, weil ihre Qualifikation lediglich darin bestand, Freunde von Paul und John zu sein; nicht wenige wirtschafteten in die eigene Tasche, Verschwendungssucht herrschte in allen Bereichen.

Bald bemerkten John und Paul, daß sie den Anforderungen, die die Leitung eines solchen Unternehmens an sie stellte, nicht gewachsen waren. Die Finanzen gerieten ins Wanken, von Woche zu Woche stiegen die Verluste. Einig waren sie sich in der Frage, daß die geschäftliche Leitung ihrer Unternehmen in fachkundigere Hände gelegt werden mußte.

Bevor der Streit zwischen John und Paul um die Personalfrage ausbrach – jeder hatte einen eigenen Kandidaten im Auge –, gingen sie mit George und Ringo ins Studio. Trotz der hektischen geschäftlichen Aktivitäten entstand zwischen Mai und Oktober 1968 die Doppel-LP *The Beatles*, die unter dem Titel *White Album* Furore machte.

Die meisten der dreißig Titel waren während des Indienaufenthaltes geschrieben worden.

Kennzeichnend für die LP war, daß sich der Trend zur solistischen Einzelleistung noch deutlicher zeigte, als es schon bei *Sgt. Pepper* der Fall gewesen war. Jeder deutete mit den Songs, mit denen er auf der Doppel-LP vertreten war, die Richtung an, in die es ihn zog:

John markierte seinen zukünftigen Kurs, die Hinwendung zu politischen Texten, mit den beiden Titeln *Revolution* und *Revolution 9*; Pauls *Ob-La-Di, Ob-La-Da* deutete die Richtung an, in die er später mit seiner neuen Gruppe Wings marschierte; George war mit vier Songs vertreten, die bewiesen, daß er als Komponist gegen John und Paul bestehen konnte; selbst Ringo hatte einen eigenen Titel, *Don't Pass Me By*, der seine Vorliebe für Country- und Western-Musik erkennen ließ, der er später während seiner Solokarriere treu blieb.

Paul fand Johns Song *Revolution* schlecht, weil er politisch war; John lehnte Pauls *Ob-La-Di, Ob-La-Da* ab, weil er den Text belanglos fand.

Diskussionen um Texte und musikalische Lösungen hatten bei allen bisherigen Produktionen immer zu einem gemeinsamen Nenner geführt, nun stritten sie ohne die Bereitschaft, aufeinander einzugehen. Jeder blieb bei seiner Haltung, machte, was und wie er es wollte.

Nach Abschluß der Aufnahmen legten John, Paul, George und Ringo bei einer gemeinsamen Besprechung die Reihenfolge der Songs fest, einigten sich über die Titel, die die Songs haben sollten, sprachen über die Gestaltung des Covers der Doppel-LP.

John hatte bei diesem Gespräch das Gefühl, daß Paul die LP nicht mochte, weil sie zuwenig das Werk der ganzen Gruppe war. Er anerkannte aber die Tatsache, daß sich Paul darum bemühte, die Gruppe zusammenzuhalten.

Das *White Album* wurde ein überragender Erfolg. Daran konnte auch die Meinung einiger Kritiker nichts ändern, die der Ansicht waren, es wäre besser gewesen, man hätte aus dem Material kritischer auswählen und eine normale LP machen sollen.

Neben der zeitraubenden Verwicklung in die Geschäfte der „Apple"-Unternehmen und der Arbeit an der Doppel-LP sorgten John und Yoko für Aufsehen in der Öffentlichkeit.

Im Juni war es die von den Medien belächelte Eichen-Friedensaktion in Coventry gewesen, die Schlagzeilen provozierte.

Am 18. Oktober führte die Polizei in der Wohnung von John und Yoko am Montagu Square 34 eine Hausdurchsuchung durch und beschlagnahmte dabei elf Gramm Cannabisharz. Beide wurden verhaftet. Einen Tag später ließ man sie gegen Kaution frei.

Am 25. Oktober war in den Zeitungen zu lesen, daß Yoko und John ein Kind erwarteten.

Vier Wochen später, am 27. November, wurde Yoko ins Krankenhaus eingeliefert, weil sie eine Fehlgeburt hatte. John legte sich neben Yoko ins Krankenbett, als das Bett für eine andere Patientin gebraucht wurde, legte er sich auf eine Luftmatratze vor Yokos Bett. Berichte und Fotos darüber in den Zeitungen ...

Am folgenden Tag wieder Schlagzeilen: John bekannte sich vor Gericht schuldig, Rauschgift besessen zu haben. Er wurde zur Zahlung einer Strafe von 150 Pfund verurteilt.

Am 29. November konnten die Zeitungen über einen neuen Skandal wollüstig berichten. Die LP *Unfinished Music No. 1* kam in den Handel. Nicht was auf der Platte zu hören war, löste Aufregung aus, sondern das, was auf dem Cover zu sehen war. Sie zeigte John und Yoko nackt – auf der Vorderseite von vorn, auf der Hinterseite von hinten. Die Platte durfte erst vertrieben werden, als die Vorderseite zugeklebt wurde.

Eine Woche später erschienen beide bei einer Veranstaltung in der „Royal Albert Hall" in einem Sack steckend auf der Bühne ...

Kein Wunder, daß John durch solche und ähnliche Ereignisse in den Ruf geriet, ein egozentrischer Clown zu sein. Ihm war nicht bewußt, daß er seine Glaubwürdigkeit aufs Spiel setzte. Konnte denn einer ernst genommen werden, der einerseits mit engagierten Texten gesellschaftliche Zustände ändern wollte, aber andererseits der Boulevardpresse am laufenden Band als Skandallieferant diente?

Es war wohl nicht nur ein extrem gesteigertes Bedürfnis nach „Zur-Schau-Stellung", was Johns Verhalten bestimmte, es ging ihm sicher auch darum, endlich tun zu können, was er wollte, ohne Rücksicht auf das Imange der *Beatles* nehmen zu müssen. Sicher war es auch eine Gegenreaktion auf die Ablehnung, die die *Beatles* und große Teile der Öffentlichkeit Yoko Ono entgegenbrachten. John ließ keine Gelegenheit aus, sich vor großem Publikum zu Yoko zu bekennen. Je größer das begleitende Medienspektakel war, desto lieber war es ihm.

Im Februar 1969 erreichten die Spannungen zwischen John und Paul ihren Höhepunkt. Anlaß zu einem Streit mit Langzeitwirkung waren Meinungsverschiedenheiten über die Person, die die Führung des „Apple"-Imperiums übernehmen sollte.

John wollte Allen Klein, der erfolgreich die Geschäfte der *Rolling Stones* betrieben hatte. Paul lehnte Klein ab, weil er Lee und John Eastman, zwei in der amerikanischen Musikbranche bekannte Anwälte, mit der Geschäftsführung betrauen wollte. Ein besonderer Grund für Pauls Vorliebe für die Eastmans war die Tatsache, daß er mit Linda Eastman liiert war. Lee und John Eastman waren sein Schwiegervater beziehungsweise sein Schwager.

John Lennon fürchtete, aus „Apple" könnte ein McCartney/Eastman-Geschäft werden. Dazu kam noch, daß John eine persönliche Abneigung gegen Lee Eastman hatte, die er so begründete: „Kaum sah es so aus, als würden wir uns mit Allen einig werden, da gerieten die Eastmans in Panik, aber es war noch alles offen. Ich mochte Allen, aber ich hätte Eastman akzeptiert, wenn er sich nicht als das entpuppt hätte, was er war. Es wurde vereinbart, daß wir uns zusammen mit Eastman und Allen Klein im Hotel des einen oder anderen treffen wollten. Die vier *Beatles* und Yoko sollten die beiden gemeinsam erleben. Wir waren noch keine fünf Minuten da, als Eastman plötzlich so' ne Art epileptischen Anfall bekam und Allen anschrie, er sei die mieseste Ratte der Welt, und lauter solche hübschen Sachen. Allen saß da und schluckte es herunter ... Er schluckte einfach alles runter ... Eastman beleidigte ihn mit seinem ekelhaften Klassensnobismus ... Aber Paul ist auf diesen Scheiß reingefallen, weil Eastman Picasso an der Wand hängen hatte und weil er Anzüge von der Westküste trug, lauter Äußerlichkeiten und nichts dahinter ..."

Ende 1968/Anfang 1969 wurden endgültig die Weichen gestellt, die den Zug der *Beatles* unaufhaltsam zu dem Punkt fahren ließen, der Endstation hieß.

Am wenigsten war John daran interessiert, diese Entwicklung zu bremsen. Innerlich hatte er sich bereits weit von den *Beatles* entfernt.

Paul McCartney war ebenfalls entschlossen, seinen eigenen Weg zu gehen.

Die Zeiten, in denen die Rivalität zwischen Paul und John ein wesentlicher Faktor für die Vorwärtsentwicklung und Produktivität der Gruppe bildete, waren vorbei.

Ausschlaggebend war Yoko Onos Einfluß auf diese Entwicklung, die 1970 zur unwiderruflichen Trennung führte, nicht. Daß ihr Erscheinen auf der Szene, ihr zunehmender Einfluß auf John die Entwicklung beschleunigte, ist aber nicht zu übersehen.

Zu den Gründen, die aus Johns Sicht für die Trennung ausschlaggebend waren, sagte er: „Nachdem Brian Epstein tot war, brachen wir zusammen. Paul setzte sich an die Spitze und meinte, uns führen zu müssen. Aber was heißt schon führen, wenn man sich im Kreise dreht? Damals brachen wir auseinander. Damals begann der Verfall." (Wenner-Interview, 1970)

Auf die Frage Wenners, wann er zum erstenmal gespürt habe, daß die *Beatles* begannen auseinanderzufallen, antwortete John: „Das weiß ich nicht mehr. Ich war mit meinen eigenen inneren Schmerzen beschäftigt. Im Grunde habe ich gar nichts davon mitgekriegt. Die *Beatles* lösten sich auf, nachdem Brian gestorben war. Wir machten das Doppelalbum ... Es war, als ob jedes Stück einzeln aufgenommen wurde: Eins machte ich, und das nächste George ... Wie ich ja schon einmal beschrieben habe: Mal spielte ich mit einer Begleitgruppe, mal Paul mit einer Begleitgruppe ... Und es hat mir Spaß gemacht, aber damals haben wir uns im Grunde aufgelöst."

Was John auf die Frage antwortete, welchen Einfluß seiner Meinung nach die *Beatles* auf Englands Geschichte gehabt hätten, klang ziemlich desillusioniert, zeigte aber auch gleichzeitig, daß er begonnen hatte, politisch zu denken:

„Ich habe keine Ahnung von Geschichte. Die Leute, die die Fäden in der Hand halten und die an der Macht sind, und das Klassensystem und diese ganze Scheiße mit der bürgerlichen Szene, das ist alles exakt das gleiche geblieben. Nur daß heute eine Menge Typen aus der Mittelschicht mit langen Haaren und modischen Klamotten durch London laufen und Kenneth Tynan (avantgardistischer englischer Schriftsteller) mit dem Wort ‚Fuck' ein Vermögen macht. Aber abgesehen davon, ist so gut wie nichts passiert, außer daß wir uns alle 'n bißchen mehr herausputzen. Dieselben Arschlöcher sitzen an den Hebeln, dieselben Leute halten die dicken Positionen, es ist haargenau dasselbe ... Wir sind alle ein bißchen erwachsener geworden, und es hat natürlich auch Veränderungen gegeben – wir sind 'ne Spur freier und so, aber im Grunde ist es nach wie vor das alte Spiel, verändert hat sich nichts. Sie begehen immer noch dieselben Ungeheuerlichkeiten, sie verkaufen Waffen nach Südafrika, schießen Schwarze auf offener Straße übern Haufen, die Leute leben in unglaublicher Armut wie Ratten, die auf ihnen herumkriechen, alles wie gehabt. Da kann man doch nur das Kotzen kriegen. Und irgendwann hab ich das kapiert. Der Traum ist ausgeträumt. Es ist alles wie gehabt, nur daß ich inzwischen dreißig bin und die Leute lange Haare haben, das ist alles."

Und es klang wie ein Programm, das für die nächsten Jahre sein Leben bestimmen sollte, als er sagte: „Ich glaube nicht mehr an Mythen, und die *Beatles* waren eben auch zu einem Mythos geworden. Ich glaube nicht mehr an ihn, der Traum ist ausgeträumt. Und ich meine nicht nur die *Beatles*, ich meine dieses ganze Generationsding. Der Traum ist endgültig vorbei, und wir müssen – na ja, das gilt auf jeden Fall für mich persönlich – wieder zur sogenannten Realität zurückfinden."

Hier kündigte sich ein neuer John Lennon an, der vorsätzlich politisch wirken wollte, allerdings mit der Einschränkung, daß er sich keiner Ideologie verpflichtet fühlte, die ihm hätte als Kompaß dienen können. Aber er war bereit, sein Ansehen, seinen Ruf als Künstler, seinen Einfluß auf seine Fans für das einzusetzen, was er als richtig und wichtig erkannt hatte.

Der „neue" John

Unter dem Einfluß von Yoko Ono vollzog sich ein Wandel, der John weiter von dem Unternehmen, das *Beatles* hieß, abdriften ließ. Nach außen, für die Öffentlichkeit, für ihre Fans schien die *Beatles*-Welt noch in Ordnung zu sein.

Im Januar 1969 produzierten sie in den Twickenham-Filmstudios alle Titel für die LP *Let It Be*, die allerdings erst im Mai 1970 erschien, weil sich wegen verschiedener Ärgernisse und Unstimmigkeiten innerhalb der Gruppe der Veröffentlichungstermin immer wieder hinauszögerte. Gleichzeitig mit der Produktion der LP entstand der gleichnamige Film.

Die Beatles (1969)

In der zweiten Januarwoche nahmen sie die Single *Get Back/ Don't Let Me Down* auf, bei der ein Novum zu verzeichnen war: Zum erstenmal seit dem Bestehen der *Beatles* stand auf dem Plattencover der Name eines anderen Musikers, Billy Preston. Der farbige Musiker, den die *Beatles* bereits 1962 im Hamburger Starclub kennengelernt hatten, übernahm bei der Produktion der beiden Songs den Part an der Orgel.

Im April entstand in Gemeinschaftsarbeit zwischen John und Paul der Titel *The Ballad Of John And Yoko*, der dann zusammen mit der Harrison-Komposition *Old Brown Shoe* auf einer Single erschien.

Vom 1. Juli bis zum 3. August 1969 versammelten sich die vier Musiker zum letztenmal zu einer gemeinsamen Produktion im Studio. Das Ergebnis war die LP *Abbey Road*.

Die Produktion der Single und der LP im Jahre 1969 mußte bei den Fans den Eindruck erwecken, daß es bei den *Beatles* keine Probleme gab. Hinter den Kulissen sah es anders aus.

Paul McCartney wollte John für die Produktion eines neuen *Beatles*-Films begeistern und versuchte, ihn zu überzeugen, daß die Gruppe wieder öffentliche Konzerte geben sollte. John stand beiden Projekten ablehnend gegenüber. Dennoch beteiligte sich John, wenn auch lustlos, an den Filmarbeiten. Wie er zu dem Projekt stand, erklärte er später: „Paul leitete alles in die Wege, und wir diskutierten über das, was wir machen könnten. Doch ich war nur halbherzig dabei. Ich hatte Yoko, und alles andere war mir eben scheißegal. Außerdem war ich high und wollte einfach nicht mehr."

Dazu kam, daß Paul, Ringo, George und ihre Frauen Yoko deutlich spüren ließen, daß sie sie nicht mochten. Die Stimmung in den Twickenham-Filmstudios beschrieb John so:

„Paul wollte eine Generalprobe mit uns allen veranstalten. Er war eben ein Perfektionist. Wir nahmen ein paar Stücke auf, doch niemand war so recht bei der Sache. Ich hatte einfach ein ganz furchtbares Gefühl im Twickenham-Studio. Und dann wurde auch noch ständig gefilmt. Mir ging das alles auf die Nerven. Und wir waren von acht Uhr morgens an im Studio. Aber um acht Uhr oder um zehn Uhr kann man einfach nicht irgendwo Musik machen. Mit all den Scheinwerfern und den Filmkameras um einen herum." (Wenner-Interview, 1970)

Die Tatsache, daß sich Allen Klein ab Anfang Februar, gegen den Willen Pauls, um die finanziellen Belange der *Beatles* kümmerte, belastete das ohnehin schon gespannte Verhältnis zwischen John und Paul zusätzlich.

Am 2. März 1969 machten John und Yoko durch einen ihrer spektakulären Alleingänge von sich reden. Bei einem avantgardistischen „Free Jazz Festival" in der Lady Mitchell Hall in Cambridge standen sie zusammen mit Mai Evans, John Tschikai und John Stevens auf der Bühne. Das Publikum im Saal war ein anderes als das, was sich einst bei *Beatles*-Konzerten vor der Bühne gedrängt hatte: Hier bestand das Publikum aus Studenten und jungen Intellektuellen. John und Yoko waren mit einem Medley im Programm vertreten, das ausschließlich aus Yoko-Ono-Songs bestand.

Eine in Cambridge erscheinende Zeitung schrieb nach dem Konzert:

„Miß Ono fing mit einem markerschütternden Heulton an, der so japanisch wie ein No-Theater-Gesang war, und hielt ihn so lange an, bis ihr der Atem ausging. John hockte zu ihren Füßen, mit dem Rücken zum Publikum, reckte seine Gitarre in ekstatischen Bewegungen zum Mikrofon und schlug sie so dagegen, daß es zu ohrenbetäubenden Klängen kam. Das Konzert war schaurig-schön. Nicht im negativen Sinne, weil das ungewöhnliche Klangbild und die rauhe Melodie einfach faszinierten. Es gab keine ruhige Stelle darin. Ein außergewöhnliches Ereignis."

Dennoch, die Massenwirksamkeit, die von den *Beatles*-Songs ausging, war mit dieser Art von Musik nicht zu erreichen.

John geriet in einen Zwiespalt. Einerseits fand er die avantgardistische Richtung, in die ihn Yoko Ono zog, aufregend neu und anregend, die Möglichkeiten, die die Verschmelzung von innovativen Elementen aus allen Bereichen der Musik, besonders der verschiedenen Formen des Jazz, boten, faszinierten ihn; andererseits war er sich bewußt, daß mit avantgardistischer Musik nicht die Massenwirkung zu erreichen war wie mit der am Publikumsgeschmack orientierten Musik der *Beatles*.

Unter dem Einfluß von Yoko Ono geschah noch etwas anderes mit John, was für sein Leben und seine künstlerische Weiterentwicklung von Bedeutung werden sollte.

Die harte Schale, unter der er seine Gefühle verbarg, brach auf. Nun wollte, jetzt konnte er sich zu seinen Gefühlen bekennen. Das war allerdings nicht das Ergebnis eines plötzlichen Wandels, sondern eines langwierigen Prozesses, der Irrwege und Irrtümer einschloß.

Ende März reisten John und Yoko nach Paris. Da erreichte sie die Nachricht, daß Paul am 12. März in aller Heimlichkeit, ohne jedes Medienspektakel, Linda Eastman geheiratet hatte.

Acht Tage später, am 20. März, charterte John ein Flugzeug, um mit Yoko, die sich sieben Wochen zuvor auf den Jungferninseln von Tony Cox hatte scheiden lassen, von Paris nach Gibraltar zu fliegen.

Ohne Gefolge, fast unbemerkt von der Meute sensationslüsterner Journalisten, ließen sie sich von einem Beamten des Konsulats auf dem britischen Festungsfelsen trauen. Beide, von Kopf bis Fuß in Weiß gekleidet, taten damit einen Schritt, den viele ihrer Freunde und Anhänger als Ausdruck eines überholten Konservatismus empfanden. John, mit solchen Ansichten konfrontiert, äußerte: „Wir sind unzertrennlich. Intellektuell glauben wir nicht an die Ehe. Für zwei Menschen ist die Ehe noch immer etwas anderes als ein bloßes Zusammenleben."

Ihr Aufenthalt auf Gibraltar dauerte gerade siebzig Minuten, dann flogen sie zurück nach Paris.

In der französischen Metropole hatten inzwischen die Zeitungsreporter Wind von dem Ereignis bekommen. Sie bestürmten das frischgebackene Paar mit Fragen.

„Die Hochzeit hat mich emotional so mitgenommen, daß ich fast zusammengebrochen bin, und John ging es ähnlich", äußerte Yoko. Gleichzeitig bekannte sie, daß sie nicht eine schlichte Hausfrau werden wollte, die ihrem Mann die Hausschuhe anwärmt. Die Ehe sei für sie eine Art Happening, allerdings von größter Wichtigkeit für die Zukunft.

„Wir planen ein weiteres Happening im Laufe der nächsten Woche. Es wird sich herausstellen, wann es stattfindet." Mit diesen Worten provozierte sie vorsätzlich die Neugier der Reporter, die beide nun nicht mehr aus den Augen ließen.

Am 24. März sah man John und Yoko zusammen mit Salvadore Dali in einem Pariser Nobelrestaurant zu Mittag essen.

Einen Tag später begann in Amsterdam das von Yoko angekündigte Happening ...

Seit sich John nach Einstellung der öffentlichen Konzerte der *Beatles* und unter dem Einfluß von Yoko auf dem Wege zu sich selbst befand, wurde er aufmerksamer gegenüber politischen Entwicklungen und Ereignissen, die in der Welt vor sich gingen und geschahen. Er nahm sie nicht nur bewußter wahr, sein entwickelter Gerechtigkeitssinn zwang ihn, Position zu beziehen. Nun, wo er keine Rücksicht mehr nehmen mußte auf das Image der *Beatles*, sich nicht zu politischen Ereignissen zu äußern, wollte er etwas für die Sache tun, die er als richtig erkannt hatte.

Die Situation in den kapitalistischen Ländern in den Jahren 1968/69 war gekennzeichnet durch spontane Aktionen der Jugend, mit denen sie gegen imperialistische Machtpolitik, gegen Rassismus, gegen die USA-Aggression in Vietnam protestierten und soziale Gerechtigkeit forderten. Im Gegensatz zur sogenannten „Rock 'n' Roll-Revolution" in den fünfziger Jahren, die sich blindwütig gegen bürgerliche Lebensformen und Moralvorstellungen und undifferenziert-emotional gegen die ältere Generation gerichtet hatte, war die Protestbewegung Ende der sechziger Jahre eine politische Bewegung, die unter Führung progressiver Studentenorganisationen auf politische und soziale Veränderungen zielte. John Lennon ist nie ein Inspirator oder ein intellektueller Führer dieser politischen Bewegung gewesen. Aber unter dem Einfluß dieser weltweiten Massenbewegung entwickelte sich sein politisches Bewußtsein.

In seinen politischen Aktionen in den Jahren 1968 bis 1973 und seinen politisch orientierten Songs, setzte er sich vorbehaltlos für soziale Gerechtigkeit, für Gewaltlosigkeit, für Frieden, gegen Krieg und Rassendiskriminierung ein. Damit hob er sich in einzigartiger Weise vom Heer der anderen Popstars ab.

John war sich bewußt geworden, daß die *Beatles* durch ihre Popularität in eine Leitfunktion gedrängt worden waren, die sie nie einnehmen wollten. Ihre Fans folgten ihnen in den Drogendschungel, gingen mit ihnen den Weg der transzendentalen Meditation. Daß es so geschah, war nie ein erklärtes Ziel John Lennons und der *Beatles* gewesen.

Nun war John entschlossen, seine Popularität für die Schaffung einer besseren Welt einzusetzen.

Das „Bed-in"-Happening im Zimmer 902 des Amsterdamer „Hilton" war der Auftakt einer Kampagne für den Frieden. Von Yoko

März 1969: Erstes „Bed-in" für den Frieden im Amsterdamer Hilton-Hotel

Ono, die durch ihre Haltung wesentlich dazu beigetragen hatte, John mit dem Ideal des Friedens und der Gewaltlosigkeit ein Ziel finden zu lassen, für das es lohnte, sich einzusetzen, kam auch die Idee für die „Bed-in"-Aktionen. „Die Idee, öffentlich für den Frieden zu demonstrieren, kam von Yoko. Hinter allem, was sie tat, steckte ein spezifisches Motiv. Ihr Motiv war Frieden. Ich hatte über die Liebe gesungen, was wohl nur ein anderes Wort für Frieden ist. Unsere Friedensaktionen waren Aktionen im Yoko-Stil ..." (John Lennon, 1975)

Sieben Tage – vom 25. bis 31. März – lagen sie im Bett. Journalisten aus aller Welt gaben sich die Türklinke in die Hand. Irgendwie waren sie etwas enttäuscht, weil sie von John und Yoko anderes als Reden für den Frieden erwartet hatten. Das paßte ihnen nicht recht ins Konzept, also machten sie sich in ihren Artikeln lustig darüber.

In einem „Interview im Bett" sagte John Lennon: „Yoko und ich haben nichts dagegen, die Clowns zu spielen, wenn dadurch etwas Gutes erreicht werden kann. Ich weiß, daß ich eine dieser ‚bekannten Persönlichkeiten' bin. Die Leute schreiben über mich aus Gründen, die sie nur selber kennen. Sie schreiben, was ich sage, und ich sage: Frieden ..."

Gegen den Vorwurf der verschwenderischen Extravaganz, weil sie für ihr „Bed-in" die teuerste Luxussuite im Amsterdamer „Hilton-Hotel" gemietet hatten, verteidigte sich John: „Die Leute regen sich darüber auf, daß wir all das Geld dafür ausgeben und für Biafra und so demonstrieren, wo ich es doch gleich dorthin geschickt haben sollte. Aber das habe ich schon getan. Und ich respektiere auch weiterhin diese Form der Nächstenliebe. Aber das löst das Problem nicht. In einer kapitalistischen Gesellschaft wie der unsrigen können Leute mit Geld viel machen. Und wir haben Geld. Wir sind bekannt, und deshalb nutzen wir unseren Ruhm und unser Geld, um für den Frieden zu werben ..."

Dieses Bekenntnis war ehrlich gemeint, daran besteht kein Zweifel, aber die Amsterdamer Aktion diente gleichzeitig dem Zweck, das durch Skandalgeschichten lädierte Image von John und Yoko aufzupolieren.

Am 31. März verließen beide Amsterdam und flogen nach Wien, wo am Abend die Weltpremiere ihres Films „Rape" im Fernsehen stattfinden sollte. Die Aufmerksamkeit der österreichischen Öffentlichkeit war ihnen nach der Schlagzeilen provozierenden Aktion in Amsterdam sicher. Sie erschienen in einem weißen Sack, unsichtbar für das Publikum, nur an ihren Stimmen konnte man erkennen, daß sie in dem Sack steckten.

Am nächsten Tag flogen sie nach London zurück.

Hektische Aktivitäten kennzeichneten die nächsten Wochen. Ihr nächstes „Bed-in" wollten sie in New York abhalten, auf vollen Touren liefen die dafür nötigen Vorbereitungen.

Am 22. April stiegen John und Yoko in Begleitung eines Standesbeamten auf das Dach des „Apple"-Gebäudes. Mit einem amtlichen Zeremoniell änderte John seinen zweiten Vornamen Winston in Ono um.

Am 8. Mai unterschrieben John, George und Ringo den Vertrag mit Allen Klein. Paul McCartney verweigerte seine Unterschrift.

Der 16. Mai brachte eine wichtige Entscheidung: Das „Bed-in" in New York würde nicht stattfinden, weil die amerikanischen Behörden John die Einreise verweigerten. Als Grund wurde angegeben, er sei rechtsgültig wegen Verstoßes gegen das Suchtmittelgesetz verurteilt worden. Das stimmte zwar, aber ausschlaggebend war wohl die Absicht, John und Yoko daran zu hindern, ihre Friedensbotschaft zu verkünden.

Im Rahmen ihrer neunmonatigen Kampagne für den Frieden (von Ende März bis Anfang Dezember 1969) hielten John und Yoko vom 26. Mai bis 2. Juni im „Queen Elizabeth Hotel" in Montreal ihr zweites „Bed-in" ab.

Es herrschte reger Betrieb im Zimmer 1742. Sie gaben über sechzig Interviews für Zeitungen und Rundfunkstationen, in einem sagte John unter anderem: „Durch unser ‚Bed-in' fangen die Leute an, über Frieden zu reden. Wir wollen die jungen Leute dazu bringen, darüber zu reden. Doch das muß ohne Gewalt geschehen, sonst führt es zum Chaos. Wir wollen sie dazu bringen, auf die Straße zu gehen und auf die Plätze, um zu demonstrieren ..."

Pausenlos telefonierten John und Yoko von ihrem von weißen und rosa Nelken umrahmten Bett aus. Studenten aus Berkeley, die sich in einem Park zu einer Protestdemonstration gegen den Vietnamkrieg versammelt hatten, riefen an. Sie wollten von John wissen, wie sie sich verhalten sollten, wenn die Polizei sie angreifen würde.

John rief sie auf, sich nicht provozieren zu lassen, erklärte sich mit ihnen solidarisch.

Verglichen mit dem ersten „Bed-in" in Amsterdam war das in Montreal ein voller Erfolg. Es war ihnen gelungen, über Presse, Rundfunk und Fernsehen ihre Botschaft zu verbreiten. Sie hatten den amerikanischen Behörden ein Schnippchen geschlagen, denn nun drangen ihre Stimmen doch aus den Lautsprechern in den USA, waren sie auf den Bildschirmen zu sehen, konnten die Leser in „Gottes eigenem Land" in den Zeitungen ihre Worte lesen.

Es ging John um mehr, als nur ausschließlich mit spektakulären Aktionen für die Idee des Friedens zu werben. Er war Komponist, Textdichter und Sänger. Mit den Möglichkeiten, die ihm sein Talent bot, wollte er seine Botschaft unter die Leute bringen.

Seit langem schwebte ihm vor, einen Song zu schreiben, der mindestens so wirkungsvoll wie Pete Seegers *We Shall Overcome* sein sollte, aber aktueller.

Am 22. Mai hatte er einen Song komponiert, den er am vorletzten Abend des Montrealer „Bed-in" im Zimmer versammelten Freunden vorspielte. In der folgenden Nacht wurde das Hotelzimmer mit einem transportablen achtspurigen Aufnahmegerät in ein Aufnahmestudio verwandelt und der Song aufgenommen.

Es war eine einfache Melodie, der Rhythmus entsprach der Schrittart von Demonstranten, der Text drückte die Sehnsucht einer ganzen Generation nach Frieden aus. Durch die Spontanität des Augenblicks – alle im Zimmer Anwesenden bildeten den Chor – wurde jede kommerzielle Glätte vermieden.

Die Hotelgäste in den Nachbarzimmern waren die ersten, denen sich der wirkungsvolle Refrain ins Ohr bohrte:

„All we are saying is give peace a chance ..."

Der Song *Give Peace A Chance*, der am 4. Juli zusammen mit dem Titel *Remember Love* auf einer Single erschien, erreichte in England den 2., in den USA nur den 14. Platz der Hitparaden.

Dennoch ging dieses Lied wie kein zweites um den Erdball. Überall, wo sich Menschen versammelten, um gegen den Krieg in Vietnam zu protestieren, ob in Washington, Berkeley, Westberlin, London oder Tokio, überall, wo Menschen für den Frieden und die Respektierung der Menschenrechte demonstrierten, begleitete sie Lennons Song *Give Peace A Chance*.

Dieses Lied wurde zu einer Hymne der Friedensbewegung in den kapitalistischen Ländern.

Am 15. November marschierten in Washington eine halbe Mil-

Während Bob Dylans Open-Air-Konzert auf der Insel Wight (1969)

John Lennon und Yoko Ono mit deren fünfjähriger Tochter Kyoko (1969)

lion Demonstranten auf, um gegen den Krieg in Vietnam zu protestieren. Immer wieder sangen sie: *Give Peace A Chance* …

John, der die Bilder dieser Demonstration im Fernsehen sah, sagte: „Es war einer der größten Augenblicke in meinem Leben." –

John Lennons Wirken während seiner Solokarriere ausschließlich auf den Kampf für Frieden und Gewaltlosigkeit beschränken zu wollen hieße, an der Realität vorbeigehen und seiner widersprüchlichen Persönlichkeit nicht gerecht zu werden. John fühlte sich einer pazifistischen Grundhaltung verpflichtet und trat für das Prinzip der Gewaltlosigkeit ein, er orientierte sich dabei an Vorbildern wie Mahatma Gandhi und Martin Luther King. Lennon war kein politisch geschulter Mensch, der klar die Ursachen für Kriege und Ungerechtigkeiten erkannte. Er war ein Popstar, der begriffen hatte, daß die Welt, so wie sie war, verändert werden mußte. Dafür wollte er tun, was er konnte. Seine Möglichkeiten als Star bestimmten die Wahl seiner Mittel.

Wie sehr sich seine ganz persönlichen Probleme immer wieder mit seinen politischen Wirkungsabsichten verknüpften beziehungsweise diese mit jenen kollidierten, dafür lassen sich in seinem weiteren Leben eine Fülle von Beispielen finden.

Noch immer war John von Drogen nicht losgekommen. Er versuchte es im Alleingang, sich davon zu befreien. Er ließ sich an einen Stuhl binden, bekam Getränke und Nahrung, alles, was er wollte, nur keine Drogen. Sechsunddreißig Stunden hielt er die Tortur aus, sechsunddreißig Stunden qualvolle Entzugserscheinungen. Gelöst hat diese Gewaltkur sein Problem nicht.

Mit großer Hoffnung sahen er und Yoko dem Dezember entgegen, da endlich sollte ihr sehnlichster Wunsch in Erfüllung gehen: ein gemeinsames Kind.

Anfang Oktober erlitt Yoko wieder eine Fehlgeburt. Ein Schlag, der beide tief traf.

Der Herbst brachte noch ein geschäftliches Desaster; „Northern Songs" ging trotz großen Einsatzes von Allen Klein verloren.

Durch die Aktionen und Plattenproduktionen, die John und Yoko unabhängig von der Gruppe machten, wurde der Abstand zwischen ihnen und dem Rest der Gruppe immer weiter, die Kluft unüberbrückbar tief.

Die nächste Single, die nach *Give Peace A Chance* auf den Markt kam, enthielt die Titel *Cold Turkey* und *Don't Worry Kyoko*. In *Cold Turkey* beschrieb John seine Qualen, die er während seines Entzugsversuches durchlitten hatte; in *Don't Worry Kyoko* klagte

Yoko Ono mit schrillen Schreien darüber, daß ihr ihre Tochter bei der Scheidung von Tony Cox nicht zugesprochen wurde.

Cold Turkey war ein wirkungsvoller Antidrogensong, der auf schmerzvollen persönlichen Erfahrungen beruhte. John, oft kritisiert, weil er in verantwortungsloser Weise in verschiedenen Songs die „schöne" Wirkung von Drogen mit buntschillernden Bildern ausgemalt hatte, gewann mit diesem Titel die Sympathie nicht nur der älteren Generation.

Thirty-six hours/Growing in pain
Praying to someone/Free me again
O I'll be a good boy/Please make me well
I-ll promise you anything/Get me out of this hell ...

Sechsundreißig Stunden/In Schmerzen gewunden
Ich bete zu irgendwem/Befreie mich wieder
Ich will ein braver Junge sein/Bitte mach mich gesund
Ich verspreche Dir alles/Hol mich heraus aus dieser Hölle ...

Die beste Plazierung, die diese Single erreichte, war ein 13. Platz.

Kurze Zeit später bat John seine Tante Mary, ihm seinen Orden, der ihm auf königlichen Ratschluß zum „Mitglied des Britischen Empire" gemacht hatte, auszuhändigen. Hätte sie auch nur im entferntesten geahnt, was John mit dem Orden zu tun gedachte, er wäre nicht in seine Hände gelangt.

Bevor alle Welt erfahren sollte, was John mit dem Orden vorhatte, erschien erst mal das *Wedding-Album* (Hochzeits-Album), das kurz nach ihrer Heirat auf Gibraltar entstanden war. Auf der A-Seite hörte man endlos hintereinader die Namen John und Yoko. Die B-Seite gab Geräusche wieder, die John vom Bett aus im Amsterdamer Hotelzimmer aufgenommen hatte, und sie gaben ein Interview, in dem sie Sinn und Absicht ihrer Friedensaktion erklärten. In und auf dem Cover fanden die Fans Hochzeitsbilder, das Faksimile der Heiratsurkunde, Presseausschnitte und ein fotografiertes Stück von der Hochzeitstorte.

Abgesehen vom Interview, waren die Zugaben und die originelle Verpackung interessanter als die Platte.

Am 26. November schrieb John einen Brief an die Königin von

Großbritannien. Einen Tag später konnte man seine Zeilen in allen Zeitungen lesen:

„Ihre Majestät,
aus Protest gegen die englische Einmischung in die Nigeria-Biafra-Sache, gegen die Unterstützung Amerikas in Vietnam und gegen das Abrutschen von *Cold Turkey* in den Hitlisten sende ich Ihnen diese MBE-Medaille zurück.

With Love, John Lennon."

Nach dem „Bed-in" in Montreal hatte das Interesse der Medien an John und Yokos Friedensaktionen nachgelassen. Um sich wieder ins Gespräch zu bringen, entschloß sich John zur Rückgabe seiner Auszeichnung. Dieser Schritt brachte die erwartete Wirkung.

Die Journalisten kamen in Scharen. Derek Taylor, der Public-Relations-Mann, mußte sein ganzes Organisationstalent aufbieten, um Ordnung in das chaotische Gedränge zu bringen.

Vor den Kameras des Fernsehens verlas John nochmals seinen Brief an die Königin. Im Anschluß daran nutzte er die Gelegenheit zu folgender Erklärung: „Mit dieser Aktion wollte ich nur Publicity für die Friedensidee. Ich habe mich jedesmal vor Lachen gekrümmt, wenn ich das MBE auf meinem Briefpapier sah. Ich gehöre einfach nicht zu dieser Welt. Ich glaube, daß das Establishment die *Beatles* damals kaufen wollte. Feierliche Auszeichnungen sind reine Zeitverschwendung und zumeist heuchlerischer Snobismus als Bestandteil unseres Klassensystems. Ich habe es nur angenommen, um eine große Sache für die *Beatles* daraus zu machen. Ich weiß, indem ich es annahm, habe ich meine Seele verkauft, doch die Friedensidee hat mich wieder erlöst. Und daß ich *Cold Turkey* in einem Atemzug mit Biafra und Vietnam genannt habe – mein Gott: Keep smiling!"

Welche Wirkung diese Demonstration brachte, läßt ein Brief erkennen, den der englische Philosoph und Mathematiker Bertrand Russell an John schrieb. Darin heißt es unter anderem:

„Was auch immer die Presse mit ihrer negativen Reaktion darauf angerichtet haben mag – ich bin sicher, daß damit viele Menschen wieder über die Kriege nachgedacht haben."

Während einer „War is over"-Veranstaltung (Weihnachten 1969)

Im Dezember setzten John und Yoko ihre Aktivitäten mit großem Einsatz fort.

Am 15. Dezember gaben sie mit der *Plastic Ono Supergroup* (beteiligt waren unter anderem George Harrison, Klaus Voormann, Billy Preston und Keith Moon) ein Live-Konzert zugunsten der Kinderhilfsorganisation UNICEF.

Einen Tag nach dem Konzert flogen sie nach Toronto (Kanada). Am selben Tage starteten sie eine weltweite Plakataktion. In allen großen Städten erschienen Riesenposter mit der Aufschrift:

War Is Over! If You Want It. Happy Christmas From John And Yoko! (Der Krieg ist vorbei! Wenn du es willst. Glückliche Weihnacht von John und Yoko!)

Und John hatte eine Idee, die er auf einer Pressekonferenz im Wissenschaftszentrum von Ontario vor den versammelten Journalisten entwickelte: „Wir sind nach Kanada gekommen, um für ein großes Konzert für den Frieden zu werben, das vom 3. bis 5. Juli des nächsten Jahres im Mosport Park bei Toronto stattfinden soll. Es soll das größte Musikfestival in der Geschichte werden, und wir werden nur die besten Leute auf die Bühne stellen ..."

Mit diesem Festival, das nach seinen Vorstellungen das von Woodstock weit in den Schatten stellen sollte, verband er die Absicht, eine weitere Friedensaktion in Szene zu setzen. Während der Konzerte sollten vorgedruckte Zettel verteilt werden mit der Frage: „Bist du für Krieg oder Frieden?" John hoffte, mit Hilfe der internationalen Musikzeitschriften und der anderen Medien zwanzig Millionen Stimmen für den Frieden, gezeichnet mit Namen und Adresse, nach Washington schicken zu können.

Diese Idee, für die er sich monatelang engagierte, ließ sich dann nicht realisieren. Nach Johns Vorstellungen sollte das Festival ein „kostenloses" sein; die Mitveranstalter wollten jedoch ein profitables Geschäft daraus machen.

Mit einem Telegramm an den Mitveranstalter endeten im März 1970 alle Vorbereitungen: „Lesen Sie noch mal Ihren Bericht durch. Sie haben genau das getan, was Sie nicht tun sollten. Wir sagten, es soll ein kostenloses Konzert werden. Mit Ihnen und Ihrem Festival haben wir nichts zu tun. Benutzen Sie bitte dazu weder unseren Namen noch unsere Ideen und Symbole.

John und Yoko Lennon."

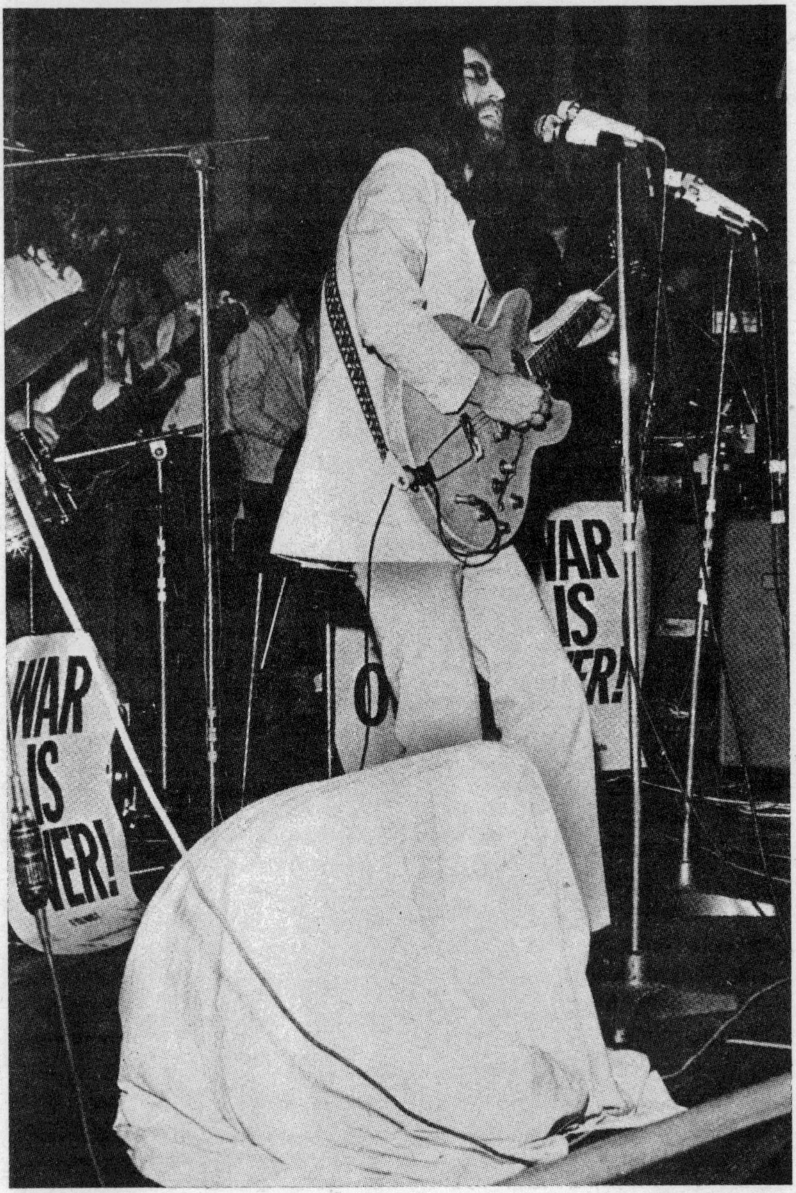

John Lennon während eines Konzertes im Londoner „Lyceum" (Dezember 1969), in einem weißen Tuch zu seinen Füßen Yoko Ono

Der Höhepunkt ihres Aufenthaltes in Kanada war ein fast einstündiges Gespräch am 22. Dezember mit dem kanadischen Premierminister Pierre Trudeau, der sich für ihre Friedensaktionen interessierte und sie unterstützte.

In Kent vor der Rochester Cathedral fand am 24. Dezember ein „Sit-in" für Frieden und gegen den Hunger in der Welt statt. John und Yoko fuhren mit ihrem Rolls Royce vor, um an dieser Aktion teilzunehmen.

An diesem Tag wurde John mit einem Problem konfrontiert, auf das er schon oft gestoßen war. Als er vor der Kathedrale zu den versammelten Demonstranten über den Hunger sprach, machte man ihm den Vorwurf, daß es leicht sei, über den Hunger in der Welt zu reden, wenn man mit einem Rolls Royce vorführe.

John antwortete: „Soll ich zu Fuß kommen? Die Leute, die uns kritisieren, haben auch Autos. Wenn die ihre Wagen für den Frieden hergeben, gebe ich meinen Rolls Royce auch her."

Bei anderer Gelegenheit behauptete Mick Jagger von den *Rolling Stones*, John hätte mit seinen Friedensaktionen nicht schlecht verdient. John wies diese Behauptung zurück, keinen Cent würde er damit verdient haben, sagte er.

Es ist nicht zu bestreiten, daß die konzentrierte Medienarbeit seinem Image guttat, was sich positiv auf den Absatz seiner Platten auswirkte. Ihm jedoch zu unterstellen, die Friedensaktionen wären nur mit dem Ziel, für sich selbst zu werben, unternommen worden, wäre mehr als ungerecht.

Sie gründeten die Spirit-Foundation, eine Organisation, die humanitäre Aktionen aller Art finanziell unterstützte. Einen bestimmten Teil ihrer Einkünfte überwiesen sie regelmäßig auf das Konto der Spirit-Foundation.

Welche Wirkungen ihre Friedenskampagne auf ihre Fans hatte, das wurde in einer Umfrage deutlich, die die englische Zeitschrift „Disc and Music Echo" unter ihren Lesern abhielt.

„Manche Leute finden John Lennons Verhalten exzentrisch, seit er seine Frau Yoko kennengelernt hat. Was meint ihr?" So lautete die Frage der Redaktion an die Leser.

Ein fünfzehnjähriges Mädchen antwortete:

„Ich habe ihn für sehr exzentrisch gehalten, als er Yoko heira-

John Lennon 1970, im Hintergrund Yoko Ono mit verbundenen Augen

tete, aber meine Meinung über ihn hat sich jetzt geändert, weil ich das, was er jetzt anstrebt, für sinnvoll halte."

Ein junger Mann aus Schottland schrieb der Redaktion:

„Man kann nicht leugnen, daß John Lennons Verhaltungsformen zum Unorthodoxen neigen, aber Lennon ist eben keine orthodoxe Persönlichkeit. Er ist eine ehrliche, offene Christusgestalt von einem Menschen, in dem die Leidenschaft für den Frieden überschäumt, und viele sind darauf aus, ihn zu kreuzigen."

Ein Mädchen aus Wales anerkannte:

„Er tut mehr Gutes als die meisten Politiker. Zumindest tut er etwas dafür, den Frieden zu erreichen, und das ist besser, als rumsitzen und über den Frieden zu reden."

Aber es gab auch Zweifel an Johns Haltung. Eine Sechzehnjährige drückte es so aus:

„Ich würde gern wissen, ob seine Bemühungen um den Weltfrieden ernst gemeint oder die selbstgefälligen Schrullen eines sehr reichen, egoistischen jungen Mannes sind."

Die Leser der Zeitschrift kürten John zum beliebtesten Beatle des Jahres, eine Ehrung, auf die bis dahin Paul McCartney abonniert war. Doch rechte Freude wird John Lennon bei dieser Ehrung nicht empfunden haben, wenn er auch bestätigt fand, daß seine Friedenskampagne von vielen Menschen so verstanden wurde, wie er sie meinte. Zuviel war in den letzten Monaten geschehen, was ihn in depressive Stimmung versetzte.

Während sich John und Yoko von Ende Dezember 1969 bis Anfang Januar 1970 in Dänemark bei Tony Cox, Yokos geschiedenem Mann, aufhielten, wurden in der „London Arts Gallery" vierzehn Lithografien von John ausgestellt. Einen Tag nach der Eröffnung der Ausstellung beschlagnahmten Beamte des Scotland Yard acht der Lithografien mit der Begründung, sie seien erotisch und somit anstößig. Dem Galeristen wurde eine gerichtliche Vorladung zugestellt, weil sich die Ausstellung nicht mit einem Gesetz aus dem Jahre 1839 vereinbaren ließ. Johns Anwälte traten mit der Behauptung, seine Bilder seien mit denen von Picasso zu vergleichen, die Verteidigung an.

Wieder zurück in England, schrieb John an einem Tag den Titel

Eine Zeichnung John Lennons aus dem Jahre 1969 für die Zeitschrift „Disc and Music Echo"

Instant Karma und produzierte ihn mit Phil Spector, der von diesem Zeitpunkt an bei vielen zukünftigen Produktionen die Rolle einnahm, die einst George Martin bei den *Beatles* gespielt hatte.

Im Frühjahr spitzten sich die geschäftlichen Widersprüche zwischen Paul und John zu. Allen Klein, dem John, George und Ringo vertrauensvoll die Führung ihrer Geschäfte übertragen hatten, geriet ständig mit Lee Eastman aneinander, der speziell Pauls Interessen vertrat. Zwar war es Klein gelungen, mit „EMI" einen für die *Beatles* günstigen Vertrag auszuhandeln, aber die Probleme des „Apple"-Imperiums blieben ungelöst. Der Mangel an Kooperationsbereitschaft zwischen Klein und Eastman erschwerte notwendige Lösungen, dringend nötige Entscheidungen zur Entflechtung des „Apple"-Konzerns und seiner finanziellen Sanierung kamen somit nicht zustande.

Künstlerisch gab es zwischen John und Paul keine Gemeinsamkeiten mehr. Wie unterschiedlich ihre Positionen waren, ließ die Solo-LP *McCartney* erkennen, die Paul in aller Stille produziert hatte (erschienen am 17. April 1970). Sie enthielt eine Sammlung Liebeslieder im alten *Beatles-Sound.*

Johns Entfernung von der Gruppe war durch seine neuen Zielvorstellungen und seine entsprechenden Haltungen und Handlungen so groß geworden, daß seine Rückkehr nicht mehr möglich war. Obwohl er das genau spürte, spielte John mit dem Gedanken, die Gruppe unter seiner Leitung neu zu formieren. Es war wohl mehr eine sentimentale Regung, denn vor Monaten schon hatte er öffentlich erklärt, er wolle die Gruppe endgültig verlassen. Allen Klein hielt John zurück, weil ein solcher Schritt seine Sanierungsbemühungen, die ohnehin nicht sehr erfolgreich waren, noch mehr erschwert hätte.

Den endgültigen Schlußstrich zog Paul McCartney. Er rief John an und teilte ihm mit: „Ich mache jetzt das gleiche wie du und Yoko. Ich gebe ein Album heraus und verlasse die Gruppe."

Obwohl er eigentlich nicht hätte überrascht sein dürfen, traf Pauls Entscheidung John tief.

John zog sich zurück, redete mit keinem. Auch Yoko konnte seine selbstgewählte Isolation nicht durchbrechen. Seine Depression und seine passive Haltung belasteten ihr Verhältnis zueinander.

Bisher hatte ihm die enge Zweisamkeit Kraft gegeben und seine Kreativität belebt, nun schien auch davon eine Lähmung auszugehen. „Wir waren vierundzwanzig Stunden immer nur zusammen, wir fingen an, uns gegenseitig zu ersticken", so beschrieb John ihre Lebenssituation im Frühjahr 1970.

John stürzte sich in äußerliche Aktivitäten. Er ließ mehrere Räume in seinem Haus renovieren. Weil das mit viel Unruhe verbunden war, zog er mit Yoko ins Hotel.

Anthony Fawcett, 1968 bis 1970 Privatsekretär von John und Yoko, war ihr Freund und Berater in künstlerischen Angelegenheiten. Er organisierte ihre Auftritte, begleitete sie auf ihren Reisen, griff mit organisatorischen Maßnahmen ordnend in ihr Privatleben ein. Durch seine ständige Nähe zu John und Yoko gilt er als intimer Kenner der konkreten Lebensumstände des Duos in der Zeit zwischen 1968 und 1970.

In seinem Buch „John Lennon – Beatle, Künstler, Provokateur" schreibt er: „Wieder zurück in Tittenhurst gingen sie vollkommen in die Isolation. Für mich war diese Haltung auch eine Reaktion auf die Ereignisse des vergangenen Jahres, den ständigen Dialog mit den Medien, die Friedensbemühungen, das Herumreisen. Und was John zu der Zeit noch gar nicht bewußt war, er brauchte jemanden außer Yoko, zu dem er sich hinwenden konnte, um ein Ventil zu haben. Mir war ganz klar, daß ihre Beziehung so nicht weitergehen könnte."

Vielleicht war es Anthony Fawcett, der dafür sorgte, daß eines Tages John Lennon das Buch „Der Urschrei" des amerikanischen Psychologen Arthur Janov in die Hände fiel.

„Als ich gelesen hatte, war es für mich das Ei des Kolumbus. Das muß es sein, sagte ich mir. Ich habe ja so viel falsch gemacht, mit den Drogen und dem Maharishi ... Deshalb habe ich es auch Yoko lesen lassen. Sie war ganz meiner Meinung, und so griffen wir zum Telefon ..."

Janov kam nach England und begann mit John und Yoko die Therapie nach der von ihm entwickelten Urschrei-Methode. Mit jedem allein, in getrennten Räumen, hielt er die ersten Sitzungen ab. Kurz darauf ging er mit ihnen nach London, wo er sie in zwei verschiedenen Hotels unterbrachte und seine Therapie fortsetzte. Durch die getrennte Behandlung wollte Janov erreichen, daß jeder der beiden Gelegenheit bekam, sich auf sich selbst zu besinnen. In den letzten zwei Jahren waren sie ständig zusammen gewesen, was sie nicht nur von anderen isolierte, sondern auch von der jeweils eigenen Vergangenheit.

Ende April flog Janov mit ihnen nach Los Angeles, wo er in den folgenden vier Monaten mit Gruppentherapie die Behandlung fortsetzte. Was John vergeblich im Umgang mit Rauschgift und später durch die Lehre des Maharishi zu erreichen gehofft hatte, das schien ihm die Behandlung bei Janov zu bringen. Er wurde sich über sich selbst klarer, er versteckte nicht mehr schamhaft seine Gefühle hinter einer Maske aus Zynismus und Clownerie. „Ich glaube, am Anfang dieser Therapie ist man total erstaunt, was man alles über sich selbst erfährt. In dieser Phase denkt man: Mensch, davon hat bestimmt noch niemand was gehört, das ist garantiert eine irre Sache, weil du es erlebst, glaubst du, es ist das erstemal, daß es überhaupt jemand erlebt ... Ich glaube, daß bei mir nichts anderes so gut funktionieren würde, aber ich bin natürlich noch nicht fertig damit. Das ist ein langwieriger Prozeß, den man durchläuft ... Ich finde die Therapie nach wie vor großartig, obwohl ich vermeiden will, daß daraus wieder so 'ne große Maharishi-Sache wird." (Wenner-Interview) Der letzte Satz bezog sich auf Überlegungen Johns, vielleicht einen Werbespot für Janovs Urschrei-Therapie zu produzieren.

Welche Wirkung die Therapie von Janov auf John hatte, spiegelte sich auf seiner folgenden LP wider.

Die LP *John Lennon/Plastic Ono Band*, im Oktober aufgenommen, ist vielleicht seine persönlichste, die er je gemacht hat. In den Songs arbeitet er seine Kindheit auf, in dem Song *Mother* meditiert er über das Verhältnis zu seinen Eltern, in *My Mummy's Dead* manifestiert sich die Trauer über den Tod seiner Mutter, den er noch immer nicht begreifen kann. Er äußert sich offen über gerade durchlebte Lebenssituationen, wofür der Song *Isolation* steht.

People say we got it made
Don't they know we've so afraid?
Isolation ...

The world is just a little town
Everybody trying to put us down
Isolation ...
We've afraid of everyone
Affraid of the sun
Isolation ...

Leute sagen, wir haben's geschafft
Wissen sie denn nicht, wieviel Angst wir haben
Isolation...
Die Welt ist eine kleine Stadt
Jeder versucht, uns herunterzuputzen
Isolation...
Wir haben Angst vor allem
Angst vor der Sonne
Isolation...

In *Working Class Hero*, den John als revolutionären Song verstanden wissen wollte, bekennt er sich auf seine Art zur Arbeiterklasse.

Jann Wenner gegenüber äußerte er: „Ich finde das Konzept revolutionär, und ich hoffe, der Song ist für Arbeiter und nicht für Nutten und Schwule. Ich hoffe, er dreht sich um die gleiche Sache, um die sich auch *Give Peace A Chance* gedreht hat... Ich glaube, er ist für Leute aus der Arbeiterklasse – sei es die obere oder untere –, die in die Mittelschicht eingegliedert werden sollen oder durch den Apparat ganz automatisch in sie hineingelangen, das ist alles. Das ist meine Erfahrung, und ich hoffe, der Song ist eine Warnung für die Menschen."

Abgesehen von dem Titel *Working Class Hero* erweckte die LP den Eindruck, als sei die Phase seines Engagements für die Sache des Friedens ein Strohfeuer gewesen, das nun erloschen war. Die anderen Titel auf der LP ließen die Vermutung aufkommen, daß er nun nur noch sich selbst und seine Probleme darstellen wollte, wenn auch so ehrlich wie noch nie.

Aber schon das Jann-Wenner-Interview beseitigte alle Zweifel. In diesem Interview zog er einen dicken Schlußstrich unter den Lebensabschnitt, der die Überschrift *Beatles-Zeit* trug. Gleichzeitig war zu erkennen, daß er über vieles nachgedacht hatte. Er bekannte sich zu den Idealen, die Weltfrieden und Gerechtigkeit für alle hießen. Und er schien bereit, sich zu denen zu gesellen, die dafür eintraten.

Es gibt in diesem Interview auch Widersprüchliches, was nicht verwunderlich ist bei Johns widersprüchlichem Charakter. Einerseits will er seine ganze Persönlichkeit und sein Ansehen als berühmter Popstar dafür einsetzen, um viele Menschen für den Frieden und die Gewaltlosigkeit zu gewinnen, andererseits behauptet er, er hätte keine Botschaften zu übermitteln.

Der Text des vorletzten Songs auf der LP *John Lennon/Plastic Ono Band, God,* klingt wie ein Glaubensbekenntnis:

> Gott ist das Maß,
> an dem wir unsere Schmerzen messen.
> Das will ich euch mal sagen...
> Ich glaube nicht an Zauber.
> Ich glaube nicht an I Ching.
> Ich glaube nicht an die Bibel.
> Ich glaube nicht an Tarot.
> Ich glaube nicht an Hitler.
> Ich glaube nicht an Jesus.
> Ich glaube nicht an Kennedy.
> Ich glaube nicht an Buddha...
> Ich glaube nicht an Beatles.
> Ich glaube an mich.
> An Yoko und mich.
> Das ist die Wahrheit.
> Der Traum ist vorbei...
> Ich war ein Walroß.
> Jetzt bin ich John...

Vieles, was John in Interviews sagte, entsprang einer plötzlichen Eingebung, einem momentanen Gefühl. Nicht selten stellte er Behauptungen auf, einfach um spektakuläre Wirkungen zu erzielen.

In dem Gespräch mit Jan Wenner war er sehr offen. Er redete sich alles von der Seele, was ihn bedrückte.

Er war dreißig, die *Beatles*-Zeit zu Ende, er zog Bilanz.

Was hatten sie gewollt? Hatten sie was gewollt? Hatten sie mit ihren Songs die Welt besser gemacht? Oder war alles beim alten geblieben?

Jetzt war er dreißig. Hatte er nicht noch vor kurzer Zeit auch diesen Slogan „Trau keinem über dreißig" durch die Gegend gebrüllt? Vor ihm lagen noch zehn Jahre...

Im Land der unbegrenzten Freiheit

John hatte das Jahr 1970 zum Jahr „eins" seines neuen Lebens erklärt. Damit wollte er den dicken Schlußstrich unter das Kapitel *Beatles* noch einmal rot unterstreichen.

Kein Wunder, daß das Interview mit Jann Wenner neben vielen schmerzlichen Wahrheiten auch eine Vielzahl von Übertreibungen und ungerechten Einschätzungen enthielt.

Ungerecht war die Äußerung, Brian Epstein hätte die *Beatles* in Anzüge gesteckt und aus den rockenden, spontanen und sich rebellisch gebenden vier Musikern eine zahnlose Band gemacht.

„Die Musik war schon tot, bevor wir 1963 auf die große England-Tournee gingen. Wir fühlten uns schon deshalb beschissen, weil wir unsere Auftritte von ein oder zwei Stunden auf zwanzig Minuten reduzieren mußten... Was die *Beatles* als Musiker angeht, so starben sie schon damals. Darum haben wir als Musiker auch nie große Fortschritte gemacht..."

Das hörte sich an, als hätte es nie solche erfolgreichen LP's wie *Sgt. Pepper's Lonely Hearts Club Band* und *The Beatles (White Album)* gegeben.

„Mein persönlicher Geschmack unterscheidet sich von dem, was ich zum Teil gespielt habe – ich würde das ‚prostituieren' nennen –, um Geld zu machen..."

Das klingt fast wie Selbstbezichtigung und soll ohne Kommentar bleiben.

Um sich leichter von den vergangenen Zeiten distanzieren zu können, ließ er kein gutes Haar an den *Beatles* als Gruppe, an Paul, George und Ringo und auch an sich selbst nicht. –

Power To The People (1971) – John Lennon und Yoko Ono im Straßenkämpferlook

Am 2. März 1971 errang Paul McCartney einen Sieg über seine ehemaligen Gruppenpartner. Nach fast dreimonatiger Verhandlungsdauer fällte ein Londoner Gericht ein Urteil, das Allen Klein kaltstellte. Mit der Abwicklung aller weiteren Geschäfte des „Apple"-Unternehmens wurde James Douglas Spooner betraut.

Die im Februar aufgenommene und Anfang März um die Gesangsparts komplettierte Single *Power To The People/Open Your Box* kam in den Handel.

Schon die Gestaltung der Plattenhülle signalisierte eine Haltungsänderung bei John. Er und Yoko figurierten auf dem Coverfoto in militärischer Kleidung mit erhobenen Fäusten.

Vergleicht man zum Beispiel den Text des Songs *Give Peace A Chance* mit dem von *Power To The People*, dann ist nicht zu übersehen, daß sich bei John ein Wandel in seinen Ansichten vollzogen hatte. *Power To The People* ist fast ein Agit-Prop-Song, mit dem sich John Lennon an die Seite der anarchistisch-maoistisch orientierten Linken stellte, die ihn gerade erst für den „konterrevolutionären" Gehalt von *Revolution* attackiert hatte.

Gleich zu Beginn des Textes, nach achtmaliger Wiederholung der wie eine Losung klingenden Zeile *Power To The People* (Die Macht dem Volke), kontert John die Aussage seines Songs *Revolution* mit den Zeilen:

Ihr sagt, ihr wollt eine Revolution
Wir sollten damit gleich anfangen.
Los, macht euch auf die Beine
und raus auf die Straße...

Während er sich bei *Give Peace A Chance* zur uneingeschränkten pazifistisch geprägten Gewaltlosigkeit bekennt und sich undifferenziert an alle Gruppen der Gesellschaft wendet, solidarisiert er sich mit dem Text von *Power To The People* mit dem Volk, mit der Arbeiterklasse.

Seine pazifistische Grundhaltung war ins Wanken geraten. Er konnte nicht übersehen, daß auf gerechte Forderungen der Arbeiter nach besseren sozialen Bedingungen, auf Proteste von Studenten gegen die Fortsetzung des Krieges in Vietnam und auf Aktionen der farbigen Bevölkerung für ihre Rechte die Herrschenden mit zügelloser Gewalt reagierten.

Er mußte sich die Frage stellen: Läßt sich diese Gesellschaft mit freundlichen Appellen zum Frieden, zur Gewaltlosigkeit und der Aufforderung, sich zu lieben, ändern? Die Antwort, die auch den Sinngehalt von *Power To The People* prägte, lautete: „Ohne

Kampf kommt man nicht an die Macht. Weil sie, wenn es zu dem ganzen Hick-Hack kommt, das Volk nicht an die Macht kommen lassen. Sie bekommen das Recht, nach ihrer Pfeife zu tanzen, aber keine wirkliche Macht. Ich weiß keine Antwort."

Der linken Zeitung „Red Mole" gegenüber äußerte sich John nach Erscheinen von *Power To The People*: „Ich habe gesehen, daß wir alle unterdrückt werden, und deshalb möchte ich etwas dagegen tun, obwohl ich mir nicht sicher bin, wo ich dabei stehe."

Die Zeitungen in England verkündeten, nun sei John Lennon auf linksextremen Positionen angekommen. Johns Reaktion auf diesen Vorwurf ließ erkennen, daß bei allem Bekenntnis zur Sache des Friedens und zur Solidarität mit verschiedenen Gruppierungen seine politische Haltung recht konfus war:

„Sie schlagen auf mich ein, weil ich *Power To The People* verlange und sage, daß keine Gruppe die Macht haben soll. Unsinn! Das Volk ist keine Gruppe. Das Volk ist jeder. Ich bin der Ansicht, daß jeder Mensch das gleiche Recht auf Besitz hat und daß das Volk einen Anteil an den Betrieben haben sollte und entscheiden soll, wer der Boß ist und wer was macht. Schüler sollen ihre Lehrer selbst wählen dürfen. Es wäre wohl so etwas wie Kommunismus, aber ich weiß nicht so genau, was richtiger Kommunismus ist. Es gibt auf der Welt keinen richtigen Kommunismus, Rußland hat ihn zum Beispiel nicht ... Der Sozialismus, von dem ich spreche, ist ein möglicher in England, nicht da, wo einige verdrehte Russen ihn praktizieren können. Wir würden hier einen guten Sozialismus haben. Einen britischen Sozialismus."

Die B-Seite der Single *Open Your Box*, ein Titel, den Yoko Ono geschrieben hatte, durfte in den USA nicht erscheinen, weil er wohl zu Recht als Aufforderung zum zügellosen Geschlechtsverkehr mit häufig wechselnden Partnern verstanden wurde. In den USA erschien dann an Stelle von *Open Your Box* der Titel *Touch Me* als B-Seite. Weshalb John den politisch wichtigen Song *Power To The People* mit dem umstrittenen *Open Your Box* koppelte, ist nicht erklärbar. Es sei denn, man ginge davon aus, er wolle mit dem Skandal um *Open Your Box* auf *Power To The People* aufmerksam machen. –

Der 6. Juni sah beide dann auf der Bühne des „Fillmore East" in New York, wo sie ohne vorherige Ankündigung nach einem Konzert der Gruppe *Mothers of Invention* auftraten. Sie spielten die Titel *Well (Baby, Please Don't Go), Aii, Jamrag* und *Scumbag*.

Zu diesem Zeitpunkt muß ihr Entschluß, ihren Wohnsitz für eine Weile nach New York zu verlegen, wohl festgestanden haben.

Verlockend waren die Möglichkeiten, mit erstklassigen Studiomusikern, die es in New York in großer Anzahl gab, zusammenzuarbeiten. Und die Aussicht, in der brodelnden Millionenstadt unbehelligt anonym leben zu können, war nicht ohne Reiz.

Aber erst einmal kehrten sie nach Tittenhurst Park zurück, um mit der Arbeit an einer neuen LP zu beginnen, die ein wichtiger Meilenstein auf dem Wege seiner Solokarriere werden sollte.

Achtzig Prozent der Titel auf der LP *Imagine* nahm John innerhalb von sieben Tagen in seinem Privatstudio in Tittenhurst auf.

Anschließend flog er in die USA, um zusammen mit Phil Spector die Bänder abzumischen. Kurz vor Erscheinen der LP stellte sich John auf einer Pressekonferenz den Journalisten. Was er zu sagen hatte, klang erst mal etwas prahlerisch:

„Es ist wirklich das Beste, was ich bisher gemacht habe ..., phantastisch. Diese LP wird es Ihnen beweisen. Sie beinhaltet im Gegensatz zu meinem vorherigen Album nicht so viele persönliche Dinge. Ich habe eine Menge gelernt, und mein neues Album ist in jeder Beziehung besser, auch technisch und vom Sound her. Ich bin recht glücklich ..."

Imagine erschien im Oktober 1971. Im Titelsong *Imagine* sang er von seiner Vision einer friedlichen, gerechten Welt, die Melodie war einschmeichelnd melodisch. Den Gesamteindruck, den das Album vermittelte, war ein überwiegend „softiger". Dazu trugen Liebeslieder wie *Oh, My Love* und *Oh, Yoko* bei und der Song *Jealous Guy*, in dem er sich bei allen entschuldigte, denen er je Unrecht getan hatte. In anderen Songs schlug er gesellschaftskritische Töne an. In *I Don't Want To Be A Soldier* machte er gegen Spießer und Anpasser Front; in *Give Me Some Truth* greift er, allerdings ohne Aggressivität, die Zustände in den USA unter der Regierung von Präsident Nixon an. Auch ein bösartiger Ton war zu hören. In dem Song *How Do You Sleep* richtet er seinen grimmigen Spott gegen Paul McCartney. In Anspielung auf die Gerüchte, die besagten, daß Paul tot sei, sang er: „Die Freaks haben recht, wenn sie sagen, du seiest tot ..."

Dennoch, dies alles änderte nichts an der Tatsache, daß John, wie er sich mit der LP *Imagine* darstellte, sanfter und weicher wirkte als je zuvor.

Bedeutete das, daß er sein politisches Engagement zurückgenommen hatte?

> Stell dir vor: es gibt keine Länder mehr
> So schwer ist das nicht
> Nichts, wofür man töten oder sterben müßte
> Und keine Religion
> Stell dir vor: Alle Menschen
> Leben ihr Leben in Frieden
> Stell dir vor: Kein Besitz
> Ich würde mich wundern, wenn du es könntest
> Kein Grund für Gier oder Hunger
> Alle Menschen sind Brüder...

Die Sanftheit, die von der LP herunterkam, war kalkulierte Absicht, wie man einer Äußerung John Lennons entnehmen kann:

„*Imagine*, sowohl der Song selbst als auch das Album, ist dasselbe wie *Working Class Hero* und *Mother* und *God* auf der ersten Platte. Aber die erste Platte war den Menschen zu realistisch, und deshalb hat sie niemand gekauft ... *Imagine* sagt genau dasselbe aus, aber mit Zuckerguß. *Imagine* ist jetzt fast überall ein Hit – antireligiös, antinationalistisch, antikonventionell, antikapitalistisch –, aber der Zuckerguß macht es akzeptabel. Jetzt ist mir klar, was ich tun muß. Man muß seine politischen Botschaften mit einem Löffel Honig versüßen."

Daß seine Absicht das verfolgte Ziel erreichte, bewiesen hohe Verkaufszahlen und beste Plazierungen in den Hitparaden. In knapp einem Monat wurden in den USA über 1,2 Millionen Exemplare des Albums verkauft, Platz 1 erreichte *Imagine* Ende Oktober, und in den Charts hielt es sich dreißig Wochen.

In England wurde das Album achtzehn Wochen lang unter den zehn besten LP's notiert, siebenundfünfzig Wochen behauptete es sich in den Charts. Insgesamt brachte es John innerhalb von drei Monaten drei „Goldene Schallplatten" ein.

Eine Reihe von Fachzeitschriften kürte *Imagine* zur LP des Jahres und bescheinigte John, daß er sich mit diesem Album vom Image des Ex-*Beatles* endgültig gelöst hatte.

Für viele seiner Fans – nicht nur in England – mußte sich Johns Entscheidung, in den Vereinigten Staaten von Nordamerika leben zu wollen, wie ein Widerspruch an sich ausnehmen.

Die Nixon-Regierung unterstützte mit all ihrer Macht blutige Diktaturen in Mittelamerika und anderswo, führte einen mörderischen Vernichtungskrieg gegen das Volk von Vietnam, unterdrückte mit Gewalt die Bürgerrechtsbewegung im eigenen Land.

Was zog John Lennon in dieses Land? Mit welchen Erwartungen verließen er und Yoko im September 1971 England?

Als John von Jann Wenner im Dezember 1970 während eines kurzen Aufenthalts in den USA gefragt wurde, was er von Amerika halte, antwortete er:

„Ich liebe und hasse es. Amerika ist der absolute Höhepunkt. Ich wäre gern in New York geboren, ich wäre gerne in Village (Künstlerviertel von New York, R. B.) geboren. Da gehöre ich hin. Warum bin ich nicht dort geboren? Im 18. Jahrhundert war es Paris, und London ist es, glaube ich, nie gewesen – außer in literarischer Hinsicht, als Wilde und Shaw und wie sie alle hießen, dort lebten.

New York ist die Sache!

Ich bedauere zutiefst, daß ich kein Amerikaner bin und nicht in Greenwich Village geboren wurde. Dort hätte ich leben mögen ... Alle Leute streben der Mitte zu, darum bin ich jetzt hier. Ich bin hier, um das alles einzuatmen ..."

Gleichzeitig bekannte er Wenner gegenüber: „Es macht mir Angst. Die Menschen sind so aggressiv, ich halte das alles nicht aus, ich muß nach Hause, ich muß grünes Gras sehen ..."

Dem Entschluß, nach New York zu gehen, lagen noch andere Motive zugrunde. Yoko, die fünfzehn Jahre in New York gelebt hatte, bevor sie nach London kam, empfand für die Stadt am Hudson River mehr Sympathie als für die an der Themse. Außerdem glaubte sie, von New York aus erfolgreicher um das Sorgerecht für ihre Tochter Kyoko kämpfen zu können.

Für John schien es wichtig zu sein, sich auch geographisch von seiner *Beatles*-Vergangenheit zu trennen. Er wußte, daß er in New York die günstigsten Arbeitsbedingungen vorfinden würde, allein durch die Tatsache, daß ihm hier gute Studios und die weltbesten Studiomusiker zur Verfügung standen.

Verlockend war die Aussicht, sich in der Millionenmetropole fast unbelästigt in der Öffentlichkeit bewegen zu können, unbeachtet Parks, Kinos, Cafés und Theater zu besuchen.

Die Nordirlandpolitik der britischen Regierung, die John ablehnte, weil sie durch Truppenverstärkung und Einrichtung von Internierungslagern für IRA-Anhänger zur weiteren Eskalation der Gewalt führte, erleichterte ihm den Abschied von „Old England".

Wenige Tage nach seiner Ankunft in New York sagte er zu Ray Coleman: „New York ist das Rom von heute, und es hat etwas von Liverpool. In früheren Zeiten hätte ich gern in Rom oder Paris oder im Osten gelebt. Ich bin immer gern dort, wo action ist. Die siebziger Jahre gehören Amerika."

In der Bank Street Nr. 105, im Künstlerviertel Greenwich Village, mieteten sie sich eine einfache Wohnung mit zwei Zimmern, die sie bescheiden einrichteten. Das Klavier fehlte nicht, aber als Bett dienten ihnen Matratzen, die auf dem Boden lagen, über die sie die amerikanische Flagge ausgebreitet hatten. Sie kauften sich Fahrräder, fuhren damit, von Fans unbehelligt, durch die Straßen, ein Vergnügen, das in England nicht möglich gewesen wäre.

In New York, am Broadway 1700, befand sich das „Apple"-Büro. Hier traf sich John in den ersten Wochen oft mit Allen Klein, der zwar auf Betreiben von Paul McCartney durch Gerichtsbeschluß von der Leitung des Unternehmens ausgeschlossen war, aber als Johns Manager noch immer über Sitz und Stimme bei „Apple" verfügte. Nach wie vor genoß Klein Johns Vertrauen. Gemeinsam mit ihm schmiedete er Pläne, entwarf er Strategien für seine Arbeit in den USA, wobei Klein politische Wirkungsabsichten als profitmindernd empfand.

Bald nach ihrer Ankunft in Amerika machten John und Yoko die Bekanntschaft von David Peel, der in der Künstlerszene von New York als Unikum galt. Ein Jahr lang gab Peel jeden Sonntag auf dem Washington Square in Greenwich Village mit der Formation

Bei einer Autogrammstunde für Yoko Onos Buch „Grapefruit"

David Peel And The Lower East Side kostenlos Konzerte, wo er Lieder sang, in denen er das Rauchen von Marihuana anpries, die freie Liebe propagierte, aber auch dazu aufrief, sich der Einberufung zur US-Army durch die Flucht zu entziehen. 1969 und 1970 hatte David Peel einige Hits, dennoch blieb er seinem Prinzip treu, nur Gratiskonzerte zu geben. Sein Motto lautete: „Kein Rockmusiker hat je etwas dafür gezahlt, ein Publikum zu sehen; warum sollte dann ein Publikum etwas bezahlen, wenn es ihn sehen will?" John fühlte sich geistig verwandt mit Peel, mit dessen Haltung und Auftreten. Er sorgte dafür, daß Peels provozierender Song *The Pope Smokes Dope* (Der Papst raucht Marihuana) bei „Apple" erschien. Allerdings wurde der Song wegen Beleidigung des Papstes in den USA verboten. Johns Übereinstimmung mit Peels Ansichten ging so weit, daß er gemeinsam mit ihm die „Rock Liberation Front" gründete. Ihr Ziel war es, mit dieser Organisation der Vermarktung der Rockkultur entgegenzutreten – ein utopisches Unternehmen, wie sie bald einsehen mußten.

Anfang Dezember 1971 fiel John eine Ausgabe des „Melody Maker" in die Hände, in der ein Leserbrief veröffentlicht war, der sich an John und Yoko richtete. In dem Brief stand unter anderem:

„Wir lieben dich, und wenn alle Rockstars bis auf einen morgen an eine Wand gestellt und erschossen würden, wärst du derjenige, den wir retten würden.

Allen Klein mag ein wunderbarer Mensch sein, aber soweit es uns schlichte Plattenkäufer betrifft, ist er auch ein raffinierter Kapitalist, der einschiebt, was er nur kann. ‚Apple' mag eine wunderbare Firma sein, aber das einzige, was uns auffällig ist, daß die Platten dieser Firma immer kürzer werden (*Vide*, das neue Mary-Hopkins-Album mit fünf kurzen Songs auf einer Seite. Vor ewigen Zeiten erschien *With The Beatles* mit vierzehn ganzen Nummern drauf) ...

Erinnerst du dich noch an die Zeiten, als du froh warst, wenn du dir eine Platte im Monat leisten konntest? Das ist bei uns die obere Grenze. *Power to the People*, ja – aber an welche Menschen? Wir waren *Beatles*-Fans, das stimmt, aber wir wissen nicht, ob wir deine Fans sind ...

Bitte, lieber John, verschone uns eine Weile mit deinen öffentlichen Ekligkeiten gegen Paul und fang lieber an, uns zu erklären, was ‚Rock Liberation' bedeuten soll, wenn Kunst und Geld miteinander vermengt sind ..."

In seinem Antwortschreiben stellte John fest, daß „Apple" ein kapitalistischer Konzern sei, daß es aber keinen anderen Weg gebe, „unsere Produkte an die Leute zu bringen", und Männer wie der Reklamechef von „Apple" und Allen Klein würden ihren Teil dazu beitragen. Er erklärte, er und Yoko setzten sich unermüdlich für die Befreiung politischer Gefangener ein, nicht nur mit Worten, sondern auch mit finanziellen Mitteln, aus ihren Einkünften würden sie diese Sache unterstützen.

Die Atmosphäre in New York wirkte auf John aktivierend, er nahm alles mit wachen Sinnen auf, beteiligte sich an unterschiedlichen politischen Aktionen.

Ende Oktober nahm er mit Yoko und dem *Harlem Community Chor* den Titel *Happy Xmas (War Is Over)* auf, der zusammen mit Yokos *Listen, The Snow Is Falling* als Single kurz vor dem Weihnachtsfest 1971 in den USA erschien. Gedanklich knüpfte der Text von *Happy Xmas* an die *War Is Over*-Aktion an, er war ein gezielter Protest gegen den Krieg in Vietnam.

Als im November eine Revolte der Gefangenen im Attica-Gefängnis blutig niedergeschlagen wurde, beteiligten sich John und Yoko an einer Protestveranstaltung, bezogen sie Stellung für die Rechte der Gefangenen.

Vier Wochen später traten sie in Ann Arbour (Michigan) bei einer Benifiz-Veranstaltung für den fortschrittlichen Schriftsteller John Sinclair auf, der unter dem Vorwand, Marihuana besessen zu haben (es wurden bei ihm Marihuana-Zigaretten gefunden), zu zehn Jahren Gefängnis verurteilt worden war.

Sie nahmen an Protestaktionen gegen den Vietnamkrieg teil.

Zu dieser Zeit geriet John Lennon zeitweilig unter den Einfluß von Jerry Rubin und Abbie Hoffman, die mit der von ihnen gegründeten *Youth International Party* mit radikalen Mitteln die einschlafende Hippiebewegung wieder in Schwung bringen wollten. Sie glaubten, mit dem schrankenlosen Gebrauch von Drogen, ungehemmter Sexualität und Rock 'n' Roll-Musik das muffige mittelständische Amerika aus den Angeln heben zu können. Auf John wirkte nicht nur diese Zielstellung anziehend, auch die Methoden, die Rubin und Hoffman praktizierten, entsprachen mit ihren polit-clownesken Spektakeln seinem Geschmack. Anläßlich des Parteitages der Demokraten 1968 beispielsweise, wo es um die Nominierung des Präsidentschaftskandidaten ging, kürten Rubin und Hoffman bei einem Polit-Happening ein Schwein zum Präsidentschaftsanwärter. Rubin und Hoffman wollten John Lennons Popularität für ihre Ziele ausnutzen. Sie planten eine Konzerttournee durch die USA, die mit einem Superspektakel zum Parteitag der Republikaner enden sollte. Johns Bereitschaft zur Mitwirkung lag vor, ein übergroßes Maß an Organisationsunfähigkeit ließ die Tournee nicht zustande kommen.

Am 5. Februar 1972 demonstrierten sie zusammen mit vierhundert anderen vor dem Gebäude der britischen Luftfahrtgesellschaft gegen den brutalen Terror englischer Soldaten in Nordirland.

Etwas später kam es zu einem Treffen zwischen John und Angela Davis, der amerikanischen Kommunistin, die unter fadenscheinigen Vorwänden von der Nixon-Justiz mundtot gemacht werden sollte. Von der Persönlichkeit, den Gedanken und dem Mut der jungen Frau war John stark beeindruckt.

Alle diese Aktivitäten wurden argwöhnisch von den Behörden registriert. Namhafte Vertreter der Nixon-Administration ließen Material gegen John Lennon zusammenstellen, um ihn aus dem Land weisen zu können. John, der sich mit einem Touristenvisum in den USA aufhielt, das vom 1. Juni 1971 bis März 1972 Gültigkeit hatte, fürchtete, nach Ablauf dieser Frist ausgewiesen zu werden.

Einige Wochen vor Ablauf des Visums beriet sich John mit dem New-Yorker Anwalt Leon Wildes, wie der drohenden Ausweisung zu begegnen sei. Nach wie vor führten die Einwanderungsbehörden als Grund für Johns „Unerwünschtsein" in den USA seine Verurteilung wegen Drogenbesitzes in England an.

Aber es war längst ein offenes Geheimnis, daß Johns politische Aktivitäten rechtsorientierten Politikern in Washington ein Dorn im Auge waren.

In der Bundeshauptstadt existierte ein Unterausschuß für Sicherheitsfragen, ein Überbleibsel aus den fünfziger Jahren, in denen der fanatische Kommunistenhasser McCarthy Hexenjagd auf alle fortschrittlichen Kräfte veranstaltete.

Während John mit Leon Wildes Vorkehrungen gegen die drohende Ausweisung besprach, wurde im obskuren Unterausschuß für Sicherheitsfragen fieberhaft an einem Papier gegen John Lennon gearbeitet und als Memorandum dem reaktionären Senator Strom Thurmond aus Süd-Carolina vorgelegt. Es enthielt detaillierte Berichte über sämtliche Aktionen, an denen John beteiligt gewesen war, und eine Liste mit Namen von linken Intellektuellen, zu denen er Kontakt hatte.

Leon Wildes späterer Kommentar zur Tätigkeit des Untersuchungsausschusses gegen seinen prominenten Mandanten:

„Die Nixon-Administration hat sich offensichtlich auf höchster Ebene für das interessiert, was John Lennon tat."

Daß FBI und CIA durch Abhören sämtlicher Telefonate Johns und lückenloser Observierung mit von der Partie waren, ist inzwischen aktenkundig.

Die „New York Times" veröffentlichte einen Artikel, der enthüllte, daß der „Fall John Lennon" kein Rauschgiftfall war, sondern eine politische Affäre. Unter anderem war in diesem Artikel zu lesen: „Aus den Regierungsunterlagen, die Mr. Lennons Anwalt, Leon Wildes, auf gerichtlichen Beschluß ausgehändigt bekam, geht hervor, daß Senator Strom Thurmond einen persönlichen und vertraulichen Brief mit dem Datum vom 4. Februar 1972 an den damaligen Justizminister John N. Mitchell geschrieben hat, in dem er andeutet, man könne sich viel Kopfschmerzen ersparen, wenn man gegen Mr. Lennon vorginge. Dem Thurmond-Brief war eine Hausmitteilung aus den Akten des senatsinternen Unterausschusses für Sicherheitsfragen beigelegt, in der die Behauptung ausgesprochen wurde, eine Interessengruppe treffe Vorbereitungen, nach Kalifornien zu reisen, um den Parteitag der Republikaner zu behindern, und aus vertrauenswürdiger Quelle wisse man, ‚die Aktivitäten der Gruppe werden von John Lennon finanziert'. In einer zweiten Hausmitteilung wurde behauptet, daß ‚die Anführer der radikalen Neuen Linken vorhaben, Mr. Lennon als Attraktion zu benutzen, die den Erfolg von Rockfestivals sichert, bei denen Gelder für eine »Nixon-Raus!«-Kampagne eingenommen werden'."

Als strategische Gegenmaßnahme wurde vorgeschlagen, John Lennons Visum nicht zu erneuern.

Prompt, wie es nicht anders zu erwarten gewesen war, wurde John im März aufgefordert, die USA zu verlassen. Dank der Tatsache, daß Yoko Ono in einen komplizierten Prozeß um das Sorgerecht für ihre Tochter verwickelt war, gelang es Leon Wildes, einen zweimonatigen Aufschub zu erreichen.

Fünf Tage nach Gewährung der Verlängerung des Visums erfolgte auf Anweisung höchster Regierungsstellen der Widerruf.

Am 16. März wurde ein offizielles Ausweisungsverfahren gegen John und Yoko eingeleitet. Der Leiter der New-Yorker Einwanderungsbehörde gab in diesem Zusammenhang zu, daß er von „ganz oben" konkrete Anweisungen erhalten hätte, wie er gegen John Lennon vorgehen sollte. Selbst der genaue Termin, wann er mit der Aktion gegen John beginnen sollte, war ihm vorgegeben worden.

Obwohl sich John durch den Ärger mit der Einwanderungsbehörde verunsichert fühlte, arbeitete er in den ersten beiden Märzdekaden intensiv an der Fertigstellung seines politisch brandaktuellen Doppelalbums *Some Time In New York City*, und im April ergriff er das Wort bei einer Protestveranstaltung gegen die barbarische Bombardierung friedlicher Dörfer und Städte in der Demokratischen Republik Vietnam durch die US Air Force.

Von seiten der demokratisch gesinnten Öffentlichkeit erhielt John moralische Unterstützung, prominente Politiker ergriffen für ihn Partei. So richtete zum Beispiel der New-Yorker Bürgermeister John Lindsay ein Schreiben an die Einwanderungsbehörde mit der Aufforderung, das Ausweisungsverfahren gegen John Lennon einzustellen. In seinem Schreiben stellte er fest, daß nicht die Rauschgiftaffäre die wahre Ursache für die Ausweisung sei, sondern allein die Tatsache, daß sich John und Yoko mit lauter und kritischer Stimme zum Tagesgeschehen äußerten.

Noch wütender wurden die Attacken gegen John, als im Juni das Doppelalbum *Some Time in New York City* erschien.

Kurz zuvor, im Mai, hatte John während eines Auftritts in der „Dick-Cavett-Show" noch Öl ins Feuer gegossen. Nachdem er *Woman Is The Nigger Of The World* gesungen hatte, erklärte er vor den Mikrofonen und Kameras dieser vielgesehenen Fernsehshow, er werde von Regierungsbeamten verfolgt und seine Telefongespräche würden abgehört.

Nun lag das Doppelalbum *Some Time In New York City* in den Plattenläden.

In den Texten bekannte er sich direkt, ohne Zuckerguß, zu seinen politischen Ansichten.

Die Seiten 1 und 2 des Albums bestanden aus Titeln, in denen sich Johns politische Aktionen, an denen er seit seiner Ankunft in New York teilgenommen hatte, fast lückenlos widerspiegelten.

In *Woman Is The Nigger Of The World* brach er eine Lanze für die Frauenrechtsbewegung. Weil im Text das Wort „Nigger" gebraucht wurde, boykottierten viele amerikanische Radiostationen diesen Titel, was eine unverfrorene Heuchelei darstellte.

Mit dem Titel *Attica State* ergriff er Partei für die Gefangenen, die im Attica State-Gefängnis gegen menschenunwürdige Zustände revoltierten.

Mit den beiden Songs *Sunday, Bloody Sunday* und *The Luck Of The Irish* drückte er seinen Protest gegen das Vorgehen der britischen Regierung in Nordirland aus und bekannte sich zu den Zielen der Unabhängigkeitsbewegung. Diese beiden Titel brachten besonders in England viele Leute gegen John auf.

John Sinclair befaßte sich mit dem Schicksal des Schriftstellers, der wegen des Besitzes von zwei Marihuana-Zigaretten zu zehn Jahren Haft verurteilt worden war.

„Angela, sie werfen dich ins Gefängnis. Angela, sie schossen deinen Mann nieder. Angela, du bist eine von den Millionen politischer Gefangenen auf dieser Welt ...", sang John in seinem Song *„Angela"*, zu dem ihn ein Gespräch mit Angela Davis inspiriert hatte.

Bei der Produktion der Titel auf Seite 1 und 2 stand ihm als Produzent wieder Phil Spector zur Seite, und musikalisch beteiligte sich neben der *Plastic Ono Band* die Underground-Gruppe *Elephant's Memory.*

Auf Seite 3 des Albums wurde die Aufzeichnung eines Konzertes im „Londoner Lyceum" präsentiert; auf Seite 4 war der Live-Mitschnitt vom Auftritt von John und Yoko aus dem Fillmore East zu hören.

Ein Erfolg wurde das Album nicht. Die Kritiker warfen John vor, seine politischen Texte wären vordergründig plakativ. Seine politischen Feinde empörten sich über sein angebliches Bekenntnis zur Gewalt. Die beste Notierung, die das Album in den Charts erreichte, war ein 48. Platz. So war es auch nicht verwunderlich, daß unter diesen Umständen die Verkaufszahlen niedrig blieben, das Album finanziell ein „Flop" wurde.

Wie stark auch er den Gesetzen des kapitalistischen Showgeschäfts unterworfen war, ob es ihm paßte oder nicht, wurde John an diesem Beispiel wieder einmal bewußt.

Später gab er zum Album *Some Time In New York City* diese distanzierende Erklärung ab:

„Das war, als ich die sogenannten ‚politischen Lieder' brachte. Ich glaube nicht, daß das die besten Stücke von mir gewesen sind, weil ich nicht zuviel daran getan habe. Was ich mir dabei vorgestellt habe, war, das zu schreiben, was die Leute so sagen. Und darin lag mein Fehler. Ich habe eben nicht geschrieben, was ich denke und sagen will. Bei *Give Peace A Chance* hat es funktioniert, aber nicht bei den anderen Stücken ... Diese Phase hat meinen Erfolg fast ruiniert. Es war nicht mehr Poesie, es war reiner Journalismus. Ich glaube, daß ich im Grunde ein Dichter bin ..."

Nach Erscheinen des Albums, unter dem Eindruck der Attacken, die die Kritiker gegen ihn ritten, und angesichts der niedrigen Verkaufszahlen, überlegte er, wie es weitergehen sollte.

Dazu kam, daß die Nixon-Administration mit repressiven Maßnahmen die fortschrittliche Bewegung im Lande in den Griff bekommen hatte. Nach der Phase des euphorischen politischen Aktionismus linker Gruppen trat nun Ernüchterung ein. Bei John Lennon, der empfindlich wie ein Seismograph auf politische Entwicklungen reagierte, stellte sich Resignation ein. Die politische Selbstsicherheit, die sein Album *Some Time In New York City* prägte, hatte er verloren.

Zunehmend belastete ihn die Unsicherheit, in der er lebte, was seinen Aufenthalt in den USA betraf. Es war ein nervenaufreibender Kampf, bei dem nicht abzusehen war, wie er ausgehen würde.

Leon Wildes erreichte durch allerlei juristische Finessen immer wieder einen Aufschub der Ausweisung oder eine kurzfristige Verlängerung von Johns Visum, aber die Unsicherheit blieb.

Daß in London ein Prozeß zwischen „Northern Songs" und „Maclen Music" lief, in dem es um sehr viel Geld ging, brachte zusätzlich Unruhe in Johns Leben. Alle seine Rechte an den Songs, die er seit 1965 geschrieben hatte, standen auf dem Spiel.

Außerdem zerrte der endlose Kampf Yokos um ihre Tochter Kyoko an seinen Nerven. Zwar war Yoko inzwischen das Sorgerecht für Kyoko zugesprochen worden, aber Tony Cox war der Ansicht, bei Yoko und John sei das Kind nicht gut aufgehoben, deshalb verschwand er mit Kyoko und blieb unauffindbar.

Trotz aller Belastungen vergaß John nicht, daß er etwas zur Pflege seines Images tun mußte. Er wollte den schlechten Eindruck verwischen, den das Album *Some Time In New York City* hinterlassen hatte. Es galt, die Einwanderungsbehörden positiv zu beeinflussen. Am 30. August 1972 gaben John und Yoko im „Madison Square Garden" ein Wohltätigkeitskonzert zugunsten körperbehinderter Kinder, an dem unter anderem Stevie Wonder und Roberta Flack teilnahmen. 1,5 Millionen Dollar brachte die Veranstaltung ein, allein John stiftete 60 000 Dollar. Hier soll nicht behauptet werden, John hätte sich ausschließlich aus Gründen der Steigerung seiner Popularität oder seiner Imagepflege wegen zu dieser Aktion entschlossen. Nicht von der Hand zu weisen ist jedoch, daß dieser Aspekt mit einkalkuliert war.

Dem gleichen Doppeleffekt – ehrlich zu helfen und das angekratzte Image aufzupolieren – diente ihr Auftritt in der „Jerry-Lewis-Show" am 6. September 1972, in der die Zuschauer dieser vielgesehenen Fernsehsendung aufgerufen wurden, für an Muskelschwund Erkrankte Geld zu spenden.

Verunsichert und verärgert und niedergedrückt durch die Probleme, flüchtete sich John in den Alkohol und rauchte Marihuana. Besonders Letzteres sah Johns Anwalt Leon Wildes nicht gern. Wäre bei einer Hausdurchsuchung Marihuana gefunden worden, hätte das Johns sofortige Abschiebung zur Folge haben können.

„1972 war wirklich ein schlimmes Jahr für mich. Andauernd

mußte ich vor Gericht erscheinen. Es war wie Zahnschmerz, der nie aufhören wollte. Aber es war auch eine Zeit, wo ich einfach nicht funktionieren konnte. Es machte mich verrückt, ständig überwacht, beschattet und beobachtet zu werden", so beschrieb John seine Situation.

Das Jahr 1973 begann mit einer Veränderung.

John und Yoko gaben ihre Wohnung in der Bank Street in Greenwich Village auf und bezogen ein nobles Appartement im Dakota House an der Ecke Central Park West und West Seventy-Second Street. Das Dakota House war nicht nur deshalb eine gute Adresse, weil dort viele Prominente wohnten, es war auch berühmt, weil Roman Polansky in diesem Haus seinen Horrorfilm „Rosemary's Baby" gedreht hatte.

Das Lennon-Appartement bestand aus vier Schlafzimmern, einem Eßzimmer, einem Anrichtezimmer, verfügte über eine große Küche und besaß neben verschiedenen kleineren Räumen mehrere Badezimmer.

Der Umzug ins Dakota House unterstrich Johns feste Absicht, sich auf Dauer einzurichten und daß er nicht gewillt war, die USA zu verlassen. Die Monate Januar und Februar waren damit ausgefüllt, Pläne zu schmieden, wie das Appartement eingerichtet werden sollte, mit Möbelkauf und Renovierungsarbeiten.

Obwohl John begeistert vom neuen Quartier war – besonders der Ausblick auf den Central Park hatte es ihm angetan –, fand er nicht die Ruhe, die er sich erhofft hatte, die er dringend brauchte.

Im März hielten sich John und Yoko an der Westküste auf. Zur gleichen Zeit fand in New York wieder eine Verhandlung statt, von der eine Entscheidung in Johns Aufenthaltsangelegenheit erwartet wurde. Leon Wildes vertrat John vor Gericht, was er nach der Verhandlung mitteilen konnte, war dies: Yoko wurde eine Daueraufenthaltsgenehmigung für die USA erteilt; an John erging die Aufforderung, innerhalb von sechzig Tagen das Land zu verlassen.

Bald darauf wandte er sich mit einem Brief an seine Landesmutter, Königin Elizabeth II., durch einen königlichen Gnadenakt seine Strafe wegen Rauschgiftbesitzes zu annullieren.

Es ist nicht bekannt, ob die Queen Johns Brief je zu sehen bekam. Ein Beamter aus dem Buckingham Palast teilte John kurz und bündig mit, die Königin sei nicht bereit, seiner Bitte zu entsprechen.

Während Leon Wildes Berufung gegen die Entscheidung des Gerichts einlegte, erarbeitete John das Material für eine neue LP, mit der er den „schlechten Eindruck" seines Albums *Some Time In New York City* aus der Welt schaffen wollte.

Im Frühsommer des Jahres 1973 kam ein neues Problem auf John zu: Der Managementvertrag mit Allen Klein und seiner Firma ABCKO, den John mit George und Ringo abgeschlossen hatte, lief aus. Weil den drei Musikern die Geschäftspraktiken Kleins nicht paßten, verlängerten sie den Vertrag nicht. Klein, mit allen Wassern gewaschen, schlug postwendend zurück. Er und sein Unternehmen verklagten John auf 508 000 Dollar Schadenersatz für, wie er behauptete, nicht zurückgezahlte Vorschußgelder. Eine Kette von Prozessen begann, zur Freude einer ganzen Schar von Rechtsanwälten.

Im September ging John in die „Records-Plant-Studios" in New York und nahm die Titel zu seiner neuen LP *Mind Games* auf. Die Studiomusiker, die er um sich versammelt hatte, firmierten unter dem Namen *The Plastic U. F. Ono Band.*

Im gleichen Monat wurde in England ein Kaufvertrag unterzeichnet, mit dem Johns englischer Wohnsitz Tittenhurst Park seinen Besitzer wechselte. Der Käufer war Ringo Starr. Damit hatte John die letzte Brücke zu seiner alten Heimat abgebrochen.

Mit der LP *Mind Games* (Gedankenspiele) gewann John die Gunst seines Publikums zurück. Es war wie bei der LP *Imagine.* Daß er von Liebe sang, mochten sie. Die Welt, die er ihnen in dem Song *Nutopian International Anthem* ausmalte, akzeptierten sie. „Nutopia", ein Staat, in dem es weder Land noch Grenzen und Pässe, sondern nur Menschen geben sollte. Andere Titel auf der LP *Mind Games* deuteten an, daß er sich auf sich selbst besinnen wollte. In *One Day At The Time* verkündete er, jeden Tag für sich leben zu wollen, weil das gut sei; in dem Blues *Aisumasen (I'm Sorry)* bekannte er seine tiefe Liebe zu Yoko.

Die LP wurde für John ein finanzieller Erfolg. In den USA wurde *Mind Games* zwei Wochen nach ihrem Erscheinen, am 30. November, vergoldet, in den Charts belegte sie den 9. Platz. In England stieß sie sogar auf den 6. Platz vor.

Als die LP erschien und der Erfolg sich abzuzeichnen begann, war John nicht mehr in New York und auch nicht mehr bei Yoko Ono …

Das „verlorene" Wochenende in Los Angeles

Die Vielzahl der Probleme, mit denen sich John Lennon herumzuschlagen hatte, blieb nicht ohne Einfluß auf sein Verhältnis zu Yoko. In den letzten fünf Jahren waren sie unzertrennlich, alles, was sie machten, taten sie gemeinsam. John war vollkommen auf Yoko fixiert.

Die Probleme, die ihn nun bedrängten, führten dazu, daß er sich zunehmend mit sich selbst beschäftigte, was bei Yoko das Gefühl erweckte, daß sie in Johns Leben eine geringere Rolle zu spielen begann.

Es kam nicht selten vor, daß sich John für Stunden und Tage in sein Zimmer einschloß. Allein zog er durch Bars, suchte flüchtige Frauenbekanntschaften.

Die totale Kommunikation, die bestimmend für das Verhältnis zwischen John und Yoko gewesen war, kam ins Stocken.

May Pang, eine junge Chinesin, die seit 1970 als Assistentin von John und Yoko tätig war, die ihm bei der Produktion von *Mind Games* zur Hand gegangen war, beschreibt in ihrem Buch „Loving John", wie das Verhältnis zwischen den Ehepartnern aus ihrer Sicht im Spätsommer 1973 aussah:

„Während der vergangenen Wochen hatte ich auch bemerkt, daß sie offenbar vermieden, sich im gleichen Raum aufzuhalten, und daß sie, wenn sie sich trafen, fast überhaupt nicht miteinander redeten. Mir schien, als wenn John und Yoko durch eine Krise gingen – sie waren zu diesem Zeitpunkt vier Jahre verheiratet und insgesamt fünf Jahre zusammen. Ich nahm an, daß jedes Paar nach fünf Jahren Probleme haben könnte, insbesondere ein Paar, das so intensiv miteinander lebte wie John und Yoko. Ich war sicher, sie würden ihre Krise überwinden …"

Yoko, die wohl ahnte, daß sich John weiter von ihr entfernen könnte, traf ihre Maßnahmen.

May Pang gibt in ihrem Buch einen Dialog zwischen ihr und Yoko wider, dessen Wahrheitsgehalt nicht nachprüfbar ist, aber die Geschehnisse in den folgenden Monaten lassen sehr wohl den Schluß zu, daß er durchaus stattgefunden haben könnte.

Yoko bat May Pang zu einem Gespräch unter vier Augen.

„Hör zu, May", sagte sie, „John und ich kommen miteinander nicht mehr zurecht. Wir streiten uns nur noch und werden uns immer fremder."

May Pang war überrascht, daß Yoko, ihre Chefin, mit ihr über ihre Probleme mit John sprach. Bisher hatte sie sich ausschließlich um die Korrespondenz und um organisatorische Aufgaben bei der Studioarbeit zu kümmern.

Noch mehr staunte sie, als Yoko fortfuhr:

„John wird jetzt wahrscheinlich anfangen, auch mit anderen Leuten auszugehen. Aber wer weiß, was das für Leute sein werden! May, ich weiß, daß er dich sehr mag ..."

May Pang befürchtete, daß Yoko ihr die Schuld an ihrem gestörten Verhältnis zu ihrem Mann geben wollte.

Aber Yokos Absicht lief in eine ganz andere Richtung, wie May Pang bald erkennen konnte.

„May, das ist schon in Ordnung. Ich weiß, wie sehr er dich mag. Falls er dich also fragen sollte, ob du mit ihm ausgehen willst, du solltest es tun."

May Pang sträubte sich, äußerte Bedenken, konnte sich nicht vorstellen, wie das alles vonstatten gehen sollte.

Yoko wies alle Einwände May Pangs zurück. Sie beendete das Gespräch mit den Worten:

„Ich finde, es ist eine sehr gute Gelegenheit, damit zu beginnen, wenn du heute abend mit ihm ins Studio gehst. Vor allem, mach dir keine Gedanken. Ich werde mich um alles kümmern ..."

Für Yoko war klar, daß sich eine Trennung nicht vermeiden ließ. Aber sie wollte, daß es nur eine zeitweilige werden sollte.

Zwar will es die Legende, daß John angeblich eines Tages im Oktober 1973 das Appartement in Dakota House verließ, „um Zigaretten zu holen", und nicht wiederkam, aber in Wahrheit lag die Initiative zur Trennung bei Yoko. Einen glaubhaften Hinweis dafür gibt John in dem Interview, das er im Dezember 1980 Andy Peebles gab. Auf die Frage, wie es zur Trennung kam, antwortete John:

„Ja, ich nenne es mein verlorenes Wochenende, es dauerte achtzehn Monate. Sie sagte: ‚Hau bloß ab' und warf mich raus, als meine feministische Seite ein wenig kränkelte."

Ende Oktober 1973 traf John mit einer Linienmaschine in Los Angeles ein. Es ist nicht schwer, den Namen des Mädchens zu erraten, mit dem er den Düsenjet verließ: May Pang!

John reiste mit einer ganz bestimmten Absicht nach Los Angeles: „Immer, wenn ich im Studio nicht gerade was über meine persönlichen Gedanken sang, habe ich Rock 'n' Roll gesungen, und damit habe ich ja auch angefangen. Ich dachte mir, ich weiß, was ich machen werde. Ein Rock 'n' Roll-Album mit all den Stücken, die ich immer zwischen den Aufnahmen gesungen habe, und ohne selbst Produzent oder Textschreiber sein zu müssen." Diesen langgehegten Wunsch wollte er sich nun erfüllen.

Es dauerte drei Wochen, bis es John gelang, mit Spector ins Gespräch zu kommen. Spector machte es John nicht leicht, er zierte sich, erst als er von John zugesichert bekam, nicht nur weitgehend, sondern völlig freie Hand bei allen Produktionsangelegenheiten zu haben, war er bereit zur Mitarbeit an dem Album.

Aber die Produktion stand unter keinem guten Stern.

„Zuerst lief alles phantastisch. Da war Phil Spector nun in seinem Element und konnte achtundzwanzig Leute live steuern. Etwas, was ich ihm früher nie erlaubt hätte. Es war wie bei den Spector-Aufnahmen der 60er Jahre, die niemand von uns gesehen hatte. Es war einfach phantastisch, aber es wurde mit der Zeit immer verrückter, bis schließlich alles zusammenbrach", bekannte John später.

John selbst trug nicht wenig zu diesem Zusammenbruch bei.

Die Trennung von Yoko machte ihm mehr zu schaffen, als er gedacht hatte. Die sanftmütige May Pang konnte die Rolle, die Yoko in seinem Leben spielte, nicht ausfüllen.

Seine Probleme waren nicht in New York zurückgeblieben, sie folgten ihm nach Los Angeles. Er versuchte sie mit übermäßigem Alkoholkonsum zu verdrängen.

Die Arbeit an dem Album ging abrupt zu Ende, Phil Spector nahm die Bänder, auf denen schon ein Teil der Titel fertigproduziert war, an sich und verschwand damit. Er verbarrikadierte sich in seiner festungsartigen Villa und ließ das Gerücht verbreiten, er hätte einen schweren Unfall gehabt, schließlich ließ er sogar verbreiten, er sei tot. John kam an das Bandmaterial nicht heran, was ihn maßlos ärgerte.

Auf Anraten seines Anwalts wurde eine neue Phase im Kampf um Johns Aufenthaltserlaubnis eingeleitet. Er verklagte die Regierung der Vereinigten Staaten, weil sie illegale Mittel gegen ihn eingesetzt hatte. Das war im Oktober. Am 2. November strengten John, George und Ringo eine Klage gegen Allen Klein an.

Klein antwortete mit einer Gegenklage.

Und täglich brachte sich Yoko in Erinnerung, an manchen Tagen meldete sie sich dreimal aus New York. Manchmal waren es wichtige Dinge, die sie zu sagen hatte, meistens Belanglosigkeiten. Ihre Absicht, die sie mit ihren Anrufen verfolgte, lag wohl darin, John immer spüren zu lassen, daß er nicht so frei war, wie er vielleicht glaubte.

John lieferte den Boulevardblättern wieder Schlagzeilen:

Betrunken ließ er sich eines Nachts aus einem fahrenden Auto fallen. Von exzessiven Partys mit Mädchen, Alkohol und Drogen war die Rede. Nach einem Saufgelage zertrümmerte er die Einrichtung seines Hauses, Freunde überwältigten ihn, fesselten ihn an Händen und Füßen und legten ihn so ins Bett.

Nicht selten hatte May Pang unter Johns Gewalttätigkeiten zu leiden, wenn er betrunken nach Hause kam.

Nachts zog er durch Bars und Nachtlokale, wobei der Alkohol in Strömen floß. Dabei kam es immer wieder zu Vorfällen, aus denen sich Schlagzeilen schmieden ließen.

Er verlor völlig die Kontrolle über sich.

In einem späteren Interview charakterisierte John die Lage so: „Wenn ich betrunken oder sonstwie weggetreten war, waren auch immer Freunde um mich herum, die alles gut fanden und mir immer mehr von diesem tödlichen Zeug verabreichten. Aber wenn ich das so sage, möchte ich nicht anderen Leuten die Schuld geben."

John Lennons ausuferndes Verhalten in Los Angeles hatte verschiedene Ursachen. Seine völlige Orientierungslosigkeit war das Ergebnis seiner Resignation. Die Erkenntnis, daß der politische Aktionismus Ende der sechziger/Anfang der siebziger Jahre die Welt nicht verändert hatte, trug zu seiner Desillusionierung bei. Die beengende Nähe zu Yoko Ono seit 1968, die er lange nicht als solche empfand, ließ ihn nun die scheinbare Freiheit in vollen Zügen genießen.

Einige wichtige Motivationen für seine bisherige Kreativität – in der Anfangszeit der *Beatles* der Kampf um den Erfolg; dann die Anstrengungen, ihn zu halten; später die Hinwendung zum politischen Engagement; die Liebe zu Yoko, der er sich nun nicht mehr sicher war – gab es nicht mehr. Seine Haltung trug stark selbstzerstörerische Züge.

Für März 1974 hatte sich Cynthia, Johns geschiedene Frau, mit seinem Sohn Julian für einen Besuch angemeldet. Als Yoko von John erfuhr, das seine Ex-Frau und sein Sohn in Los Angeles auftauchen würden, geriet sie in Panik. Bis dahin hatte sie geglaubt, über May Pang ihren Einfluß auf John aufrechterhalten zu können. Nun erschien für sie völlig überraschend Cynthia auf der Bildfläche. Sie war sich sicher, daß sich Cynthia bemühen würde, John für sich zurückzugewinnen. Darin sah sie eine Gefahr für ihre Pläne, und sie war nicht die Frau, die den Dingen einfach ihren Lauf ließ.

In den Tagen vor Cynthias und Julians Ankunft in Los Angeles entfaltete Yoko einen Feldzug, der auf John wie Psychoterror wirkte. Die Zahl ihrer täglichen Anrufe stieg auf fünfzehn an, vierundzwanzig Telefonate an einem Tag waren der Rekord. Die Telefonrechnung in diesem Monat überschritt die 3 000-Dollar-Grenze.

Unter diesem Druck sah John dem Besuch seines Sohnes mit einem Gefühl von Unsicherheit und Angst entgegen.

Wie May Pang unter diesen Umständen zumute gewesen sein mußte, läßt sich ahnen.

Dennoch verlief die Begegnung zwischen John und Julian nach anfänglichen Kontaktschwierigkeiten fast harmonisch.

Cynthia bemühte sich um ein sachliches Verhältnis zu John,

was ihn überraschte, er hatte Vorwürfe und Streitereien erwartet. Aus Cynthias Verhalten schloß John, daß sie ihn trotz allem immer noch liebte. Aber selbst während des Aufenthaltes von Julian und Cynthia in Los Angeles gelang es John nicht, sich in die Gewalt zu bekommen.

Am 13. März kam es zu einem skandalösen Auftritt im Nachtclub Troubadour (West Hollywood), der einen Tag später seine Spuren in den Zeitungen hinterließ.

Was war geschehen?

Bevor sie in den Troubadour gingen, wo John sich die Sängerin Ann Peebles anhören wollte, besuchten sie ein anderes Lokal, um zu essen. Vor dem Essen kamen mehrere Runden Brandy und Wodka. Während des Essens war John schon nicht mehr Herr seiner Sinne. Er bestand darauf, so in den *Troubadour* zu gehen.

Im Troubadour ging es weiter. Er ärgerte sich, weil das Bedienungspersonal ihm nicht die ihm angemessene Aufmerksamkeit entgegenbrachte. Als Ann Peebles ihren Auftritt hatte, rief ihr John quer durch den Saal Obszönitäten zu. Einige Leute verbaten sich die Störung, andere fanden es ganz lustig, als sie mitbekamen, daß John Lennon der Krakeeler war. Das Ergebnis seiner Störung war, daß er hinausgeworfen wurde.

Daß unter diesen Umständen keine neuen Songs entstanden, ist nur zu verständlich.

Dennoch raffte sich John zwischen März und Mai dazu auf, für seinen Freund Harry Nilsson die Produktion von dessen LP *Pussy Cats* zu übernehmen. Auch bei dieser Arbeit, die nur vorangehen konnte, wenn John sie als Produzent entsprechend organisierte, wirkte sich sein übermäßiger Alkoholkonsum hemmend aus.

John hielt es für eine gute Idee, alle beteiligten Musiker – Harry Nilsson, Ringo, Klaus Voormann und Keith Moon – in seinem Haus in Santa Monica zu „kasernieren", weil er glaubte, so könne man sich besser aufeinander einstellen.

Das Ergebnis war: Eine Party jagte die andere.

Dann gab sich John einen Ruck, er begriff, daß ohne ihn nichts laufen würde. Er schloß sich in seinem Schlafzimmer ein, um sich so zur Enthaltsamkeit zu zwingen, und arbeitete. Ende Mai war die Produktion von *Pussy Cats* abgeschlossen.

John hatte das Gefühl, nach langer Zeit wieder etwas geleistet

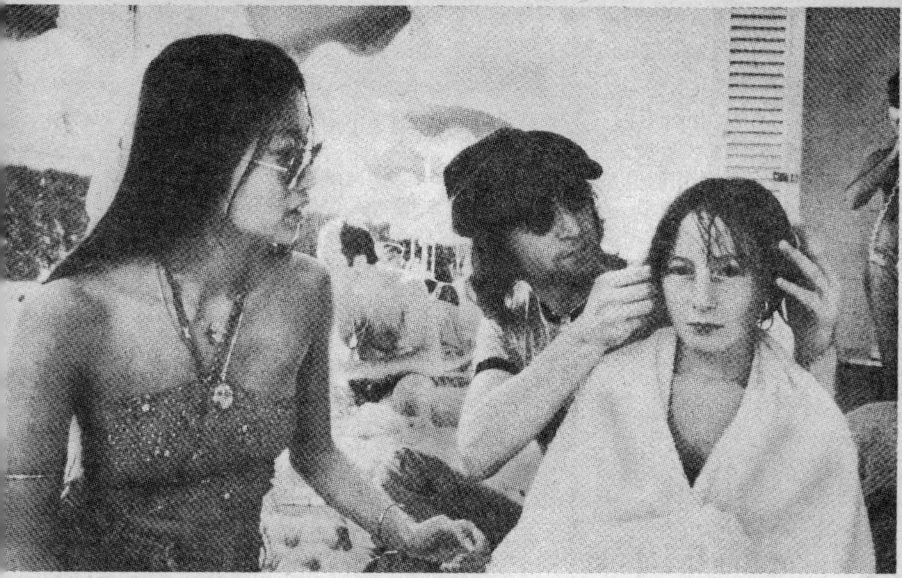

Mit May Pang und Julian in Los Angeles (1975)

zu haben; wenn es auch nicht seine LP, sondern Harry Nilssons war. Jetzt hätte er sich gern auf die Fertigstellung seines Rock 'n' Roll-Albums gestürzt, aber nach wie vor blieb Phil Spector mit den Bändern verschollen.

Als er gerade dabei war, über eine neue LP nachzudenken, erreichte ihn wieder einmal eine Ausweisungsorder, mit der er aufgefordert wurde, innerhalb von sechzig Tagen das Land zu verlassen. Routinemäßig legte John Widerspruch ein.

Im August 1974 flog John mit May Pang nach New York.

Geschäftliche Angelegenheiten, die er mit seinen Anwälten beraten mußte, neue Schritte in seiner Aufenthaltsangelegenheit erforderten seine Anwesenheit. Und was ihm sicher noch viel wichtiger war, er hatte vor, eine neue LP zu machen.

Einen Song brachte er fertig aus Los Angeles mit, dessen Titel

Nobody Loves You (When You're Down And Out) schon ahnen ließ, daß die neue LP von seinen neuen Erfahrungen geprägt sein würde.

Nobody loves you when you're old and grey
Nobody needs you when you're upside down
Everybody's hollering about their own birthday
Everybody loves you when you're six feet in the ground.

Niemand liebt dich, wenn du alt und grau bist
Niemand braucht dich, wenn du Kopf stehst
Alle brüllen wegen ihres eigenen Geburtstags
Alle lieben dich, wenn du sechs Fuß unter der Erde liegst.

May Pang, in deren New-Yorker Wohnung sie Quartier bezogen, stellte mit Freude fest, daß John kaum noch trank und mit Eifer arbeitete. Innerhalb einer Woche schrieb er zehn Songs.

Es war wohl nicht nur die besondere Atmosphäre in New York, die ihn stimulierte, er wollte sich auch vor Yoko beweisen, sie sollte sehen, daß er noch voll da war.

Mit unguten Gefühlen bemerkte May Pang, daß sich John um Kontakt zu Yoko bemühte.

Aber Yoko war entschlossen, ihn noch eine Weile „zappeln" zu lassen. Sie hielt ihn für nicht „reif", um zu ihr zurückzukehren.

Sie ließ sogar das Gerücht verbreiten, daß sie sich von John scheiden lassen wolle.

Bei May Pang löste das Gerücht die Hoffnung aus, daß, käme es zur Scheidung, John sie heiraten würde.

Die Wirkung auf John war eine andere. Er verstärkte seine Bemühungen um Yoko. Jetzt, wo es so aussah, er könnte sie ganz und für immer verlieren, wurde ihm klar, daß er sie immer noch liebte und daß er sie brauchte.

Damit trat genau der Effekt ein, den Yoko kalkuliert hatte. Johns Absicht, Yoko zu beweisen, daß er kreativ war und auch diszipliniert arbeiten konnte, beflügelte seine Arbeitslust. Mitte August ging er ins Studio von „Record Plant", um die Titel für seine LP *Walls And Bridges* aufzunehmen. Unter der Bezeichnung *The Plastic Nuclear Band* hatten sich Jim Keltner (Schlagzeug), Klaus

Voormann (Baß), Jesse Ed Davis (Gitarre) und Nicky Hopkins (Piano) zusammengefunden.

Mit welchem Enthusiasmus John bei der Arbeit war, läßt sich daran erkennen, daß er in einer knappen Woche alle Titel aufgenommen hatte. Was er nach dem Abschluß der Arbeit an der LP *Walls And Bridges* sagte, klang real und selbstkritisch:

„Ich wundere mich, daß ich nach diesem höchst seltsamen Jahr überhaupt noch etwas Anständiges produziert habe. Auf der Platte geht es um dieses Jahr, aber nicht so schizophren, wie es wirklich war, ich stehe noch immer unter dem Schock der Ereignisse, daß die Auswirkungen sich noch gar nicht bemerkbar machen konnten. Alles ist eben doch noch nicht auf *Walls And Bridges*, einiges nur andeutungsweise. Es geht ums Alter und was weiß ich sonst noch alles. Es bleibt aber alles nur an der Oberfläche."

Mit Spannung erwartete John, wie das Publikum seine neue LP aufnehmen würde.

Aber erst einmal mußte er am 31. August wieder vor Gericht erscheinen. Vor den Richtern erklärte er, was in der Öffentlichkeit inzwischen auch publik geworden war, nämlich, daß die Nixon-Regierung ihn nicht wegen der Rauschgiftklage in England abschieben wollte, sondern unter anderem wegen des Verdachts, er hätte aktiv eine Antikriegsdemonstration unterstützt, die 1972 beim Parteitag der Republikaner Unruhe stiften sollte.

Im gleichen Monat, am 8. August 1974, war ein Ereignis eingetreten, das für Johns Kampf um die Erteilung einer unbefristeten Aufenthaltsgenehmigung nicht ohne Einfluß bleiben sollte: Präsident Nixon mußte, schwerbelastet wegen seiner Verwicklung in die Watergate-Affäre, seinen Rücktritt erklären. Damit erschien auch alles, was die Nixon-Administration gegen John unternommen hatte, in einem anderen Licht.

Die öffentliche Meinung schlug zu Johns Gunsten um.

Was John nicht zu hoffen gewagt hatte, trat ein, *Walls And Bridges* wurde ein Renner. Zum durchschlagenden Erfolg trug besonders der frische Rocktitel *Whatever Gets You Thru The Night* bei. Elton John hatte Anteil am Gelingen dieses Titels; er saß am Piano.

Mit dem Album *Walls And Bridges* gewann John die Gunst seines Publikums. Mit dieser LP trat er ihnen so entgegen, wie sie sich „ihren" John wünschten. Musikalisch folgte er der *Imagine*-Linie, war aber im Sound intensiver, in den Texten spiegelten sich seine Erfahrungen, Ängste und Visionen wider. Und es fehlte auch der Song nicht, mit dem er auf Yokos Gunst zielte. In *Going Down On Love* sang er:

Going down on love ...
And you shoot out the light
Ain't coming home for the night ...
Somebody please, please help me
You know I'm drowing in a sea of hatred
Got to get down, down on my knees ...

Deine Liebe ist gegangen ...
Du hast das Licht ausgelöscht, kamst abends nicht nach Hause
Bitte, bitte, helft mir, irgend jemand
Du weißt, ich gehe unter im Meer von Haß,
Muß runter, runter auf die Knie ...

Das war wieder Musik, die leicht ins Ohr ging, Texte, die verstanden wurden, die Mitgefühl auslösten.

Inzwischen waren auch die Bänder des geplanten Rock 'n' Roll-Albums, mit denen Phil Spector verschwunden war, wieder aufgetaucht, und John nutzte den Schwung, den er noch von der Arbeit an *Walls And Bridges* hatte, um das Rock 'n' Roll-Album fertigzustellen. Die Umstände für die Realisierung des Vorhabens waren denkbar günstig. Er hatte noch die Musiker zusammen, ein Aufnahmetermin ließ sich leicht finden. In nur fünf Tagen nahm er, nun ohne Phil Spector, die noch fehlenden zehn Nummern auf.

Damit war es John gelungen, innerhalb eines kurzen Zeitraums zwei Alben zu produzieren, was seinem Selbstwertgefühl Auftrieb gab.

Das Rock 'n' Roll-Album erschien im Februar 1975 und wurde ein glänzender Erfolg.

Als Zuhörer beim Watergate-Hearing in New York (1973)

Die Titel auf dem Album waren dieselben, die John mit den *Quarrymen* im „Cavern-Club" gespielt hatte, in Hamburgs „Kaiserkeller", im „Star-Club" und bei anderen Auftritten in den frühen Jahren. Damit erinnerte er sich der Vierunddreißigjährige nicht nur an die „schönen wilden Zeiten" in Liverpool und Hamburg, mit diesem Album bekannte er sich zu den Wurzeln seiner Musik, erwies er den Vorbildern aus seiner Anfangszeit wie Chuck Berry, Little Richard, Carl Perkins, Elvis Presley, Gene Vincent und Buddy Holly seine Reverenz.

Das Foto auf dem Cover zeigte John, wie er im Jahre 1960 in Hamburg aussah.

Als die Songs des Albums ihren Siegeszug durch die Hitparaden antraten, war John wieder bei Yoko Ono im Dakota House …

Die Rückkehr

Ende November 1974, genau am 28., dem Thanksgiving-Day, gab Elton John im „Madison Square Garden" (New York) ein Konzert. Das traditionsreiche Haus war ausverkauft, da trat Elton ans Mikrofon und kündigte den Auftritt eines Gastes an: John Lennon!

Das Publikum empfing John mit orkanartigen Ovationen, das war die Stimmung wie in alten *Beatles*-Zeiten. Der John, der vor das Publikum im „Madison Square Garden" trat, war kein selbstsicherer, von sich überzeugter, im Gegenteil, er wirkte unsicher, ängstlich, aufgeregt. Mit dem Auftritt in Elton Johns Konzert hatte es eine besondere Bewandtnis: Als Elton im August mit John den Titel *Whatever Gets You Thru The Night* aufgenommen hatte, prophezeite er, daß dieser Song eine Nummer 1 werden würde. John mußte Elton sein Wort geben, daß er, würde dieser Fall eintreten, bei seinem Konzert als Gast erscheinen würde.

Der Song wurde eine Nummer 1, John hielt sein Versprechen. Elton wollte, daß John *Imagine* singen sollte. John stand nicht der Sinn danach.

„Ich wollte es nicht wie Dean Martin machen und meine klassischen Hits spielen. Ich wollte selbst meinen Spaß haben und ein paar Rock 'n' Roll-Nummern hinlegen. Und mehr als drei Nummern wollte ich nicht bringen, es war schließlich Eltons Konzert", erklärte John.

Für Johns Aufregung vor dem Auftritt gab es noch einen speziellen Grund. Ihn quälte die Frage, ob wohl Yoko kommen würde. Er brauchte sie, wollte zu ihr zurückkehren. Würde sie zum Konzert erscheinen, wollte er es als ein Zeichen werten, das signalisierte, er könne zurückkommen.

Kurz bevor John auf die Bühne mußte, wurde eine Blume für ihn in der Garderobe abgegeben, an der eine Karte hing: „Viel Glück. In Liebe. Yoko."

Während John *Whatever Gets You Thru The Night, I Saw Her Standing Here* und *Lucy In The Sky With Diamonds* sang, suchte sein Blick ein ganz bestimmtes Gesicht im Saal.

Und Yoko saß im Publikum!

Nach dem Konzert kam sie in Johns Garderobe, es war ein Wiedersehen nach langer Zeit.

Knapp vier Wochen später besuchte John mit Julian, der seine Weihnachtsferien bei seinem Vater verbrachte, Yoko im Dakota House. Yoko, die bisher ein distanziertes Verhältnis zu Julian gehabt hatte, zeigte sich bei dieser Begegnung besonders liebenswürdig und gab zu erkennen, daß sie ihn mochte. Auch das war ein Zeichen für John.

Nachdem Julian zurück nach London geflogen war, rief John bei Yoko an, er bat sie um eine Unterredung. Das Gespräch zwischen ihnen fand bei einer Tasse Tee im Restaurant des Plaza Hotels statt. Was sie redeten, das weiß niemand, aber das Ergebnis des Gesprächs ist bekannt: Am Tag darauf zog John wieder ins Dakota House.

Welche Bedeutung er seiner Rückkehr zu Yoko beimaß, wird deutlich in den Aussagen, die John Ray Coleman gegenüber machte:

„... jetzt stimmt alles wieder. Es ist, als sei ich nie weg gewesen. Mir ist klar geworden, daß ich hierher gehöre. Ich glaube, wir wußten es beide, daß wir früher oder später wieder zusammenkommen würden, und wenn es fünf Jahre gedauert hätte, deshalb haben wir uns auch nie scheiden lassen. Ich bin einfach froh, daß sie mich zur Tür reingelassen hat. Sie hat mir erlaubt zurückzukommen ... Ich bin derjenige, von dem man glaubt, daß er alles weiß, aber sie hat mich alles gelehrt, was ich weiß. Der Unterricht ist hart, und manchmal ertrage ich es nicht, und deshalb bin ich ausgeflippt. Als wir voneinander getrennt waren, habe ich mich in den Clubs und in den Zeitungen zum Arschloch gemacht. Nicht sie. Sie hat mich als Menschen vermißt, und sie hat mich geliebt, aber ihr Leben war geordnet. Ich bin in ihr Leben zurückgekehrt. Es war nicht umgekehrt ... Yoko und ich sind stolz darauf, daß unsere Trennung ein Mißerfolg war."

An Johns Rückkehr knüpfte Yoko Bedingungen. Eine davon war, daß er auf Alkohol zu verzichten hatte. Daß auch sie etwas gelernt hatte, bewies sie mit ihrer Forderung, daß John ab und zu allein auf Reisen gehen müsse, damit wollte sie für die Zukunft verhindern, daß einer den anderen mit seiner Persönlichkeit „zudeckte". Für viele, die das Paar aus nächster Nähe beobachteten, sah es so aus, als würde Yoko Ono John selbstsüchtig und mit Druck um jeden Preis disziplinieren wollen.

Ausschlaggebend war, daß John seine Frau so liebte, wie sie war, so wollte er sie, so brauchte er sie, um leben und arbeiten zu können.

Unmittelbar nach seiner Rückkehr schloß sich John für mehrere Tage in sein Zimmer ein. Er ließ sich alle alten *Beatles*-Platten von *My Bonnie* und *Cry For A Shadow* (1961) bis *Abbey Road* (1969) bringen und sah sich die Filme *Help; Yeah, Yeah, Yeah* und *Yellow Submarine* an. Remember, Remember, Erinnerung ...

Yoko brachte Verständnis für Johns momentane Zurückgezogenheit auf, sie akzeptierte seinen Nostalgietrip.

Dieses Eintauchen in die vergangenen Zeiten ist im Zusammenhang damit zu sehen, daß am 9. Oktober 1975 das Hohe Gericht in London mit einem Urteilsspruch endgültig die Geschäftsbeziehungen der *Beatles* für beendet erklärte.

Einerseits gedachte John mit Wehmut der Zeiten, als er mit seinen drei Freunden aufgebrochen war, um die Welt zu erobern, andererseits fühlte er sich befreit, weil nun das letzte Band zerschnitten war.

Bei der Bilanz, die er in der Abgeschiedenheit seines Zimmers zog, mischten sich private und politische Aspekte, die sein Leben bisher bestimmt hatten.

Der revolutionäre Elan, der die Aktionen der außerparlamentarischen Opposition prägte, verebbte auf dem „langen Marsch durch die Institutionen", endete für viele mit Anpassung an das gesellschaftliche System, das sie einst bekämpft hatten.

Mit der Niederlage der US-Aggressoren in Vietnam und dem Ende der Nixon-Ära entfielen zwei wichtige Kampfpositionen, die einen einigenden Faktor der linken Kräfte dargestellt hatten. Dazu kam eine tiefgreifende Verunsicherung, ausgelöst durch die heraufziehende Ölkrise und ihre Folgen. Die sich ausbreitende Enttäuschung, daß sich an den sozialen und machtpolitischen Verhältnissen nichts geändert hatte, trug dazu bei, daß bei großen Teilen der jungen Generation eine Umorientierung einsetzte. Man glaubte nicht mehr daran, daß große, spektakuläre Aktionen zu gesellschaftlichen Veränderungen führen könnten. Es breitete sich die Ansicht aus, ändere ich mich, ändert sich auch zwangsläufig die Welt.

Diese Tendenz bestimmte auch zunehmend John Lennons Lebenshaltung.

Der Januar brachte noch ein Ereignis: Yoko, im zweiundvierzigsten Lebensjahr, wurde schwanger.

John und Yoko waren überglücklich. Gleichzeitig mischte sich Besorgnis in ihr Glücksgefühl. Dreimal war Yoko schon schwanger gewesen, dreimal endeten die Schwangerschaften mit Fehlgeburten.

Würde es diesmal zum guten Ende kommen?

In den folgenden Monaten kümmerte sich John in rührender Weise um Yoko, er vermied alles, was Aufregung und Unruhe verursachen konnte, besorgt schirmte er sie gegen jegliche Anstrengung und Belastung ab.

Im Februar 1975 wurde von verschiedenen amerikanischen Fernsehstationen intensiv Reklame für Johns Rock 'n' Roll-Album gemacht, das unter dem Titel *Roots* unberechtigterweise bei Morris Levys Label „Adam VIII" herauskommen sollte.

Levy, der sich sicher war, daß mit dem Album *Roots* (Wurzeln) ein gutes Geschäft zu machen war, hatte ohne Wissen Johns eigens das Label „Adam VIII" gegründet, um an das große Geld heranzukommen. Er war es auch, der den Reklamefeldzug inszeniert hatte.

Als Gegenmaßnahme veranlaßte John umgehend die Herausgabe seines Albums, nun unter dem Titel *Rock 'n' Roll*, bei „EMI/Capitol".

Am 21. Februar erschien das Album, erreichte hohe Verkaufszahlen und wurde von der Kritik euphorisch gefeiert.

Morris Levy allerdings verklagte „EMI/Capitol" und John auf 42 Millionen Dollar Schadenersatz. Fünf Monate dauerte der Rechtsstreit, dann entschied ein New-Yorker Gericht, daß Morris Levy 144 000 Dollar als Ausgleich für eingebüßte Tantiemen und Rufschädigung zu zahlen hatte.

Entschlossen, sein Aufenthaltsproblem, das nach wie vor wie ein Damoklesschwert über seinem Haupt schwebte, endlich zu einem guten Ende zu bringen, intensivierte John seine Bemühungen vor den Gerichten.

Im Juni klagte er gegen den Generalstaatsanwalt und andere Justizbeamte im Zusammenhang mit seinem Ausweisungsverfahren wegen „willkürlicher strafrechtlicher Verfolgung".

Ein Erfolg stellte sich ein.

Im September wurde das Ausweisungsverfahren vorläufig eingestellt, aus humanitären Gründen, wie es hieß. Damit war aber noch immer keine endgültige Lösung erreicht. Die begehrte „Green Card" wurde ihm noch immer verweigert.

Mehr noch als seine Probleme mit der Einwanderungsbehörde beschäftigte sich John mit der bevorstehenden Geburt seines Kindes.

Er schleppte Yoko, die sich blendend fühlte, von einem Arzt zum anderen, kaufte ganze Kollektionen von Umstandskleidern, gemeinsam belegten sie einen Kursus für natürliche Geburt und Säuglingspflege, er stellte eine lange Liste von männlichen Namen zusammen, kaufte Unmengen von Spielsachen ein ...

Yoko fand das alles übertrieben, ließ ihn aber gewähren.

Der Geburtstermin kam heran, Yoko wurde ins „New-York-Hospital" gebracht. John sorgte dafür, daß sie in das beste Zimmer der Privatstation gelegt wurde; im gleichen Raum war Jahre zuvor Jacqueline Kennedy von ihrer Tochter Caroline entbunden worden. John wich nicht von Yokos Seite. Er nervte die Ärzte und Schwestern, ständig hatte er das Gefühl, sie würden sich nicht genug um Yoko kümmern.

Am 8. Oktober bekam John einen Anruf von seinem Anwalt Leon Wildes. Was er John zu sagen hatte, hätte für ihn Anlaß zu großer Freude und Erleichterung sein müssen: Der Oberste Gerichtshof von New York hatte mit zwei Richterstimmen gegen eine verfügt, die Ausweisungsanordnung gegen John zurückzuziehen und gleichzeitig die Einwanderungsbehörde beauftragt, das Gesuch um unbefristete Aufenthaltserlaubnis neu zu entscheiden. Das einzige, was John sagen konnte, war:

„Tun Sie mir einen Gefallen, Leon, ich kriege das im Moment nicht ganz mit. Yoko ist im Krankenhaus. Die Wehen werden in ein paar Stunden eingeleitet. Bleiben sie am Telefon sitzen, ich rufe Sie an, sobald ich da bin – Sie können es dann Yoko erklären."

Abends kam Leon Wildes mit seiner Frau ins Krankenhaus, am Bett von Yoko verlas der Anwalt von John die ausführliche Urteilsbegründung des Gerichts. Besonderen Eindruck machte das alles auf John nicht, seine ganze Aufmerksamkeit galt Yoko.

Gegen Mitternacht verließen die Wildes das Krankenhaus. Kurz darauf mußte John das Zimmer verlassen. Die natürliche Geburt, die im Beisein Johns stattfinden sollte, auf die sich beide monatelang vorbereitet hatten, fiel aus.

Am 9. Oktober 1975, Johns fünfunddreißigsten Geburtstag, um zwei Uhr nachts, wurde Yoko mit Kaiserschnitt von einem 3830 Gramm schweren Jungen entbunden.

Sie gaben ihm den Namen Sean Taro Ono Lennon.

Tante Mimi war die erste, der John mitteilte, daß er und Yoko einen Sohn hatten.

Die Zeit der Stille

Mit der Geburt von Sean erfüllte sich für das Ehepaar Lennon ein lang gehegter Wunsch. Yoko war glücklich, auch deshalb, weil sie sich sicher war, daß ein gemeinsames Kind ihre Bindung zu John noch fester machen würde. Immer hatte sie unter der Trennung von ihrer Tochter Kyoko gelitten, nun konnte sie Mutter sein.

9. Oktober 1975: An Johns 35. Geburtstag wird Sean Taro Ono Lennon geboren.

Auch John war überzeugt, Sean würde das Band ihrer Beziehungen enger knüpfen. Außerdem waren er und Yoko natürlich stolz, nach so vielen Komplikationen doch noch ein gesundes Kind bekommen zu haben.

„Jetzt fühle ich mich größer als das Empire State Building", mit diesem Satz drückte John seine Gefühle aus.

Es begann ein anderes Leben im Appartement im Dakota House.

Sean war der Mittelpunkt, um den sich alles drehte. Beide hüteten das Baby wie ihren Augapfel. Kein Fremder durfte sich Sean nähern, er hätte ja Bakterien übertragen können. Ein Babybett oder eine Wiege hatten sie nicht gekauft, das Baby schlief zwischen ihnen im Ehebett, damit sie es hautnah spüren konnten. Sie gaben beide das Rauchen auf, ernährten sich von Reformkost und fasteten regelmäßig. Freunden schickten sie Farbfotos von Sean, die sie selbst mit einer Sofortbildkamera aufnahmen.

Noch im gleichen Monat, am 24. Oktober 1975, machte John mit der LP *Shaved Fish* auf sich aufmerksam, auf der er die besten seiner Songs, die bis dahin überwiegend als Singles erschienen waren, zusammenfaßte. Die LP enthielt die Songs *Give Peace A Chance, Cold Turkey, Instant Karma, Power To The People, Mother, Woman Is The Nigger Of The World, Imagine, Whatever Gets You Thru The Night, Mind Games, # 9 Dream, Happy Xmas (War Is Over)* und die Reprise *Give Peace A Chance*.

Von der Auswahl der Titel, die er für die LP *Shaved Fish* traf, läßt sich ableiten, was er für wichtig hielt. Er bestätigte damit vor seinem Publikum, daß er nach wie vor den Idealen des Friedens und der Gewaltlosigkeit verpflichtet war, daß er noch zu seinen Visionen von einer besseren Welt stand.

Das Publikum nahm die LP *Shaved Fish*, die für fast fünf Jahre Johns letztes künstlerisches Lebenszeichen sein sollte, mit Sympathie auf. Weshalb sich John weigerte, diese LP mit dem Etikett „The Best Of John Lennon" zu versehen, verstanden die meisten Musikkritiker nicht, noch weniger seine Freunde und Fans.

Welche Meinung er vertrat, erklärte John in einer englischen Musikzeitschrift:

„Ich nannte dieses Album nicht ‚The Best Of ...', weil es nicht stimmt. Soweit ich mich erinnern kann, gab es fast alle Stücke schon als Singles ... Die Grundidee dieses Albums liegt einfach darin, abgesehen vom Geld, daß nun alle Singles auf einer Platte zu haben sind."

Nach dem Erscheinen von *Shaved Fish* wurde es ruhig um John, der sich anderthalb Jahrzehnte als populärer Sänger und Songschreiber im Mittelpunkt des öffentlichen Interesses bewegt hatte und mit seinen Überspanntheiten und Skandalen ein von den Presseleuten geschätzter „Schlagzeilenlieferant" gewesen war.

John Lennon zog sich vom Showgeschäft zurück. Die Familie wurde für John Lennon nun ein wichtiger Bestandteil seines Lebens. Den Sinn seines Lebens sah er nicht mehr darin, auf alle zu wirken, sondern auf einen, Sean, seinen Sohn.

Im Februar 1976 lief sein Plattenvertrag mit „EMI/Capitol" aus; er verlängerte ihn nicht. Damit befreite er sich von der Last, ständig neue Platten machen zu müssen. Er mußte nicht mehr, er konnte, wenn er wollte. Und Platten machen, das wollte er eine ganze Weile nicht mehr.

In den nächsten Jahren widmete sich John Lennon ausschließlich der Erziehung seines Sohnes. Er übernahm bereitwillig die Pflichten einer Hausfrau, während sich Yoko Ono nicht erfolglos um die Geschäfte kümmerte.

Nach dem aufreibenden Leben als *Beatle* mit Plattenproduktionen, Konzerten und Tourneen am laufenden Band, nach Rauschgiftsucht und Alkoholproblemen und den hektischen vier Jahren in Amerika einschließlich der „Ausflippzeit" in Los Angeles genoß John die Ruhe eines geregelten Familienlebens.

Was er als Kind schmerzlich vermißt hatte, eine richtige Familie zu haben, mit Vater und Mutter; wozu er selbst als junger Ehemann und Vater gegenüber Cynthia und Julian nicht fähig gewesen war, das wollte er nun seinem Sohn Sean ohne jede Einschränkung angedeihen lassen.

Und wie alles, was er tat, geschah es mit entsprechender Übertreibung. Er buk Brot, kochte Essen, nicht nur für Sean und Yoko, auch für die Angestellten. Er las Kochbücher, putzte die Wohnung, er war ein perfekter „Hausmann".

Diese Art zu leben gab für die Medien nichts her.

Von verschiedenen Seiten wurden immer wieder Versuche unternommen, wenigstens einmal noch alle vier *Beatles* in einem Konzert zu vereinen. Daß es dazu nie kam, weiß man.

Im Jahre 1976 geriet John noch einmal in das Blickfeld der Öffentlichkeit. Am 27. Juli stand er wieder vor einem Gericht, es ging um die endgültige Entscheidung in seiner Aufenthaltsangelegenheit. Nach den Entwicklungen der letzten Monate standen seine Chancen nicht schlecht.

Zur Anhörung erschien John im gutgeschnittenen Anzug mit Hemd, Schlips und gepflegtem Haarschnitt. Ganz in Weiß gekleidet saß Yoko im Saal.

Leon Wildes rief John auf und stellte ihm die obligatorischen Fragen, die sein Mandant korrekt beantwortete:

„Sind Sie jemals irgendwo in den Vereinigten Staaten eines Verbrechens angeklagt worden?

Nein.

Sind Sie je Mitglied einer kommunistischen Partei oder einer anderen Organisation gewesen, deren Ziel sein könnte, die Regierung der Vereinigten Staaten gewaltsam zu stürzen?

Nein.

Beabsichtigen Sie, sich auf Dauer in den Vereinigten Staaten niederzulassen?

Ja.

Werden Sie hier ihre Arbeit fortsetzen?

Ja. Ich möchte weiterhin mit meiner Familie hier leben und weiterhin Musik machen."

Prominente Leute wie der Schriftsteller Norman Mailer, der japanische Bildhauer Noguchi, Sam Trust, Präsident der Firma „A.T.V. Music", und andere setzten sich vor Gericht für John ein.

Nach kurzer Beratung verkündete der Richter Ira Fieldsteel das Urteil: „John Winston Lennon wird unbefristet die Aufenthaltsgenehmigung für die USA erteilt."

Er bekam die „Green Card" mit der Nummer A 17-597-328 in die Hand gedrückt.

Damit war der Druck von ihm genommen, der quälend vier Jahre auf ihm gelastet hatte.

Den vor dem Gerichtssaal wartenden Journalisten sagte er:

„Endlich ist der Einwanderungsbehörde die Erleuchtung gekommen. Es war ein langer und mühseliger Weg, aber ich bin nicht verbittert. Ganz im Gegenteil – jetzt kann ich meine Verwandten in Japan und anderen Ländern besuchen. Ich kann endlich wieder

John Lennon erhält am 27. Juli 1976 die Aufenthaltserlaubnis für die USA.

reisen! Bis heute hätte mich mein Anwalt nicht mal auf Hawaii Urlaub machen lassen, weil ich unter Umständen nicht hätte zurückkommen dürfen. Jedesmal, wenn ich nach Los Angeles geflogen bin, war ich paranoid, vor Angst, das Flugzeug könnte unterwegs nach Japan entführt werden. Eigentlich habe ich das alles nie verstanden. Ich dachte immer, daß die Freiheitsstatue sagt: ‚Komm!'"

Daß John und Yoko einige Monate später nach Washington flogen, um an der Gala anläßlich der Amtsübernahme von Präsident Carter teilzunehmen, ist wohl als ein Akt der Dankbarkeit zu verstehen.

Eine Komponente, die in Johns bisherigem Leben schon immer eine Rolle gespielt hatte, trat nun in den Vordergrund: Streben nach dem Besitz materieller Güter.

Yoko übernahm es, den bereits vorhandenen Reichtum zu vermehren. Mit welcher Entschlossenheit und Zielstrebigkeit sie an ihre Aufgabe ging, bezeugte sie mit dieser Aussage:

„Früher habe ich überlebt, indem ich kein Geld anhäufte. Teilweise lag das daran, daß meine Mutter sehr viel Wert auf Luxus legte und mir ständig Diamanten gezeigt hat. Ein Teil von mir hat sich dagegen aufgelehnt und ihre Haltung verachtet. Ich wollte nie so leben wie sie und soviel Geld und Diamanten und schöne Kleider besitzen."

Jetzt geriet sie in eine Art Kaufrausch. Man sah sie durch die New-Yorker Nobelshops ziehen, sie kaufte Kleider im Dutzend, erwarb Schmuck.

Aber sie wickelte auch, beraten von sachkundigen Mitarbeitern und obskuren Astrologen, Numerologen und Kartenlegern, Geschäfte ab, die den Reichtum des Unternehmens „Lenono" beträchtlich vermehrten. Sie legte Geld an, wo es versprach, guten Gewinn zu bringen, Beteiligungen an Unternehmen, von denen Umweltbelastungen ausgingen, vermied sie.

Sie kaufte hintereinander fünf Wohnungen im Dakota House. Sie erwarb vier Farmen in Catskill Mountains, Virginia, Vermont und im Staat New York. Ein Wochenendsitz in Cold Spring Harbor, Long Island, für 450 000 Dollar wurde angeschafft, dazu eine Hochseejacht. Sie kauften wertbeständige Kunstgegenstände aus Asien und legten sich eine kostbare Teppichsammlung an ...

Die Aufzählung der geschäftlichen Aktivitäten ist zwangsläufig unvollständig, denn über Industriebeteiligungen, die über Geldinstitute und andere Gesellschaften abgewickelt wurden, lag der Schleier des Bankgeheimnisses. Dennoch, was über die rege Geschäftstätigkeit an die Öffentlichkeit drang, bewirkte, daß John – und natürlich erst recht Yoko – in Mißkredit gerieten.

Es war kein Wunder, daß sich die Fans aus den sechziger Jahren ihrem Idol entfremdet fühlten, das einst mit seinen Songs ihre Gefühle, die auch seine waren, auszudrücken verstand. Hatte er nicht noch vor fünf Jahren in seinem Song *Imagine* eine Welt entworfen, in der es keinen Besitz geben sollte? Wo war der John geblieben, der sich vorbehaltlos für den Frieden in Vietnam, für Gerechtigkeit und Gleichberechtigung gegenüber der farbigen Bevölkerung in den USA und für die Befreiung aller politischen Gefangenen eingesetzt hatte? Besonders die jungen linken Intellektuellen, für die John Lennon Anfang der siebziger Jahre Leitfigur gewesen war, empfanden seine jetzige Haltung als Verrat an ihren einstigen Idealen.

John nahm die sich gegen ihn ausbreitende Ablehnung zur Kenntnis und schwieg.

Gegen Yoko breitete sich Haß aus.

Ihr wurde von den fanatischen *Beatles*- und Lennon-Fans die Schuld für das Auseinanderbrechen der Gruppe angelastet; ihr verzieh man nicht, daß sie John zur „Hausfrau" gemacht hatte; ihr gab man die Schuld, daß John anscheinend seine politische Meinung und sein politisches Engagement aufgegeben hatte. Und nicht zuletzt warf man ihr vor, John als Komponist und Dichter zum Verstummen gebracht zu haben.

John schwieg.

Eine Weile genoß John das Leben in der Abgeschiedenheit. Es war allerdings vorauszusehen, daß ihn auf Dauer das „Hausfrauendasein" nicht ausfüllen konnte.

Als Backen, Kochen und die anderen Hausfrauenpflichten den Reiz des bisher Unbekannten verloren hatten, suchte er nach anderen Tätigkeiten.

Lesen war immer eine seiner Lieblingsbeschäftigungen gewe-

Bei den Filmfestspielen in Cannes anläßlich der Weltpremiere ihrer Filme „Fly" und „Apotheosis" (1971)

sen; während der hektischen *Beatles*-Zeit war er nicht oft dazu gekommen. Nun legte er sich eine Bibliothek an, besonders Bücher über Geschichte und Philosophie interessierten ihn.

Als John seine „Mutterpflichten" Sean gegenüber einschränken konnte, weil ein Kindermädchen eingestellt wurde, begann er, Japanisch zu lernen. Dreimal in der Woche besuchte er eine Sprachschule in Manhattan. Nach zwei Monaten gab er es wieder auf. Mußte sich bei einem Mann wie ihm, dessen bisheriges Leben von enormer Produktivität und Kreativität geprägt war, nicht zwangsläufig Unzufriedenheit einstellen? Litt er nicht unter dem Mangel an Anerkennung, die immer ein wichtiges Lebenselixier für ihn gewesen war? Welchen Lorbeer konnte er mit seiner Hausarbeit erringen?

„Ich bekomme keine goldene Schallplatte dafür und werde nicht zum Ritter geschlagen, nichts dergleichen", war seine Erkenntnis. Noch deutlicher drückte er seine aufkommende Unzufriedenheit mit dieser Äußerung aus:

„Ich existiere nicht, wenn mein Name nicht in den Hitlisten steht oder man mich nicht im richtigen Club sieht. Dieser ‚Ruhestand' ist selbst auferlegt, ja, aber dennoch ist dieser unendliche Raum da, der unfüllbar erscheint. Und natürlich muß er gefüllt werden, weil das das Gesetz des Universums ist."

Yoko erkannte die Gefahr, die durch das sich bemerkbar machende Vakuum für beide entstehen konnte. Konnte er nicht wieder anfangen, sich mit „Freunden", wie während des „verlorenen Wochenendes" in Los Angeles, die Zeit zu vertreiben? Wartete nicht immer noch May Pang auf ihre Chance?

Um allen negativen Versuchungen zu entgehen, reisten John und Yoko mit Sean im Juni 1977 für fünf Monate nach Japan.

Die meiste Zeit verbrachten sie in der 200 Kilometer nördlich von Tokio gelegenen Stadt Karuizawa, dem Heimatort von Yokos Mutter. Für John war der Aufenthalt in Japan eine gute Zeit. Yoko sorgte für ein abwechslungsreiches Programm. Sie reisten nach Kyoto, besichtigten die buddhistischen Tempel. John war beeindruckt von der Religiosität der Japaner. Er beschäftigte sich mit dem Buddhismus, nahm alles begierig in sich auf, was das fernöstliche Land an Kunst, Kultur und Landschaft in reichem Maße zu bieten hatte.

Nach zwei Monaten brachte sich überraschend jene andere Welt in Erinnerung, der er entflohen zu sein glaubte.

Der mit John und Yoko befreundete Elliot Mintz rief aus Los Angeles an und teilte mit, daß Elvis Presley, Johns Vorbild in den fünfziger Jahren, gestorben war. Betroffenheit ließ John erst einen Augenblick schweigen, dann sagte er:

„Der Unterschied zwischen den *Beatles* und Elvis ist der, daß bei Elvis er selbst gestorben ist und sein Manager weiterlebt, und bei den *Beatles* ist der Manager gestorben, aber wir haben überlebt. Ich wollte nie ein Vierzigjähriger sein, der beim Singen seiner großen Hits in Las Vegas in seinem Strampelanzug stirbt.

Schick doch bitte zwei Gardenien an Elvis' Grab und schreib dazu ‚Ruhe in Frieden. In Liebe. John und Yoko.'

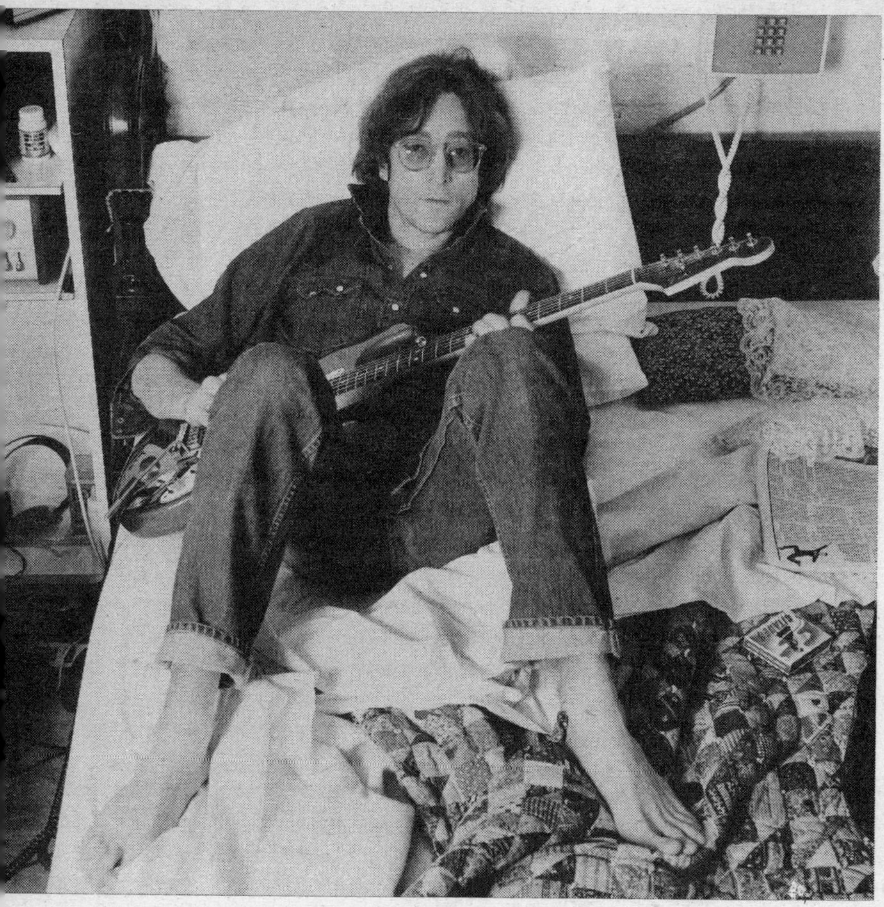

Eine der letzten Aufnahmen vor seinem Tode

Und erzähl mir nichts von Elvis. Er ist tot. Versuch bloß nicht, mir mit den Träumen und Mythen dieser Leute zu kommen. Es ist aus und vorbei. Es ist ungesund, durch andere zu leben."

Einen Tag später kam Elliot Mintz nach Karuizawa, um John und Yoko Gesellschaft zu leisten.

Gegen Ende November beschloß man heimzukehren. Yoko, die vor wichtigen Entscheidungen stets die Karten befragte oder ihre Wahrsager konsultierte, hatte ermittelt, daß die Zeichen für einen direkten Rückflug auf dem kürzesten Weg nach New York für John nicht gut standen. Also ließ sie für sich ein Ticket für den kurzen Direktflug buchen, während John und Sean über Dubai und Frankfurt/Main den Rückflug antraten.

Durch die Japan-Reise war John auf den Geschmack gekommen. Bald reiste er allein nach Hongkong und Singapur. Es bereitete ihm Freude, sich unerkannt und deshalb unbelästigt wie ein normaler Tourist bewegen zu können. Vor Jahren, auf den Tourneereisen mit den *Beatles*, war er sich immer wie ein Gefangener vorgekommen, eingesperrt in Hotelzimmer, abgeschirmt vom normalen Leben. Zusammen mit Yoko besuchte er Ägypten. Yoko, begeistert von der alten Kunst des Landes am Nil, kaufte unter anderem eine Mumie.

Um sowenig wie möglich Aufsehen zu erregen, trugen sie sich in den Hotels unter Reverend Fred und Ada Ghurkin ein.

Wenn er auf Reisen ging, allein oder mit Yoko, wußten sie es einzurichten, daß kaum einer davon Kenntnis erhielt. Mit einer Ausnahme – wo auch immer er sich aufhielt, immer rief er Tante Mimi an, der es gefiel, daß ihr John nun seine Ruhe gefunden zu haben schien, daß keine Rede mehr von Drogen, Alkohol und anderen Eskapaden war.

Das Zentrum seines neuen Lebens bildeten Yoko und mit völlig gleicher Wertigkeit Sean.

Sean war kaum drei Jahre alt, da begann John, ihn mit Geschenken regelrecht zu überhäufen. Tausende Dollar gab er für Spielsachen aus, er kaufte Computerspiele, alles, was sich Sean wünschte, das bekam er, egal, ob es seinem Alter gemäß war oder nicht.

John tat dies nicht ohne Absicht, jedenfalls kann man das folgender Äußerung entnehmen:

„Ich gebe ihm den ganzen Kram, solange er klein ist, damit ihm dieses Zeug mit zehn Jahren nichts mehr bedeutet. Er soll einfach genug davon haben... Ich will nicht, daß er als Teenager unter Konsumzwang steht."

Ein wirkungsvolles Erziehungsprinzip, wie sich später zeigen sollte, aber auch ein sehr kostspieliges, das sich nur ein Multimillionär leisten konnte.

Abgesehen von gelegentlichen Meldungen in den Zeitungen über Yokos geschäftliche Transaktionen, wußte die Öffentlichkeit, wußten seine Fans nicht, was John tat, ob er überhaupt noch existierte.

Zu Beginn des Jahres 1979 brachte die US-Mail Berge von Briefen ins Dakota House, deren Absender wissen wollten, wie es um John stand. Die Antwort auf ihre Fragen fanden sie am 27. Mai in Form einer bezahlten Anzeige, die mit gleichlautendem Text in der „New York Times", der Londoner „Sunday Times" und einer großen japanischen Zeitung veröffentlicht wurde.

Unter der Überschrift „Ein Liebesbrief von John und Yoko. An die Menschen, die uns fragen, was, wann und warum" war zu lesen:

„In den letzten Jahren wurden all unsere Wünsche wahr, zur rechten Zeit, gut oder schlecht. Mehr und mehr wünschten und beteten wir. Wünsche sind effektiver als Fahnenschwenken. Es funktioniert. Es ist reinste Magie. Zur Zeit treiben wir Frühjahrsputz in unseren Köpfen. Aber wir haben noch einen weiten Weg vor uns. Viele Menschen vermitteln uns Tag für Tag ihre Gefühle in Briefen, Telegrammen, mit Blumen und Geschenken. Wir danken ihnen allen und schätzen sie, weil sie unsere Privatsphäre respektieren. Wenn ihr das nächstemal an uns denkt, sollt ihr wissen, daß unser Schweigen ein Schweigen der Liebe ist und nicht der Gleichgültigkeit.

Wir bemerkten, daß uns drei kleine Engel über die Schulter sahen, als wir dies schrieben."

Diese bezahlte Anzeigenaktion kostete John 35 000 Dollar.

Für seine Anhänger, die in den Jahren 1968 bis 1973 ihre Ideale durch John in seinen Songs vertreten sahen beziehungsweise deren Ideale durch seine Songs mitgeprägt wurden, mußte diese Botschaft enttäuschend sein. „Wünsche sind effektiver als Fahnenschwenken ..." – bedeutete das nicht die Abkehr vom lauten Protest gegen Krieg und Ungleichheit? Wo war das spontane Reagieren auf politische und soziale Mißstände geblieben, das

Vor dem Dakota House in New York

seine Songs auf dem Album *Some Time In New York City* geprägt hatte?

„Wünschen und beten ...", im stillen Kämmerlein, war das eine effektive Methode im Kampf gegen Ungerechtigkeiten in der kapitalistischen Welt?

Working Class Hero, Give Peace A Chance, Power To The People, Imagine – bei all diesen Songs hatte er die Gesellschaft im Visier gehabt, die er verändern, verbessern wollte. Dafür war er auf die Straße gegangen, nahm er an Protestaktionen gegen den Krieg in Vietnam, gegen den blutigen Terror der britischen Armee in Nordirland teil, engagierte er sich lautstark für die Bürgerrechtsbewegung in den USA, setzte er sich für die Rechte unterdrückter Minderheiten ein.

Jetzt war seine Welt, in der er wirken wollte, kleiner geworden, privater.

Für Johns Entwicklung zu diesem Punkt gab es verschiedene Gründe.

John Lennons politisches Engagement in den Jahren 1968 bis 1973 entfaltete sich ausschließlich auf emotionaler Ebene.

Er fühlte sich zeitweise zur nichtorganisierten Linken hingezogen, lehnte jedoch jede feste Organisationsform ab, parteipolitische Bindungen waren ihm ein Greuel.

Der Kampf gegen die US-Administration um seinen Aufenthalt in den Vereinigten Staaten zwang ihn zur „Beruhigung"; seit Ende 1974 war er darauf bedacht, nichts zu tun, was die Einwanderungsbehörden hätten gegen ihn aufbringen können.

Kommerzielle Erwägungen veranlaßten ihn nach Erscheinen des politisch akzentuierten Albums *Some Time In New York City*, sich in ruhiges Fahrwasser zu begeben.

Und nicht zuletzt lagen 1975 fünfzehn kräftezehrende hektische Jahre hinter ihm, in denen er oft darunter gelitten hatte, nicht er selbst sein zu können, wo er sich zu verhalten hatte, wie es das „Image-Rollenbuch" für einen Popstar vorschrieb.

Drogen- und Alkoholmißbrauch taten das Ihre, ihn physisch und psychisch zu erschöpfen.

Im September 1979 wandte sich der Konzertveranstalter Sid Bernstein mit der Bitte an die *Beatles*, zugunsten der Weltflüchtlingshilfsorganisation der UNO drei Konzerte in Kairo, Jerusalem und New York zu geben, die eine Summe von 500 Millionen Dollar einbringen sollten. Auch der damalige UN-Generalsekretär Dr. Kurt Waldheim schloß sich der Bitte an.

Von den *Beatles* kam keine Reaktion – es gab sie nicht mehr. Jeder von ihnen war mit der eigenen Karriere beschäftigt.

Paul hatte nach seiner ersten Solo-LP *McCartney* (1969), der Single *Another Day/Oh Woman Oh Why* (1971) und der LP *Ram* (1971 mit seiner Frau Linda in den USA produziert) im August 1971 die Gruppe *Wings* gegründet, der außer ihm und seiner Frau Linda noch der amerikanische Schlagzeuger Denny Seiwell und der Gitarrist und Sänger Denny Laine angehörten.

George Harrison, der bereits 1968 als erster der *Beatles* mit der LP *Wonderwall Music* seine Solokarriere startete, landete 1970 mit dem Titel *My Sweet Lord* einen Superhit, von dem allein in den USA innerhalb von vier Wochen 2 Millionen Exemplare verkauft wurden.

Auf Initiative von George Harrison und seines indischen Sithar-Lehrers Ravi Shankar fand am 1. August 1971 im New-Yorker Madison Sqare Garden *The Concert For Bangla Desh* statt, dessen Erlös der hungernden Bevölkerung von Bangla Desh zugute kommen sollte. George hatte geplant, daß bei diesem Konzert neben vielen bekannten Musikern auch seine Freunde John, Paul und Ringo auftreten sollten. Es beteiligte sich nur Ringo.

Harrisons Songs bis etwa Mitte der siebziger Jahre waren stark von fernöstlicher Religion geprägt.

Ringo Starr, der seine Solokarriere mit der LP *Sentimental Journey* 1969 begonnen hatte, ließ bis Ende der siebziger Jahre sieben weitere LP's folgen, denen unterschiedlicher Erfolg beschieden war. Ringo machte sich während der folgenden Jahre einen Namen als Schauspieler. 1971 war er mit Frank Zappa in dem Undergroundfilm *„200 Motels"* zu sehen, 1974 spielte er die Hauptrolle in der Filmsatire „Son Of Dracula", in dem Film *„Lisztomania"* (1975) schlüpfte er in die Rolle des Papstes, in dem

Streifen *„Caveman"* (1980 in Mexiko gedreht) verwandelte er sich in einen Steinzeitmenschen.

Im Juli 1980 erfüllte sich John einen Wunsch, dessen Wurzeln in seiner Kindheit lagen. Es war der Jugendtraum von der stürmischen Seefahrt, wie sie einst die berühmt-berüchtigten Kapitäne aus Liverpool unternahmen. John ließ die Segel seiner Jacht „Isis" setzen und stach von Newport/Rhode Island aus in See mit Kurs auf die Bermudas. Die Fahrt verlief so, wie er es sich in seinen wildesten Träumen als Junge vorgestellt hatte. Sturm, rauhe See, die fünfköpfige Mannschaft litt unter der Seekrankheit. John fühlte sich in seinem Element. Als Passagier war er an Bord gekommen, nun tat er Dienst wie ein Mannschaftsmitglied. Die Wellen überspülten das Bootsdeck, alle beweglichen Gegenstände flogen durch die Kajüte. Während er die notwendigen Arbeiten verrichtete, sang er alte *Beatles*-Songs, um sich Mut zu machen. Seine besondere Sorge galt Sean, der mit an Bord war.

Nach glücklicher Landung auf den Bermudas führte John erst einmal zwei Telefongespräche, das erste mit Yoko und das zweite mit Tante Mary, der er mit kindlicher Freude alle Einzelheiten der stürmischen Seefahrt schilderte.

Eigentlich war er nach den Bermudas gesegelt, um dort das zu tun, was dort alle tun, die nichts zu tun haben – schwimmen, Ausflüge machen, bei gut gekühlten Getränken die südliche Sonne genießen ...

Aber John arbeitete: Er begann zu komponieren, schrieb Texte. Er rief Yoko an, summte ihr Melodien vor, übermittelte ihr Songtexte. Yoko reagierte, indem sie mit eigenen Songs antwortete.

Während des Bermuda-Aufenthalts entstanden so über zwanzig Songs. Alle hatten sie das gleiche Thema: Johns Verhältnis zu Yoko und umgekehrt. In den Texten spiegelten sich idealisiert die letzten Jahre ihrer Ehe wider; für Sean hatte er das Gute-Nacht-Lied *Beautyful Boy* (Darling Boy) geschrieben.

Schließe deine Augen
Hab keine Angst
Die Gespenster sind verschwunden
Weggelaufen sind sie, und dein Vater ist bei dir

Mein schöner Junge …
…
Ich kann es kaum erwarten
Dich erwachsen zu sehen
Aber wir müssen uns beide
Gedulden …
Bevor du die Straße überquerst
Nimm meine Hand
Leben ist, was dir zustößt …

Unmittelbar nach seiner Rückkehr entwickelten John und Yoko eine Betriebsamkeit, die ganz im Gegensatz zu ihren Lebensgewohnheiten in den letzten Jahren stand.

Sie mieteten ein Aufnahmestudio in der „Hit Factory" in Manhattan, engagierten Studiomusiker. In kurzer Zeit produzierten sie mit dem reichlich vorhandenen „Bermuda-Material" die Titel für eine neue LP. Routiniert bereiteten sie ihr Comeback vor.

Mit David Geffen trafen John und Yoko Vereinbarungen zur Gründung des unabhängigen Platten-Labels „Geffen Records". David Geffen teilte der Öffentlichkeit mit, daß die neue Lennon/Ono LP *Double Fantasy* heißen würde.

Am 23. September wurde in „Newsweek" ein Comeback-Interview veröffentlicht, das Barbara Graustark mit John und Yoko gemacht hatte.

Es ist nicht uninteressant, sich einige Antworten anzuhören, die John auf Fragen von Barbara Graustark für „Newsweek" gab. Es ist nicht zu übersehen, daß er sich bemühte, bei seinem Publikum einen guten Eindruck zu erwecken. In knapp drei Wochen sollte *Double Fantasy* auf dem Markt erscheinen.

Warum sind Sie 1975 untergetaucht? Hatten Sie keine Lust mehr, Musik zu machen, oder hing Ihnen das ganze Show-Biz zum Halse heraus?

John: Ein bißchen von beiden. Seit ich 22 Jahre alt war, hatte ich dauernd vertragliche Verpflichtungen. Ich stand unter Druck, etwas tun zu müssen. Bis Freitag mußte ich hundert Songs schreiben, am Sonntag eine Single herausgeben und so weiter … Aber plötzlich war ich eben einer Plattenfirma verpflichtet, den

Studioarbeit für die LP „Double Fantasie" (Herbst 1980)

Medien, der Öffentlichkeit. Ich fühlte mich nicht mehr frei. Ich habe mich oft zurückgezogen – ein Teil von mir ist ein Mönch, der andere ein Zirkusfloh ...

Warum so lange – fünf Jahre?

John: Meine Frau und ich brauchten ziemlich lange, um ein Baby zu haben, das am Leben blieb. Und ich wollte meinem Sohn Sean fünf solide Jahre schenken. Ich hatte Julian, meinen Sohn aus erster Ehe mit Cynthia, überhaupt nicht aufwachsen sehen. Und nun ist da immer ein siebzehnjähriger Bursche am Telefon und redet über Motorräder. Ich lese viel, hauptsächlich Historisches, über Archäologie, Anthropologie. In anderen Kulturen kommen die Kinder nicht von den Rücken der Mütter runter, bis sie zwei Jahre alt sind. Ich schickte Sean in den Kindergarten. Als

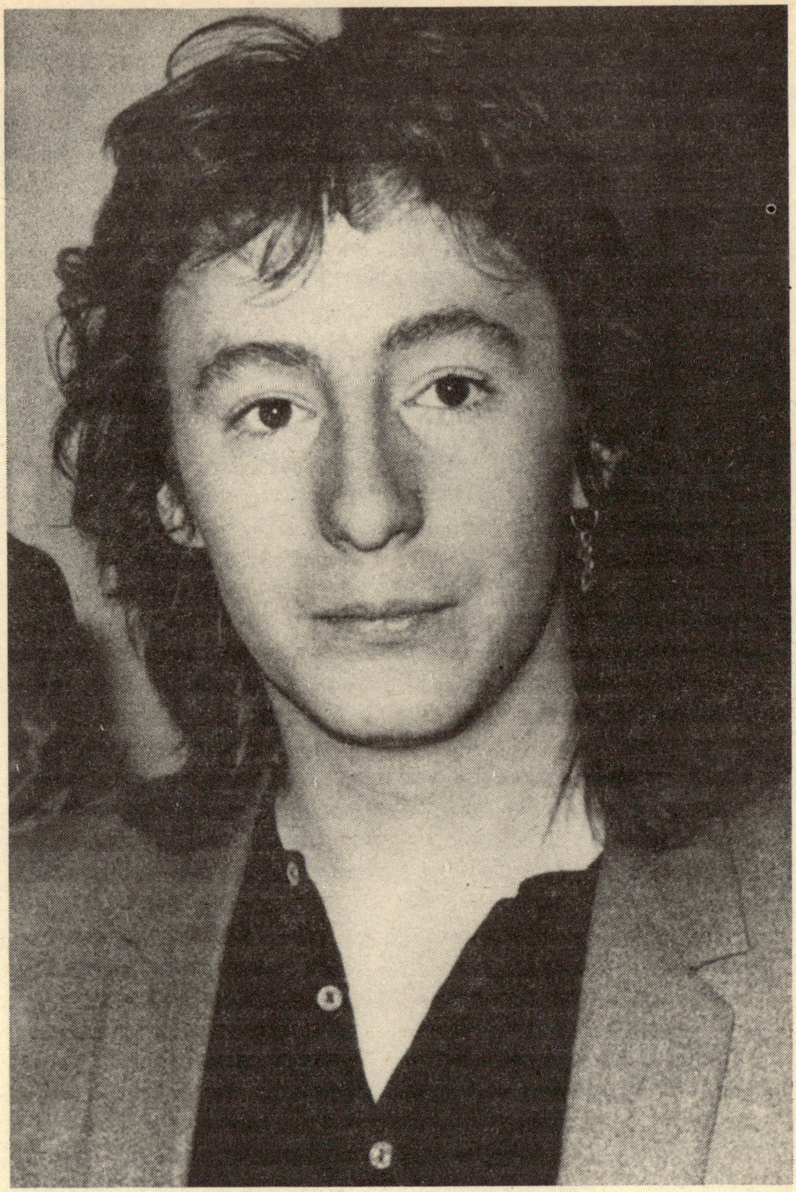

Julian Lennon (1987)

ich aber feststellte, daß ich es tat, um ihn los zu sein, ließ ich ihn zu Hause bleiben. Wenn ich ihm jetzt, wo er fünf ist, nicht genügend Aufmerksamkeit schenke, muß ich ihm später, wenn er ins Teenageralter kommt, doppelt so viel geben ...

Wie verbringen Sie und Ihre Frau den Tag?

John: Yoko kümmert sich um die Geschäfte, und ich bin die Hausfrau. Es ist wie in einer dieser Komödien mit vertauschten Rollen. Ich sage zu ihr: Na, wie war's denn im Büro, Liebling? Willst du einen Cocktail? Ich habe die Schuhe nicht zurückgekriegt, und die Hemden sind immer noch in der Wäsche. Allen Hausfrauen erkläre ich: Ich verstehe nun, warum ihr jammert. Ich bin eine reiche Hausfrau, aber keineswegs sorglos.

Warum haben Sie sich entschlossen, wieder eine Platte aufzunehmen?

John: Weil diese Hausfrau hier gerne auch wieder ein bißchen Karriere machen möchte. Am 9. Oktober wurde ich vierzig und Sean fünf Jahre alt; ich kann mir dann leisten zu sagen: ‚Daddy hat mal etwas anderes gemacht, und das ganz.' Der Junge hat davon keine Ahnung – in den letzten fünf Jahren habe ich kaum eine Gitarre angefaßt. Letzte Weihnachten zeigten unsere Nachbarn Sean ‚Yellow Submarine', und er kam hinterher an und rief: ‚Daddy, da hast du gesungen ... Warst du ein *Beatle*?' Und ich sagte: ‚Nun ... ja, ganz recht.'

Warum haben Sie zusammen mit Yoko an dieser LP gearbeitet?

John: Es ist ein Spiel ... Wir haben das Stück geschrieben und treten zusammen auf. Wir sind John und Yoko – ob es den Leuten gefällt oder nicht. Ich mag nicht singen, wenn sie nicht dabei ist. Wir befruchten uns gegenseitig geistig. Als ich damals die *Beatles* verließ, dachte ich zunächst: Großartig, ich muß die drei anderen nicht mehr hören. Aber es ist langweilig, allein im Studio vor sich hinzududeln. Das macht mir keinen Spaß.

Haben Sie manchmal Sehnsucht nach den alten Zeiten?

John: Niemals. Was immer die *Beatles* zu den *Beatles* machte, hat auch die 60er zu den 60er Jahren gemacht. Und jeder, der meint, daß, wenn ich mit Paul, George und Ringo zusammengehe, die *Beatles* wieder existieren könnten, hat einfach nichts begriffen. Die *Beatles* haben alles gegeben, was sie hatten –

und mehr. Die vier Jungs, die einmal die *Beatles* ausmachten, sind nicht mehr die gleichen von damals, auch wenn sie es sein wollten. Was wäre, wenn sich Paul und ich zusammentäten? Es wäre langweilig. Ich war nie für eine Wiedervereinigung. Es ist vorbei!

Wie beurteilen Sie heute ihren politischen Radikalismus in den früheren Jahren?

John: Ich fühle mich immer schuldig, weil ich soviel Geld habe. So habe ich es eben zum Fenster hinausgeworfen. Ich bin kein Heuchler – ich habe wirklich daran geglaubt. Aber wie ein Chamäleon wechselte ich oft meine Ansichten."

Die LP *Double Fantasy* erschien am 16. November 1980 und löste unterschiedliche Reaktionen aus.

Die meisten Lennon-Fans waren enttäuscht. Sie vermißten den scharfen Biß seiner früheren Songs, vergeblich suchten sie nach kritischen Tönen.

Wenn aus den Songs der LP eine Botschaft herauszuhören war, dann war es dies: Wenn jeder mit sich selbst Frieden macht, dann kommt auch Frieden in die Welt. Wenn alle sich so zu ihren Frauen verhalten wie John zu Yoko, dann kommt die Welt schon in Ordnung. Man muß nur selbst gut sein, dann wird auch die Welt gut.

Die Verkaufszahlen der neuen LP entsprachen nicht Johns Erwartungen.

Aber John hatte wieder Pläne. Im Studio bereitete er eine neue LP vor. Er plante für Anfang 1981 eine ausgedehnte Konzerttournee, die ihn nach England und auch nach Hamburg führen sollte. Deutlich gab er zu erkennen, daß er wieder ins Showgeschäft zurückgekehrt war und sich in der Szene auch in Zukunft zu behaupten gedachte. Die Zeit des Schweigens war vorbei.

Die Interviews, die er in den ersten Tagen des Dezembers 1980 gab, zielten darauf, den Absatz von *Double Fantasy* anzukurbeln, und dienten der Vorbereitung seiner geplanten Europa-Tournee. Am 5. Dezember gab er der Zeitschrift „Rolling Stone" ein Interview.

Bereits am Donnerstag, dem 4. Dezember, traf, aus London kommend, der BBC-Mitarbeiter Andy Peebles in New York ein, um mit John und Yoko ein Interview für seinen Sender aufzuzeichnen. Am Freitag führte er ein vorbereitendes Gespräch mit Yoko. Am Sonnabend traf sich Peebles um achtzehn Uhr in der „Hit Factory" mit John und Yoko. Einhundertfünfundneunzig Minuten drehten sich die Spulen auf Peebles' Tonbandgerät.

Am Anfang des Gespräches war John etwas nervös, schließlich war es sein längstes Radio-Interview, das er je gab, und es sollte in England gesendet werden ...

Als sich Peebles am Sonntag früh von seinen beiden Interviewpartnern verabschiedete, war er sich sicher, daß es ein gutes, ehrliches Interview war, was er im Kasten hatte. Zu allen Stationen seines Lebens hatte er John Fragen gestellt und, assistiert von Yoko, aufrichtige Antworten erhalten.

Andy Peebles' letzte Frage lautete:

„Wie steht es mit eurem Privatleben und eurem Gefühl der Sicherheit? David Bowie sagte kürzlich, das Großartige an New York sei, daß man sich unbehelligt auf der Straße bewegen kann. Denkt ihr auch so?"

John antwortete:

„Ja, das ist der Grund, warum wir schließlich hier bleiben. Es war keine bewußte Entscheidung. Ich fand einfach heraus, daß ich ins Kino und in Restaurants ging. Als ich England verließ, hätte ich es nicht wagen können, es sei denn mit der ‚Star-besucht-Restaurant-Nummer'. Ich bin in den vergangenen sieben Jahren sogar in den Straßen gewandelt. Als wir ankamen und ins Village zogen, sagte Yoko: Du kannst dich hier frei auf der Straße bewegen, du wirst hier spazierengehen können. Doch ich war nervlich angespannt, immer in der Erwartung, daß man mich ansprechen oder auf mich losgehen könnte. Ich brauchte zwei Jahre, um davon loszukommen. Heute gehe ich einfach vor die Tür hinaus und in ein Restaurant. Willst du wissen, wie herrlich das ist? Oder ich kann ins Kino gehen. Sicher, es gibt Leute, die dich um ein Autogramm bitten oder ‚Hi' sagen, aber sie belästigen dich nicht ..."

Als sich Andy Peebles von John und Yoko verabschiedete, ahnte keiner von den dreien, daß der nächste Tag Johns letzter sein sollte ...

Das Ehepaar Lennon in New York (1980)

Der letzte Tag im Leben des John Ono Lennon

Montag, der 8. Dezember 1980:

Gemeinsam nehmen sie das Frühstück ein, Yoko verbrachte den Vormittag im Büro, John beschäftigte sich mit dem Material für die neue LP, die nach *Double Fantasy* erscheinen sollte. Einige Titel waren schon produziert, für andere arbeitete er am Text, komponierte, arrangierte.

Am späten Nachmittag verließen beide das Dakota House, sie waren mit ihren Musikern im Studio der „Hit Factory" zu einer Aufnahmesession verabredet.

Vor dem Haus stellten sich ihnen einige Fans in den Weg. Ein Autogramm begehrten die einen, andere wollten ihnen die Hand schütteln oder sie einfach nur sehen.

Ein junger Mann, Mitte Zwanzig etwa, hielt John fordernd die Plattenhülle von *Double Fantasy* hin. Wortlos, mit routinierter Gelassenheit, schrieb John seinen Namenszug auf die Hülle und ging weiter.

Fassungslos blickte der junge Mann seinem Idol hinterher; es hatte den Anschein, er hätte mehr erwartet, als nur ein Autogramm zu bekommen. Keiner nahm von dieser stummen Szene Kenntnis.

Warum auch? Es war eine alltägliche.

Fünf Stunden arbeiteten John und Yoko im Studio, gegen 22.30 Uhr verließen sie die „Hit Factory", ließen sich nach Hause fahren.

Entgegen seiner sonstigen Gewohnheit, läßt sich John nicht durch einen Nebeneingang direkt ins Dakota House fahren, sondern steigt vor dem Hauptportal aus.

Als er die Stufen vor dem Eingang erreicht, wird er von einem jungen Mann gefragt: „Mister Lennon?"

John blickt über die Schulter zurück und sieht in die Mündung eines 38er Revolvers …

Fünfmal drückt der Mann ab, die Kugeln treffen John in den Rücken …

Wenige Minuten später trifft ein Streifenwagen der Polizei ein.

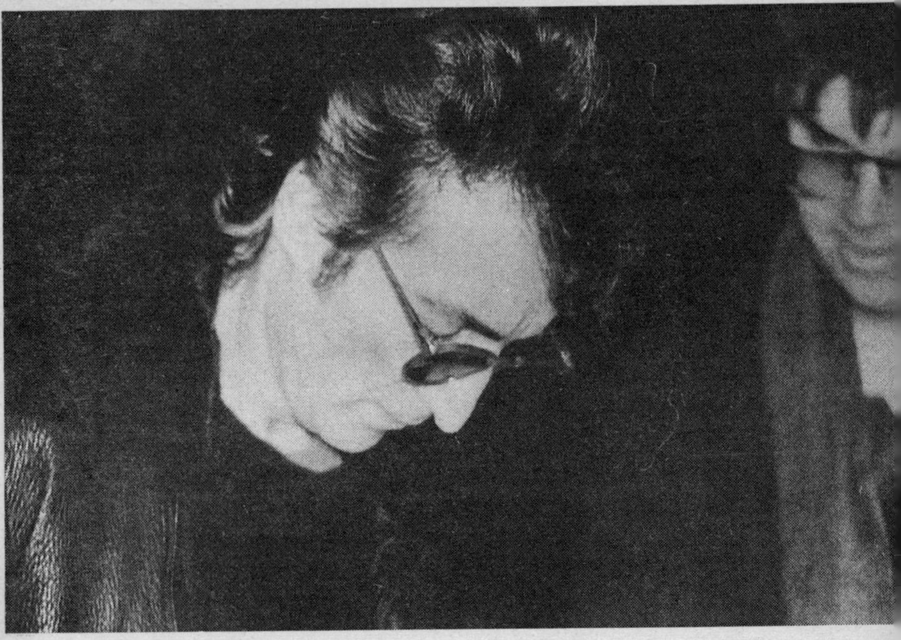

Der Mörder Mark David Chapman erhält von John Lennon ein Autogramm.

Um keine Zeit zu verlieren, wird der Schwerverletzte mit dem Polizeiwagen ins „Roosevelt Hospital" gebracht.

Alle Bemühungen der Ärzte sind vergeblich.

John Lennon ist tot!

Ohne Widerstand zu leisten, ließ sich der Attentäter vor dem Dakota House festnehmen.

Die ersten Verhöre ergaben:

Er heißt Mark David Chapman, ist fünfundzwanzig Jahre alt und war am 4. Dezember, von Honolulu (Hawaii) kommend, auf dem Kennedy-Airport (New York) angekommen.

Auf die Frage, weshalb er John Lennon erschoß, gab er nur wirre Antworten und lächelte.

Zu seinem Pflichtverteidiger sagte er: „Der Teufel hat mir den Befehl gegeben."

Aus dem, was weitere Verhöre und Zeugenaussagen ergaben und was Journalisten in Erfahrung brachten, läßt sich folgender Ablauf der Ereignisse rekonstruieren:

Mark David Chapman wurde in Decatur im Staate Georgia geboren und lebte in den letzten Jahren in Honolulu auf Hawaii. Seit seinem zehnten Lebensjahr war er ein begeisterter Fan der *Beatles* gewesen, später wurde John Lennon sein Idol. In Honolulu arbeitete er als Wachmann in einem Krankenhaus. Seine Wohnung glich einem *Beatles*-Museum. Alle Platten der Gruppe und John Lennons befanden sich in seinem Besitz, dazu hatte er sich eine stattliche Souvenirsammlung angelegt.

Seine Identifikation mit John Lennon nahm nach und nach Züge an, die schizophrenen Charakter trugen. Er versuchte, sein äußeres Erscheinungsbild dem seines Idols anzupassen, er heiratete wie John eine Japanerin, die älter war als er.

Tagelang saß er in seinem Zimmer, hörte sich immer wieder den Titel *I Am The Walrus* an: „Ich bin er, denn du bist er, denn du bist ich ...", hämmerte es in seinem Gehirn.

Er sagte zu seiner Frau, daß er 2 500 Dollar brauche für eine Reise nach New York. Sie half ihm, diesen Betrag zusammenzubringen.

Als er wenige Tage vor seinem Abflug die Entlassungspapiere bei der Wachgesellschaft unterschrieb, bei der er angestellt gewesen war, unterzeichnete er mit „John Lennon".

Er reiste mit leichtem Handgepäck. In seiner Reisetasche befand sich neben Kassetten mit vierzehn Stunden *Beatles*-Musik ein Revolver mit Reservemagazin, den er bereits im Oktober gekauft hatte.

Im CVJM-Heim in New York trug er sich mit seinem richtigen Namen ins Anmeldebuch ein. Drei Tage später im Sheraton-Hotel unterschrieb er den Anmeldezettel mit „John Lennon".

In den Tagen vor dem 8. Dezember wurde Chapman oft in der Nähe des Dakota House gesehen.

Ein Taxifahrer, in dessen Wagen Chapman am Tage seiner Ankunft in New York einstieg, sagte aus:

„Der Mann machte einen sehr verwirrten Eindruck. Er bot mir so-

Yoko Ono erhält 1986 in Budapest eine Auszeichnung der ungarischen Friedensbewegung.

fort Kokain an und drückte mir fünf Dollar in die Hand als Trinkgeld." Die Aussage des Taxifahrers läßt den Verdacht aufkommen, daß zu Chapmans krankhaft gesteigerter Verwirrung Bewußtseinstrübung durch Rauschgiftkonsum hinzukam.

Der Hobbyfotograf und Lennon-Fan Paul Goresh, der sich oft vor dem Dakota House aufhielt, um Schnappschüsse von seinem Idol zu machen, gab zu Protokoll, ihm sei Chapman am späten Nachmittag des 8. Dezember aufgefallen, als John und Yoko ins Auto stiegen, um zur „Hit Factory" zu fahren. Chapman, mit der gerade von John signierten Plattenhülle in der Hand, fragte Goresh: „Hast du deine Platte nicht signiert bekommen?"

„Nein", antwortete Goresh und wollte gehen.

„Warum wartest du denn nicht? Wenn John wiederkommt, kann er deine Platte unterschreiben", sagte Chapman.

„Nicht so wichtig", sagte Goresh, „ich treibe mich oft hier herum. Ein Autogramm kann mir John auch an einem anderen Tag geben."

Chapman drang weiter auf Goresh ein: „Ich an deiner Stelle würde bleiben, du weißt nicht, ob du ihn noch einmal wiedersehen wirst ..."

Goresh, verunsichert durch das mysteriöse Gerede Chapmans, fragte: „Wie meinst du denn das?"

„Vielleicht fährt er heute nacht noch irgendwohin ...", antwortete Chapman vieldeutig.

Der Staatsanwalt der Justizbehörde Manhattan, von dem Chapman am 9. Dezember verhört wurde, traf diese Feststellung:

„Dieser Mann ist zu einem bestimmten Zweck nach New York gekommen. Er hat durchgeführt, was er sich vorgenommen hatte. Chapman hat die Hinrichtung John Lennons kühl, rational und intelligent vorausgeplant."

Fragt man nach einem Motiv für Chapmans Tat, findet man keine schlüssige Antwort.

Nach Lage der Dinge kommt man zu dem Schluß, Chapman war ein Psychopath, in dessen krankem Gehirn sich wild wuchernde Emotionen und wirre Gedankenlinien verschlangen, die zu dem führten, was am 8. Dezember kurz vor Mitternacht vor dem Dakota House geschah.

Ganze Heerscharen von Psychologen füllten inzwischen Bände mit Vermutungen und Theorien, die die Beweggründe Chapmans erhellen sollen.

Einige Jahre nach John Lennons Tod wurde der Verdacht laut, daß der Mord nicht die Tat eines geisteskranken Einzeltäters, sondern eine gezielte Aktion der CIA, des amerikanischen Geheimdienstes, gewesen sein könnte und Mark David Chapman nur ein williges Werkzeug war. Tatsache ist, daß John Lennon von CIA und FBI observiert wurde, daß er auf der Namensliste der für die Sicherheit des Staates gefährlichen Personen einen der vorderen Plätze belegte. Aber das war zwischen 1970 und 1974 gewesen, als sich John Lennon lautstark kritisch zur Politik

Yoko Ono mit Sohn Sean vor Mary Smiths Wohnung in Liverpool im Januar 1984 (im Hintergrund zwei Leibwächter)

der Nixon-Regierung äußerte und mit seiner progressiven Haltung Massen beeinflußte.

Aber welchen Grund sollte die CIA – der jede Schandtat zuzutrauen ist – 1980 gehabt haben, John ermorden zu lassen?

Den John Lennon, der Anfang der siebziger Jahre dazu aufrief, auf die Straße zu gehen, um gegen die Ungerechtigkeiten in der kapitalistischen Gesellschaft zu protestieren, der Partei ergriff mit Songs, wie *Give Peace A Chance, Power To The People, Attica State* ..., den gab es 1980 nicht mehr.

Der John Lennon, der 1980 ermordet wurde, wollte zwar immer noch Frieden für alle und sprach sich immer noch gegen jede Form der Gewalt aus, aber als Methode zur Erreichung dieser Ziele provozierte er nicht mehr den lauten massenhaften Protest, sondern er empfahl seinem Publikum, „nett zueinander zu sein" und den Frieden in den eigenen vier Wänden am häuslichen Herd zu suchen.

Mit seiner neuen Einstellung stellte er keine Gefahr dar. Einer, der zur stillen Einkehr und zum „frommen Wünschen und Beten" aufforderte, konnte der frisch etablierten militanten Reagan-Administration nicht schaden.

Bleibt also die Tatsache, daß John Lennon das Opfer eines Geisteskranken wurde.

Mark David Chapman wurde zu einer lebenslangen Haftstrafe verurteilt.

Für die Generation, die zwischen 1940 und 1955 geboren wurde, die durch die Musik der *Beatles* ihr Lebensgefühl ausgedrückt fand, die sich später mit den Idealen und dem Traum von einer besseren Welt in John Lennons Songs identifizierte, wirkte Lennons Tod wie ein Schock.

In den Tagen nach seinem Tod war das Dakota House umlagert von trauernden Lennon-Anhängern. Sie hielten brennende Kerzen in den Händen, aus den Lautsprechern zahlloser Kassettenrecorder klangen mit sanfter Lautstärke die Songs *Give Peace A Chance* und immer wieder *Imagine*.

Yoko Ono, bei der Zehntausende Beileidsbekundungen aus allen Teilen der Welt eingingen, bat Johns Freunde für den 14. Dezember um vierzehn Uhr um zehn stille Gedenkminuten.

März 1984: Einweihung des „Strawberry Fields"-Friedensparks in New York (v. l. n. r.: Bürgermeister Ed Koch, Yoko Ono, Sean und Julian)

Mitte Januar 1981 ließ Yoko Ono einen Dankesbrief in verschiedenen großen Zeitungen veröffentlichen, in dem es unter anderem hieß:

Yoko Ono auf einer Kundgebung der amerikanischen Friedensbewegung in Washington (1986)

„In Dankbarkeit
Yoko Ono Lennon

Ich danke Euch für Eure Briefe, Telegramme und Gedanken, die aus allen Teilen der Erde kamen, jeder Winkel Amerikas, Europas, Asiens und Afrikas eingeschlossen. Für mich bedeuten sie Trost, denn wir beide, John und ich, glaubten an Nächstenliebe, die die Schranken von Rasse, Farbe und Glaube überschreiten kann. Es kamen Briefe von Menschen mit verschiedenen Lebenswegen, auch von Gefangenen. Die freundlichen Briefe erwärmten mein Herz besonders.

Ich danke für die Geldspenden an die ‚Spirit-Foundation'.

Es waren Spenden von 50 Cents, 1 Dollar und 5 Dollar dabei, sie sind jetzt zusammen auf 100 000 Dollar angewachsen.

Ich danke Euch für die Entrüstung über Johns Tod. Ich teile Euren Zorn. Ich mache mir selbst und allen den Vorwurf, es zugelassen zu haben, daß es in unserer Gesellschaft so weit kommen kann. Die für uns einzig sinnvolle ‚Rache' wäre die, unsere Gesellschaft rechtzeitig zu verändern, die auf Liebe und Vertrauen basiert. So stellte John es sich vor ...

Wir müssen beweisen, daß wir für uns und unsere Kinder eine Welt in Frieden schaffen können ...

11. 1. 1981, New York City

In Liebe
Yoko"

1983 sandte Yoko Ono einen Brief an alle Staatsoberhäupter der Welt, der die Bitte enthielt, mit einem Baum oder einem Stein zur Gestaltung eines Friedensgartens beizutragen, der in einem Teil des New-Yorker Central Parks eingerichtet werden sollte.

Am 21. März 1984 wurde in Anwesenheit des New-Yorker Oberbügermeisters Ed Koch der „Strawberry Fields – Friedensgarten" eingeweiht.

Im Namen aller *Beatles*- und Lennon-Verehrer in der DDR wurde auch ein Baum aus unserem Land gepflanzt.

Zeittafel

1940	9. Okt.	John Winston Lennon wird während eines Bombenangriffs in Liverpool geboren
1941	März	Julia Lennon übergibt ihrer Schwester Mary Smith John zur Pflege
1945	8. Mai	Der zweite Weltkrieg endet mit der Kapitulation der faschistischen Wehrmacht
	Aug.	Atombombenabwurf auf Hiroshima und Nagasaki auf Befehl des amerikanischen Präsidenten Harry S. Truman
	Sept.	John Lennon wird in die Dovedale Primary School eingeschult
1950	Juni	Beginn der amerikanischen Aggression gegen die Koreanische Demokratische Volksrepublik
1952	Sept.	John Lennon wird Schüler der Quarry Bank High School
1953	Juli	Mit der Unterzeichnung eines Waffenstillstandsabkommens in Panmunjon endet der Koreakrieg
1955	Mai	John Lennon gründet die Skiffle Gruppe *Quarrymen*
1956	15. Juni	Paul McCartney wird Mitglied der *Quarrymen*
1957	Sept.	John beginnt sein Studium am Liverpool College of Art
	Okt.	Die Sowjetunion startet den ersten künstlichen Erd-Satelliten (Sputnik)
1958	8. Febr.	George Harrison schließt sich der Gruppe an
	15. Juli	Julia Lennon wird bei einem Verkehrsunfall tödlich verletzt

1959	1. Jan.	Unter Führung von Fidel Castro Sieg der Revolution auf Kuba
	Juni	John Lennon, Paul McCartney und George Harrison treten unter dem Namen *The Moondogs* im Empire Theater (Liverpool) auf; wenige Tage später Beteiligung unter dem Namen *Johnny And The Moondogs* an einem Wettbewerb in Manchester
1960	April	Erste Tournee; mit dem neuen Gruppennamen *The Silver Beatles* gehen sie als Begleitband für Johnny Gentle auf eine zweiwöchige Schottland-Tournee
	Juli	John Lennon bricht sein Studium am College of Art ab
	16. Aug.	In der Besetzung John Lennon, Paul McCartney, George Harrison, Stuart Sutcliffe und Pete Best fährt die Gruppe nach Hamburg. Sie spielen im „Indra" und im „Kaiserkeller". Ab jetzt nennen sie sich *The Beatles*
	2. Dez.	Nach Abschiebung von George Harrison, Paul McCartney und Pete Best kehrt auch John Lennon nach Liverpool zurück
1961	Jan.	John F. Kennedy tritt sein Amt als 35. Präsident der USA an
	21. März	Erster Auftritt der Gruppe im „Cavern" (Liverpool)
	April	*The Beatles* beginnen ein dreimonatiges Gastspiel im „Top Ten" in Hamburg
		Juri Gagarin startet als erster Mensch zu einem Flug ins Weltall
	Mai	Tony Sheridan nimmt die Gruppe mit ins Polydor-Studio; hier nehmen sie ihren ersten eigenen Titel *Cry For A Shadow* auf
	9. Nov.	Brian Epstein besucht den Cavern-Club, um sich die Gruppe anzuhören

	3. Dez.	Epstein erklärt sich bereit, Manager der Gruppe zu werden
1962	Jan.	Epstein nimmt die *Beatles* unter Vertrag
	24. Febr.	In der BBC-Sendung „Teenager's Turn" sind zum erstenmal *The Beatles* zu hören
	10. Apr.	Stuart Sutcliffe stirbt im Alter von 21 Jahren in Hamburg
	9. Mai	Epstein schließt bei „Parlaphone" (EMI Label) einen Plattenvertrag für die Gruppe ab
	6. Juni	Die *Beatles* haben ihre erste Aufnahmesession in den „Abbey Road Studios"
	16. Aug.	Die *Beatles* trennen sich von Pete Best, Ringo Starr nimmt seinen Platz am Schlagzeug ein
	23. Aug.	John Lennon heiratet Cynthia Powell
	5. Okt.	Die Single *Love Me Do/P.S. I Love You* erscheint
	17. Okt.	Erster Fernsehauftritt in der Sendung „Thank Your Lucky Stars"
	17.–31. Dez.	Die *Beatles* gastieren im Hamburger Star-Club
1963	12. Jan.	Die Single *Please Please Me/Ask Me Why* erscheint
	22. März	Die LP *Please Please Me* erscheint
	8. Apr.	Julian Charles Lennon wird geboren
	12. Apr.	Die Single *From Me To You/Thank You Girl* erscheint
	3. Aug.	Letzter Auftritt der Gruppe im „Cavern"
	23. Aug.	Die Single *She Loves/I'll Get You* erscheint
	13. Okt.	Auftritt bei der Veranstaltung „Sunday Night at the Palladium"; die Presse provoziert den Beginn der *Beatles*-Hysterie
	4. Nov.	In Anwesenheit von Mitgliedern des britischen Königshauses Auftritt bei der „Royal

		Variety Performance" im Prince of Wales Theatre in London
	22. Nov.	US-Präsident John F. Kennedy wird in Dallas (Texas) Opfer eines Attentats; die LP *With The Beatles* erscheint
	29. Nov.	Die Single *I Want To Hold Your Hand/This Boys* erscheint
	27. Dez.	John Lennon und Paul McCartney werden von der „Times" als die herausragendsten Komponisten 1963 gefeiert
1964	7. Febr.	Die *Beatles* fliegen in die USA, um in der Ed-Sullivan-Show aufzutreten
	2. März	Beginn der Dreharbeiten zu *A Hard Day's Night*
	20. März	Die Single *Can't Buy Me Love/You Can't Do That* erscheint
	23. März	John Lennons Buch *In His Own Write* erscheint
	Juni	Die EP *Long Tall Sally* erscheint; in den USA kommt die LP *A Hard Day's Night* auf den Markt (in England erscheint sie erst im Juli)
	Juli	Aus Protest gegen die Verweigerung der Bürgerrechte und gegen soziale Benachteiligung kommt es in New York zu Auseinandersetzungen zwischen der farbigen Bevölkerung und der Polizei
	6. Juli	Premiere des Films *A Hard Day's Night* in London
	19. Aug.	Beginn der ersten Amerika-Tournee, die bis zum 20. September geht; die USA inszenieren den „Zwischenfall im Golf von Tonking", den sie als Vorwand für direkte Kriegshandlungen gegen die Demokratische Republik Vietnam benutzen
	27. Nov.	Die Single *I Feel Fine/She's A Woman* erscheint

	4. Dez.	Die LP *Beatles For Sale* erscheint
1965	Febr.	Auf Befehl von Präsident Lyndon B. Johnson bombardiert die US-Luftwaffe verstärkt Ziele in der DR Vietnam; auf den Bahamas beginnen die Dreharbeiten zu dem Film *Help*
	9. April	Die Single *Ticket To Ride/Yes It Is* erscheint
	20. Juni	In Paris startet mit zwei Konzerten die Europa-Tournee, weitere Stationen sind Lyon, Genua, Rom, Nizza, Madrid und Barcelona
	24. Juni	John Lennons zweites Buch *A Spaniard In The Works* erscheint
	23. Juli	Die Single *Help/I'm Down* kommt auf den Markt
	29. Juli	Weltpremiere des Films *Help* in London
	6. Aug.	Die LP *Help* erscheint
	14. Aug.	Start der zweiten Amerika-Tournee, die bis zum 31. August geht
	26. Okt.	Königin Elizabeth II. verleiht den *Beatles* den Orden „Member of the British Empire"
	3. Dez.	Die Single *We Can Work It Out/Day Tripper* erscheint; gleichzeitig kommt die LP *Rubber Soul* in die Plattenläden
1966	4. März	John Lennon gibt der Journalistin Maureen Cleave ein Interview für den „Evening Standard", das später in den USA die Öffentlichkeit gegen ihn und die Gruppe aufbringt
	1. Mai	Im Empire Pool in Wembley geben die *Beatles* ihr letztes Live-Konzert in England
	10. Juni	Die Single *Paperback Writer/Rain* erscheint
	5. Juli	Im Anschluß an ihre Japan-Tournee machen die *Beatles* einen Abstecher nach Manila. Weil sich die Frau des Präsidenten Marcos von der Gruppe beleidigt fühlt, müssen sie fluchtartig das Land verlassen
	29. Juli	Ausschnitte aus dem Interview mit Maureen

		Cleave werden in der amerikanischen Zeitschrift „Datebook" veröffentlicht und lösen eine Hexenjagd gegen John Lennon und die Gruppe aus
	5. Aug.	Die LP *Revolver* kommt heraus
	12. Aug.	Beginn der dritten Amerika-Tournee; auf einer Pressekonferenz in Chicago entschuldigt sich John Lennon für seine Äußerungen in dem Interview mit Maureen Cleare
	29. Aug.	Im Candlestick Park von San Francisco gibt die Gruppe ihr letztes Live-Konzert
	Sept.	John Lennon übernimmt die Hauptrolle in dem Film *How I Won The War*
	9. Nov.	Erste Begegnung zwischen John Lennon und Yoko Ono in der Indica Gallery in London
1967	Febr.	Die USA-Luftwaffe setzt gegen die DRV sogenannte Entlaubungsmittel ein; die Single *Strawberry Fields/Penny Lane* erscheint
	1. Juni	Die LP *Sgt. Pepper's Lonely Hearts Club Band* erscheint
	25. Juni	Über 400 Millionen Menschen erleben in der über Satellit ausgestrahlten Fernsehsendung „Our World" die Premiere des Songs *All You Need Is Love*
	Juli	Rassenunruhen in Newark bei New York fordern 26 Todesopfer. In Detroit werden 37 Menschen getötet und 500 verletzt; die Single *All You Need Is Love/Baby You're A Rich Man* erscheint
	24. Aug.	John Lennon und seine Frau Cynthia besuchen einen Vortrag des Maharishi Mahesh Yogi über transzendentale Meditation
	25. Aug.	Die *Beatles* nehmen an einem Wochenendseminar des Maharishi teil

	27. Aug.	Brian Epstein wird tot in seiner Wohnung aufgefunden
	Sept.	Durch Einmischung von imperialistischen Kreisen, besonders Großbritannien, kommt es in Biafra zu einem blutigen Bürgerkrieg; Beginn der Aufnahmen für den Fernsehfilm *Magical Mystery Tour*
	9. Okt.	In Bolivien wird Che Guevara gefangengenommen und ermordet
	18. Okt.	*How I Won The War*-Premiere in London
	24. Nov.	Die Single *Hello Goodbye/I Am The Walrus* erscheint
	27. Nov.	Die LP *Magical Mystery Tour* erscheint in den USA
	4. Dez.	In der Baker Street wird die „Apple-Boutique" eröffnet
1968	Febr.	John Lennon begibt sich mit seiner Frau zum Maharishi nach Rishikesh (Indien)
	15. März	Die Single *Lady Madonna/The Inner Light* erscheint
	April	Studenten in der BRD und Westberlin demonstrieren für eine Hochschulreform und gesellschaftliche Veränderungen
	4. April	Der Führer der amerikanischen Bürgerrechtsbewegung Martin Luther King wird in Memphis (Tennessee) ermordet
	11. April	Der Studentenführer Rudi Dutschke wird bei einem Attentat in Westberlin schwer verletzt
	12. April	John Lennon kehrt enttäuscht vom Maharishi nach England zurück
	Mai	In Paris demonstrieren Studenten und Arbeiter für eine Hochschulreform und gegen soziale Mißstände; Studentenunruhen in Rom, Kopenhagen, Tokio und in den USA

	6. Juni	Senator Robert Kennedy wird bei einem Attentat in Los Angeles tödlich verletzt
	15. Juni	John Lennon und Yoko Ono pflanzen vor der Kathedrale in Coventry zwei Eichen im Rahmen ihrer ersten Friedensaktion
	17. Juli	Der Zeichentrickfilm *Yellow Submarine* hat Premiere
	31. Juli	Die „Apple-Boutique" wird geschlossen
	30. Aug.	Die Single *Hey Jude/Revolution* erscheint
	18. Okt.	John Lennon und Yoko Ono werden wegen Rauschgiftbesitzes festgenommen, aber gegen Kaution wieder freigelassen
	5. Nov.	Richard Nixon wird zum Präsidenten der USA gewählt
	8. Nov.	Die Ehe John Lennons wird geschieden
	22. Nov.	Die Doppel-LP *The Beatles (White Album)* erscheint
	28. Nov.	John Lennon wird wegen Rauschgiftbesitzes verurteilt
	29. Nov.	Das Avantgarde-Album (Solo-LP) *Two Virgins – Unfinished Music No. 1* – erscheint, die Gestaltung der Plattenhülle löst einen Skandal aus
1969	2. Jan.	Die Dreharbeiten zum Film *Let It Be* beginnen
	17. Jan.	Die LP *Yellow Submarine* erscheint
	20. März	John Lennon und Yoko Ono lassen sich in Gibraltar trauen
	25. März	1. „Bed-in" für den Frieden im Amsterdamer Hilton bis 31. März
	11. Apr.	Die Single *Get Back/Don't Let Me Down* erscheint
	8. Mai	Vertragsabschluß zwischen John Lennon,

	George Harrison, Ringo Starr und Allen Klein; Paul McCartney weigert sich, seine Interessen von Klein vertreten zu lassen
9. Mai	Die LP *Life With The Lions – Unfinished Music No. 2* – erscheint
16. Mai	John Lennons Antrag für ein Einreisevisum in die USA wird wegen seiner Verurteilung abgelehnt
26. Mai	Im „Queen Elizabeth Hotel" in Toronto halten John Lennon und Yoko Ono ihr 2. „Bed-in" ab
30. Mai	Die Single *The Ballad Of John And Yoko/Old Brown Shoe* erscheint
1. Juni	Im Hotelzimmer Nr. 1742 wird *Give Peace A Chance* aufgenommen
Juni	Studentenproteste gegen den Vietnamkrieg in Berkeley und anderen amerikanischen Universitäten; die Regierung setzt die Nationalgarde ein, es gibt Tote und Verletzte
4. Juli	Die Single *Give Peace A Chance/Remember Love* erscheint
21. Juli	Neil Armstrong betritt als erster Mensch den Mond
3. Aug.	Soziale Spannungen führen in den nordirischen Städten Belfast und Londonderry zu blutigen Zusammenstößen der katholischen und protestantischen Bevölkerungsgruppen; die britische Regierung schickt Truppen nach Nordirland
3. Aug.	In Woodstock (USA) versammeln sich 400 000 Menschen bei einem Popfestival
13. Sept.	John Lennon und Yoko Ono treten bei einem Rockkonzert für den Frieden in Toronto auf

	13./14. Sept.	In Washington protestieren 250 000 Demonstranten gegen den Krieg in Vietnam
	26. Sept.	Die LP *Abbey Road* erscheint
	24. Okt.	Die Single *Cold Turkey/Don't Worry Kyoko* erscheint
	7. Nov.	Die LP *The Wedding Album* erscheint
	25. Nov.	John Lennon schickt seinen MBE-Orden an die Königin zurück
	12. Dez.	Die LP *The Plastic Ono Band – Live Peace In Toronto* erscheint
	15. Dez.	John Lennon und Yoko Ono beteiligen sich am „Peace for Christmas"-Konzert zugunsten von UNICEF in London
	16. Dez.	Die US-Luftwaffe verstärkt ihre Angriffe auf Vietnam; In elf Hauptstädten der Welt erscheinen großformatige Plakate mit der Aufschrift: War Is Over! If You Want It. Happy Christmas From John And Yoko!
1970	6. Febr.	Die Single *Instant Karma/Who Has Seen The Wind* erscheint
	6. März	Die Single *Let It Be/You Know My Name* erscheint
	29. März	John Lennon erklärt sich solidarisch mit einer Kampagne für atomare Abrüstung
	10. April	Paul McCartney läßt verlauten, daß er sich von der Gruppe trennen will
	10. April	John Lennon und Yoko Ono fliegen nach Los Angeles, um sich bei Prof. Arthur Janov in psychiatrische Behandlung zu begeben
	8. Mai	Die LP *Let It Be* erscheint
	18. Sept.	Der Gitarrist und Sänger Jimi Hendrix stirbt an einer Überdosis Rauschgift

	8. Dez.	John Lennon und Yoko Ono geben dem Journalisten Jann Wenner für die Zeitschrift „Rolling Stone" ein Interview, das am 21. Januar 1971 veröffentlicht wird
	11. Dez.	Die LP *John Lennon/Plastic Ono Band* erscheint
	31. Dez.	Vor einem englischen Gericht beginnt ein von Paul McCartney angestrengtes Verfahren, das die Auflösung der Gruppe zum Ziel hat
1971	12. März	Die Single *Power To The People/Open Your Box* erscheint
	12. März	Allen Klein wird laut Gerichtsbeschluß von der Führung der Geschäfte der Gruppe ausgeschlossen, James Douglas Spooner übernimmt die Geschäftsleitung
	24. April	500 000 Vietnamkriegsgegner nehmen an einer Protestdemonstration vor dem Weißen Haus in Washington teil
	1. Juni	John Lennon erhält ein auf neun Monate befristetes Visum für die USA
	11. Aug.	John Lennon und Yoko Ono beteiligen sich in London an einer Demonstration gegen die Unterdrückungspolitik der britischen Regierung in Nordirland
	12. Aug.	Für den Streikfonds der Werftarbeiter von Upper Clyde (Schottland) spendet John Lennon 1 000 Pfund
	3. Sept.	Übersiedlung nach New York
	8. Okt.	Die LP *Imagine* erscheint
	6. Nov.	John Lennon und Yoko Ono beteiligen sich in New York an einer Solidaritätsveranstaltung für die Opfer der Gefängnisrevolte im Attica-State-Gefängnis

	1. Dez.	Die Single *Happy Xmas (War Is Over)/Listen The Snow Is Falling* erscheint
	11. Dez.	In Ann Arbour/Michigan nehmen beide an einer Solidaritätsveranstaltung für den inhaftierten Schriftsteller John Sinclair teil
1972	30. Jan.	„Blutiger Sonntag" in Londonderry/Nordirland, britische Soldaten schießen auf eine Bürgerrechtsdemonstration, es gibt 13 Tote
	5. Febr.	Vor dem Büro der British Overseas Airways Corporation in New York demonstrieren John Lennon und Yoko Ono gegen die Nordirlandpolitik der englischen Regierung
	6. März	Eine Verlängerung des Visums für den weiteren Aufenthalt in den USA wird abgelehnt, gegen beide wird ein Ausweisungsverfahren eingeleitet
	22. April	John hält bei einer Protestveranstaltung gegen die Bombardierung der DRV durch die US-Air Force eine Rede
	29. April	Der Bürgermeister von New York City, John Lindsay, setzt sich in einem Schreiben an die Einwanderungsbehörde für die Einstellung des Ausweisungsverfahrens gegen John Lennon und Yoko Ono ein
	4. Juni	Die Kommunistin und Bürgerrechtlerin Angela Davis wird unter dem Druck der weltweiten Proteste von der Anklage wegen Mordes und Verschwörung freigesprochen
	12. Juni	Das Album *Some Time In New York City* erscheint
	30. Aug.	Zusammen mit Stevie Wonder, Roberta Flack u. a. Teilnahme an zwei Konzerten im „Madison Square Garden" (New York) zugunsten

		von Körperbehinderten; John Lennon und Yoko stiften 60 000 Dollar
	Dez.	Auf Befehl Präsident Nixons werden um die Weihnachtszeit die Bombenangriffe auf die DRV verstärkt; auf Grund weltweiter Proteste werden die USA zur Weiterführung der Friedensgespräche in Paris gezwungen John Lennon und Yoko Ono wirken in einer Fernsehsendung mit, in der für eine Spendenaktion für an Muskelschwund Erkrankte aufgerufen wird
1973	24. Jan.	In Paris wird zwischen den USA und der DRV ein Waffenstillstandsabkommen unterzeichnet
	23. März	John Lennon soll innerhalb von sechzig Tagen die USA verlassen; er legt Protest gegen seine Ausweisung ein
	April	Präsident Nixon gerät zunehmend unter innenpolitischen Druck wegen seiner aktiven Beteiligung an der Watergate-Affäre
	Sept.	General Pinochet putscht gegen die demokratisch gewählte Allende-Regierung in Chile; Präsident Allende wird ermordet
	Okt.	Auf Initiative von Yoko Ono verläßt John Lennon New York und fliegt mit May Pang nach Los Angeles
	16. Nov.	Die LP *Mind Games* erscheint
1974	Jan.	John Lennon bittet die englische Königin um Aufhebung des Urteils wegen Rauschgiftbesitzes
	März – Mai	In den Studios von „Record Plant" produziert John Lennon für Harry Nilsson das Album *Pussy Cats*

	17. Juli	Erneut wird er angewiesen, innerhalb von sechzig Tagen die USA zu verlassen
	8. Aug.	US-Präsident Richard Nixon muß wegen seiner Beteiligung an der Watergate-Affäre zurücktreten, Gerald Ford wird sein Nachfolger
	4. Okt.	Die LP *Walls And Bridges* erscheint
	28. Nov.	John Lennon tritt zusammen mit Elton John im „Madison Square Garden" (New York) auf
1975	Jan.	John Lennon kehrt nach New York zurück, zieht zu Yoko in die gemeinsame Wohnung im Dakota House
	9. Jan.	Vom Obersten Gericht von London wird ein Urteil gefällt, das die Beziehungen der *Beatles* für beendet erklärt
	15. Febr.	Die im Oktober 1973 und Oktober 1974 produzierte LP *Rock 'n' Roll* (Mitproduzent Phil Spector) erscheint
	30. April	Saigon wird befreit
	19. Juni	Beamte der amerikanischen Justiz werden von John Lennon wegen „willkürlicher strafrechtlicher Verfolgung" im Zusammenhang mit seiner Ausweisung verklagt
	23. Aug.	Das Ausweisungsverfahren wird vorübergehend eingestellt
	7. Okt.	Der Oberste Gerichtshof in New York bestätigt John Lennons Recht, sich auf Dauer in den USA aufhalten zu dürfen
	9. Okt.	Im New York Hospital bringt Yoko Ono Sean Taro Ono zur Welt; es ist Johns 35. Geburtstag
	24. Okt.	Das Album *Shaved Fish* erscheint
1976	1. April	John Lennons Vater stirbt in einem Londoner Krankenhaus
	30. April	Soldateska des südafrikanischen Rassistenre-

		gimes richtet unter schwarzen Schülern in Soweto ein Massaker an
	27. Juli	Nach langem Kampf wird John Lennon das Recht zugestanden, unbefristet in den USA leben zu dürfen
	Okt.	John Lennon zieht sich aus der Öffentlichkeit zurück
1977	20. Jan.	Bei einer Gala zum Amtsantritt des Präsidenten Carter in Washington befinden sich John Lennon und Yoko Ono unter den Gästen
	Juni	John Lennon, Yoko Ono und ihr Sohn Sean fahren für fünf Monate nach Japan
	16. Aug.	Nach einer Herzattacke stirbt Elvis Presley im Alter von 42 Jahren
1978	Febr.	Für fast 200 000 Dollar kaufen John Lennon und Yoko Ono Grundbesitz, außerdem kaufen sie jede frei werdende Wohnung im Dakota House
1979	27. Mai	In der „New York Times", der Londoner „Sunday Times" und einer großen japanischen Zeitung erscheint eine Botschaft unter der Schlagzeile: „Ein Liebesbrief von John und Yoko. An die Menschen, die uns fragen, was, wann und warum"
	Juli	Sieg der Sandinistischen Befreiungsfront in Nikaragua
1980	23. Mai	John Lennon fährt allein nach Kapstadt (Südafrika), um dort Urlaub zu machen
	Juli	Mit seiner Jacht segelt John Lennon nach den Bermudas; er beginnt wieder zu komponieren und Songtexte zu schreiben
	4. Aug.	In den Studios der „Hit Factory" in Manhattan beginnen nach fast sechsjähriger Pause John Lennon und Yoko Ono mit der Arbeit an einem neuen Album

	22. Sept.	John Lennon gibt bekannt, daß das neue Album *Double Fantasy* heißen soll
	16. Nov.	*Double Fantasy* kommt auf den Markt
	6. Dez.	Andy Peebles von der BBC macht mit John Lennon und Yoko Ono ein ausführliches Rundfunkinterview, das später unter dem Titel „The Lennon Tapes" in Buchform veröffentlicht wird
	8. Dez.	Kurz vor 24.00 Uhr wird John Lennon vor dem Dakota House von Mark David Chapman durch fünf Revolverschüsse getötet
1984	März	In Anwesenheit des New-Yorker Oberbürgermeisters Ed Koch wird im Central Park ein Friedensgarten (Strawberry Fields) eingeweiht, der auf Initiative von Yoko Ono entstand. Viele Länder, darunter auch die DDR, beteiligen sich mit Steinen, Bäumen, Sträuchern und Geldspenden an der Ausgestaltung des Friedensparks
1986	Febr./ März	Yoko Ono befindet sich auf Europa-Tournee. Den Titel ihres Konzertprogramms „Star Peace" setzt sie bewußt gegen Reagans Konzept vom „Sternenkrieg"
	Mai	Yoko Ono geht mit ihrem „Star Peace"-Programm auf Amerika-Tournee
1987	Februar	Yoko Ono reist zur Teilnahme am Internationalen Friedenskongreß nach Moskau Auf die Frage „Wie stellen Sie sich die Zukunft vor?" antwortet sie: „Das Wichtigste für unsere Zukunft ist die Zusammenarbeit. Ich glaube, daß es möglich ist, auf unserem Planeten in Frieden und ohne Nuklearwaffen zu leben. Ich gehöre zu den Millionen Men-

schen, die an den Frieden, an eine Zukunft ohne Kriege glauben, daß uns in Zukunft Glück und Liebe erwarten."

Discographie I

Die gemeinsamen Plattenproduktionen von 1961 bis 1970

Alle Titel, bei denen keine Autorenschaft angegeben wird, stammen von John Lennon und Paul McCartney.
In die Diskographie sind nur Platten aufgenommen worden, die als Ersterscheinungen gewertet werden können. Die Veröffentlichungsdaten beziehen sich, wenn nicht anders angegeben, auf die Erstveröffentlichungen in England. Die Zusammenstellung der Titelliste erfolgte unter Nutzung der von Rombeck/Neumann/Moers erarbeiteten Diskographie.
Single: MY BONNIE (Charles Pratt) / WHEN THE SAINTS GO MARCHING IN (traditional)
Aufnahme: Mai 1961 in Hamburg
Erscheinungsdatum: Juni 1961 (BRD)

EP: MY BONNIE (EP = Extended Play = verlängerte Spieldauer)
Aufnahme: Mai 1961
Erscheinungsdatum: September 1961 (BRD)
MY BONNIE (Charles Pratt) / WHY (Tony Sheridan/Bill Crompton) / CRY FOR A SHADOW (John Lennon/George Harrison) / THE SAINTS (traditional)

Single: LOVE ME DO / P.S. I LOVE YOU
Aufnahme: 11. September 1962, EMI-Studios, Abbey Road
Erscheinungsdatum: 5. Oktober 1962

Single: PLEASE PLEASE ME / ASK ME WHY
Aufnahme: 26. November 1962, EMI-Studios, Abbey Road
Erscheinungsdatum: 12. Januar 1963

LP: PLEASE PLEASE ME
Aufnahme: 11. Februar 1963, EMI-Studios, Abbey Road (die Titel ASK ME WHY und P.S. I LOVE YOU wurden den Singlerückseiten entnommen)

Erscheinungsdatum: 22. März 1963
I SAW HER STANDING THERE / MISERY / ANNA (GO TO HIM) (Arthur Alexander) / CHAINS (Gerry Goffin/Carole King) / BOYS (Luther Dixon/Wes Farrel) / ASK ME WHY / PLEASE PLEASE ME / LOVE ME DO / P.S. I LOVE YOU / BABY IT'S YOU (Hal David/ Burt Bacharach/Barney Williams) / DO YOU WANT TO KNOW A SECRET / A TASTE OF HONEY (Ric Marlow/Bobby Scott) / THERE'S A PLACE / TWIST AND SHOUT (Bert Russel/Phil Medley)

Single: FROM ME TO YOU / THANK YOU GIRL
Aufnahme: 4. März 1963, EMI-Studios, Abbey Road
Erscheinungsdatum: 12. April 1963

Single: SHE LOVES YOU / I'LL GET YOU
Aufnahme: 1. Juli 1963, EMI-Studios, Abbey Road
Erscheinungsdatum: 23. August 1963
LP: WITH THE BEATLES
Aufnahme: 15. Juli 1963, EMI-Studios, Abbey Road
Erscheinungsdatum: 22. November 1963
IT WON'T BE LONG / ALL I'VE GOT TO DO / ALL MY LOVING / DON'T BOTHER ME (George Harrison) / LITTLE CHILD / TILL THERE WAS YOU (Meredith Willson) / PLEASE MR. POSTMAN (Brian Holland/Robert Bateman/Berry Gordy)
ROLL OVER BEETHOVEN (Chuck Berry) / HOLD ME TIGHT / YOU REALLY GOT A HOLD ON ME (William Robinson) / I WANNA BE YOUR MAN / DEVIL IN HER HEART (Richard B. Drapkin) / NOT A SECOND TIME / MONEY (THAT'S WHAT I WANT) (Berry Gordy/Janie Bradford)

Single: I WANT TO HOLD YOUR HAND / THIS BOY
Aufnahme: 19. Oktober 1963, EMI-Studios, Abbey Road
Erscheinungsdatum: 29. November 1963

Single: KOMM, GIB MIR DEINE HAND

(Lennon/McCartney/Nicolas/Hellmer)
SIE LIEBT DICH
(Lennon/McCartney/Nicolas/Montague)
Aufgenommen: 29. Januar 1964 (Paris)
Erscheinungsdatum: Februar 1964 (BRD)

Single: CAN'T BUY ME LOVE / YOU CAN'T DO THAT
Aufnahme: 25. Februar 1964, Pathé-Marconi-Studios, Paris
Erscheinungsdatum: 20. März 1964

EP: LONG TALL SALLY
Aufnahme: Ende Februar 1964 SLOW DOWN und MATCHBOX
Erscheinungsdatum: 19. Juni 1964
LONG TALL SALLY (Enotris Johnson/Richard Penniman/Robert Blackwell) / I CALL YOUR NAME / SLOW DOWN (Larry Williams) / MATCHBOX (Carl Perkins)

LP: A HARD DAY'S NIGHT (Original Soundtrack)
Aufnahme: März und April 1964
Erscheinungsdatum: 26. Juni 1964 (USA)
A HARD DAY'S NIGHT / TELL ME WHY / I'LL CRY INSTEAD / I SHOULD HAVE KNOWN BETTER (instrumental) / I'M HAPPY JUST TO DANCE WITH YOU / AND I LOVE HER (instrumental) I SHOULD HAVE KNOWN BETTER / IF I FELL / AND I LOVE HER / RINGO'S THEME (THIS BOY) (instrumental) / CAN'T BUY ME LOVE / A HARD DAY'S NIGHT (instrumental)
(Vom Orchester George Martin sind die Instrumentals eingespielt worden.)

Single: A HARD DAY'S NIGHT / THINGS WE SAID TODAY
Aufnahme: 16. April 1964 (A HARD DAY'S NIGHT) und 1.–3. Juni (THINGS WE SAID TODAY)
Erscheinungsdatum: 10. Juli 1964

LP: A HARD DAY'S NIGHT
Aufnahme: März und April 1964
Erscheinungsdatum: 10. Juli 1964
A HARD DAY'S NIGHT / I SHOULD HAVE KNOWN BETTER / IF I

FELL / I'M HAPPY JUST TO DANCE WITH YOU / AND I LOVE HER / TELL MY WHY / CAN'T BUY ME LOVE / ANY TIME AT ALL / I'LL CRY INSTEAD / THINGS WE SAID TODAY / WHEN I GET HOME / YOU CAN'T DO THAT / I'LL BE BACK

LP: THE BEATLES'FIRST
Aufnahme: Mai 1961 in Hamburg
Erscheinungsdatum: August 1964 (BRD)
AIN'T SHE SWEET (Ager/Yellen) / CRY FOR A SHADOW (Harrison/Lennon) / LET'S DANCE (Sheridan/Lee) / MY BONNIE (traditional) / IF YOU LOVE ME, BABY / WHAT'D I SAY (Charles)
SWETT GEORGIA BROWN (Bernie/Pinkhard/Casey) / THE SAINTS (traditional) / RUBY BABY (Leiber/Stoller) / WHY (Sheridan/Crompton) / NOBODY'S CHILD (traditional) / YA YA (Lewis/Levy)

Single: I FEEL FINE / SHE'S A WOMAN
Aufnahme: 14. November 1964
Erscheinungsdatum: 27. November 1964

LP: BEATLES FOR SALE
Aufnahme: 2.–8. Oktober 1964 und 12.–16. November 1964
Erscheinungsdatum: 4. Dezember 1964
NO REPLY / I'M A LOSER / BABY'S IN BLACK / ROCK AND ROLL MUSIC (Chuck Berry) / I'LL FOLLOW THE SUN / MR. MOONLIGHT (Roy Lee Johnson) / MEDLEY: KANSAS CITY (Jerry Leiber/Mike Stoller) / HEY–HEY–HEY–HEY (Richard Penniman)
EIGHT DAYS A WEEK / WORDS OF LOVE (Buddy Holly) / HONEY DON'T (Carl Perkins) / EVERY LITTLE THINGS / I DON'T WANT TO SPOIL THE PARTY / WHAT YOU'R DOING / EVERYBODY'S TRYING TO BE MY BABY (Carl Perkins)

Single: TICKET TO RIDE / YES IT IS
Aufnahme: Februar 1965
Erscheinungsdatum: 9. April 1965

Single: HELP! / I'M DOWN
Aufnahme: 13. April 1965
Erscheinungsdatum: 23. Juli 1965

LP: HELP!
Aufnahme: Anfang Februar–Anfang März 1965 und Ende Mai–Anfang Juni (außer HELP! – wurde im April aufgenommen)
Erscheinungsdatum: 6. August 1965
HELP! / THE NIGHT BEFORE / YOU'VE GOT TO HIDE YOUR LOVE AWAY / I NEED YOU (George Harrison) / ANOTHER GIRL / YOU'RE GOING TO LOSE THAT GIRL / TICKET TO RIDE / ACT NATURALLY (Johnny Russell/Vonie Morrison) / IT'S ONLY LOVE / YOU LIKE ME TOO MUCH (George Harrison) / TELL ME WHAT YOU SEE / I'VE JUST SEEN A FACE / YESTERDAY / DIZZY MISS LIZZY (Larry Williams)

Single: WE CAN WORK IT OUT / DAY TRIPPER
Aufgenommen: Anfang November 1965
Erscheinungsdatum: 3. Dezember 1965

LP: RUBBER SOUL
Aufgenommen: Mitte Oktober–November 1965
Erscheinungsdatum: 3. Dezember 1965
DRIVE MY CAR / NORWEGIAN WOOD / YOU WON'T SEE ME / NOWHERE MAN / THINK FOR YOURSELF (George Harrison) / THE WORD / MICHELLE
WHAT GOES ON? (John Lennon/Paul McCartney/Richard Starkey) / GIRL / I'M LOOKING THROUGH YOU / IN MY LIFE / WAIT / IF I NEEDED SOMEONE (George Harrison) / RUN FOR YOUR LIFE

Single: PAPERBACK WRITER / RAIN
Aufnahme: 13. April (PAPERBACK WRITER) und Ende April 1966 (RAIN)
Erscheinungsdatum: 10. Juni 1966

LP: REVOLVER
Aufnahme: 6. April–Mitte Juni 1966
Erscheinungsdatum: 5. August 1966
TAXMAN (George Harrison) / ELEANOR RIGBY / I'M ONLY SLEEPING / LOVE YOU TO / HERE, THERE AND EVERYWHERE / YELLOW SUBMARINE / SHE SAID SHE SAID / GOOD DAY SUNSHINE / AND YOUR BIRD CAN SING / FOR NO ONE / DR. RO-

BERT / I WANT TO TELL YOU (George Harrison) / GOT TO GET YOU INTO MY LIFE / TOMORROW NEVER KNOWS

Single: STRAWBERRY FIELDS FOREVER / PENNY LANE
Aufnahme: 22. Dezember 1966
Erscheinungsdatum: 17. Februar 1967

LP: SGT. PEPPER'S LONELY HEARTS CLUB BAND
Aufnahme: Dezember 1966–2. April 1967
Erscheinungsdatum: 1. Juni 1967
SGT. PEPPER'S LONELY HEARTS CLUB BAND / WITH A LITTLE HELP FROM MY FRIENDS / LUCY IN THE SKY WITH DIAMONDS / GETTING BETTER / FIXING A HOLE / SHE'S LEAVING HOME / BEING FOR THE BENEFIT OF MR. KITE
WITHIN YOU WITHOUT YOU (George Harrison) / WHEN I'M SIXTY-FOUR / LOVELY RITA / GOOD MORNING, GOOD MORNING / SGT. PEPPER'S LONELY HEARTS CLUB BAND (REPRISE) / A DAY IN THE LIFE

Single: ALL YOU NEED IS LOVE / BABY YOU'RE A RICH MAN
Aufnahme: Ende Mai bis 25. Juni 1967 (A-Seite),
11. Mai 1967 (B-Seite)
Erscheinungsdatum: 7. Juli 1967

Single: HELLO GOODBYE / I AM THE WALRUS
Aufnahme: 4.–5. November 1967 (A-Seite),
Anfang September 1967 (B-Seite)
Erscheinungsdatum: 24. November 1967

LP: MAGICAL MYSTERY TOUR
Aufnahme: Die Songs auf der ersten Seite entstanden im September/Oktober 1967
Erscheinungsdatum: 27. November 1967 /USA
MAGICAL MYSTERY TOUR / THE FOOL ON THE HILL / FLYING (John Lennon/Paul McCartney/George Harrison/Richard Starkey) / BLUE JAY WAY (George Harrison) / YOUR MOTHER SHOULD KNOW / I'M THE WALRUS

HELLO GOODBYE / STRAWBERRY FIELDS FOREVER / PENNY LANE / BABY, YOU'RE A RICH MAN / ALL YOU NEED IS LOVE

Single: LADY MADONNA / THE INNER LIGHT (George Harrison)
Aufnahme: Januar/Februar 1968
Erscheinungsdatum: 15. März 1968

Single: HEY JUDE / REVOLUTION
Aufnahme: 26. Juli–1. August (Hey Jude) und Mitte Juli 1968 (Revolution)
Erscheinungsdatum: 30. August 1968

Doppel-LP: THE BEATLES (WHITE ALBUM)
Aufnahme: 30. Mai–14. Oktober 1968
Erscheinungsdatum: 22. November 1968
BACK IN THE USSR / DEAR PRUDENCE / GLASS ONION / OB-LA-DI, OB-LA-DA / WILD HONEY PIE / THE CONTINUING STORY OF BUNGALOW BILL / WHILE MY GUITAR GENTLY WEEPS (George Harrison) / HAPPINESS IS A WARM GUN / MARTHA MY DEAR / I'M SO TIRED / BLACK BIRD / PIGGIES (George Harrison) / ROCKY RACCON / DON'T PASS ME BY (Richard Starkey) / WHY DON'T WE DO IT IN THE ROAD? / I WILL / JULIA / BIRTHDAY / YER BLUES / MOTHERS NATUR'S SON / EVERYBODY'S GOT SOMETHING TO HIDE EXCEPT ME AND MY MONKEY / SEXY SADIE / HELTER SKELTER / LONG LONG LONG (George Harrisson) / REVOLUTION 1 / HONEY PIE / SAVOY TRUFFLE (George Harrison) / CRY BABY CRY / REVOLUTION 9 / GOOD NIGHT

LP: YELLOW SUBMARINE
Aufnahme: Februar 1968 (ONLY A NORTHERN SONG, HEY BULLDOG) und August 1968 (ALL TOGETHER NOW, IT'S ALL TOO MUCH)
Erscheinungsdatum: 17. Januar 1969
YELLOW SUBMARINE / ONLY A NORTHERN SONG / ALL TOGETHER NOW / HEY BULLDOG / IT'S ALL TOO MUCH / ALL YOU NEED IS LOVE
PEPPERLAND / MEDLEY: SEA OF TIME, SEA OF HOLES, SEA OF

MONSTERS / MARCH OF THE MEANIES / PEPPERLAND LAID WASTE / YELLOW SUBMARINE IN PEPPERLAND

Single: GET BACK / DON'T LET ME DOWN
Aufnahme: 2. Woche im Januar 1969
Erscheinungsdatum: 11. April 1969

Single: THE BALLAD OF JOHN AND YOKO / OLD BROWN SHOE (George Harrison)
Aufnahme: 22. April 1969 (THE BALLAD OF JOHN AND YOKO) und Herbst 1968 (OLD BROWN SHOE)
Erscheinungsdatum: 30. Mai 1969

LP: ABBEY ROAD
Aufnahme: 1. Juli–3. August 1969
Erscheinungsdatum: 26. September 1969
COME TOGETHER / SOMETHING (George Harrison) / MAXWELL'S SILVER HAMMER / OH! DARLING / OCTOPUS'S GARDEN (Richard Starkey) / I WANT YOU
HERE COMES THE SUN (George Harrison) / BECAUSE / YOU NEVER GIVE ME YOUR MONEY / SUN KING / MEAN MR. MUSTARD / POLYTHENE PAM / SHE CAME IN THROUGH THE BATHROOM WINDOW / GOLDEN SLUMBERS / CARRY THAT WEIGHT / THE END / HER MAJESTY

Single: LET IT BE / YOU KNOW MY NAME
Aufnahme: 24. Januar 1970 (LET IT BE) und bereits 1967 (YOU KNOW MY NAME)
Erscheinungsdatum: 6. März 1970

LP: LET IT BE
Aufnahme: Januar 1969
Erscheinungsdatum: 8. Mai 1970
TWO OF US / I DIG A PONY / ACROSS THE UNIVERSE / I ME MINE (George Harrison) / DIG IT (John Lennon/Paul McCartney/Richard Starkey/George Harrison) / LET IT BE / MAGGIE MAE
I'VE GOT A FEELING / ONE AFTER 909 / THE LONG AND WINDING ROAD / FOR YOU BLUE (George Harrison) / GET BACK

Discographie II

Plattenproduktionen während der Solokarriere John Lennons von 1968 bis 1980

LP: TWO VIRGINS – UNFINISHED MUSIC NO. 1
John Lennon & Yoko Ono
Aufnahme: Ende Mai 1968 in John Lennons Haus in Kenwood
Erscheinungsdatum: 29. November 1968
TWO VIRGINS NO. 1 / TOGETHER / TWO VIRGINS NO. 2 / TWO VIRGINS NO. 3 / TWO VIRGINS NO. 4 / TWO VIRGINS NO. 5
TWO VIRGINS NO. 6 / HUSHABYE HUSHABYE / TWO VIRGINS NO. 7 / TWO VIRGINS NO. 8 / TWO VIRGINS NO. 9 / TWO VIRGINS NO. 10

LP: LIFE WITH THE LIONS – UNFINISHED MUSIC NO. 2
John Lennon & Yoko Ono
Aufnahme: A-Seite – 2. März 1969, Live-Mitschnitt des Konzerts in der Lady Mitchell Hall in Cambridge,
B-Seite – 4.–25. November 1968 im Londoner Queen Charlotte Hospital (mit Kassettenrecorder)
Erscheinungsdatum: 9. Mai 1969
NO BED FOR BEATLE JOHN / BABY'S HEARTBEAT / TWO MINUTES SILENCE / RADIO PLAY

Single: GIVE PEACE A CHANCE / REMEMBER LOVE
Plastic Ono Band
Aufnahme: 1. Juni 1969 im Zimmer 1742 des Queen Elizabeth Hotels in Montreal (GIVE PEACE A CHANCE)
Erscheinungsdatum: 4. Juli 1969

Single: COLD TURKEY / DON'T WORRY KYOKO
Plastic Ono Band
Aufnahme: 30. September 1969 (COLD TURKEY)
Erscheinungsdatum: 24. Oktober 1969

LP: THE WEDDING ALBUM
John Lennon und Yoko Ono
Aufnahme: 21.–24. März 1969 in Amsterdam
Erscheinungsdatum: 7. November 1969

LP: THE PLASTIC ONO BAND – LIVE PEACE IN TORONTO
The Plastic Ono Band
Aufgenommen: 13. September 1969 im Varsity Stadion in Toronto (Kanada)
Erscheinungsdatum: 12. Dezember 1969
BLUE SUEDE SHOES / MONEY / DIZZY MISS LIZZY / YER BLUES / COLD TURKEY / GIVE PEACE A CHANCE
DON'T WORRY KYOKO / JOHN, JOHN (LET'S HOPE FOR PEACE).

Single: INSTANT KARMA / WHO HAS SEEN THE WIND
John Lennon with the Plastic Ono Band
Aufnahme: 26. Januar 1970 in den Apple-Studios (INSTANT KARMA)
Erscheinungsdatum: 6. Februar 1970

LP: JOHN LENNON / PLASTIC ONO BAND
John Lennon
Aufnahme: Oktober 1970
Erscheinungsdatum: 11. Dezember 1970
MOTHER / HOLD ON JOHN / I FOUND OUT / WORKING CLASS HERO / ISOLATION REMEMBER / LOVE / WELL WELL WELL / LOOK AT ME / MY MUMMY'S DEAD

Single: POWER TO THE PEOPLE / OPEN YOUR BOX
John Lennon und Yoko Ono / Plastic Ono Band
Aufnahme: Februar/März 1971
Erscheinungsdatum: 12. März 1971

LP: IMAGINE
John Lennon And The Flux Fiddlers
Aufnahme: Anfang bis Mitte Juli 1971 in John Lennons Studio in Tittenhurst Park

Erscheinungsdatum: 8. Oktober 1971 (England), 9. September 1971 (USA)
IMAGINE / CRIPPLED INSIDE / JEALOUS GUY / IT'S SO HARD / I DON'T WANT TO BE A SOLDIER
GIVE ME SOME TRUTH / OH MY LOVE / HOW DO YOU SLEEP? / HOW? OH YOKO!

Single: HAPPY XMAS (WAR IS OVER) / LISTEN, THE SNOW IS FALLING
John Lennon und Yoko Ono, Plastic Ono Band und The Harlem Community Choir
Yoko Ono, Plastic Ono Band (Seite 2)
Aufgenommen: 28./29. Oktober 1971
Erscheinungsdatum: 1. Dezember 1971 (USA), 24. November 1972 (England)
Doppel-LP: SOMETIME IN NEW YORK CITY
John Lennon und Yoko Ono, Plastic Ono Band mit Elephants Memory und The Invisible Strings (Seite 1 und 2)
John Lennon und Yoko Ono mit The Plastic Ono Supergroup (Seite 3)
John Lennon und Yoko Ono, Plastic Ono Band mit Frank Zappa And The Mothers Of Invention (Seite 4)
Aufnahmen: Seite 1 und 2 vom 1.–20. März 1972
Seite 3 – 15. Dezember 1969 im Lyceum Ballroom in London
Seite 4 – 6. Juni 1971 in New York, Fillmore East
Erscheinungsdatum: 12. Juni 1972 (USA), 15. September 1972
WOMAN IS THE NIGGER OF THE WORLD / SISTERS O SISTERS / ATTICA STATE / BORN IN A PRISON / NEW YORK CITY
SUNDAY BLOODY SUNDAY / THE LUCK OF THE IRISH / JOHN SINCLAIR / ANGELA / WE'RE ALL WATER
COLD TURKEY / DON'T WORRY KYOKO
WELL / JAMRAG / SCUMBAG / All

LP: MIND GAMES
John Lennon und The Plastic U. F. Ono Band

Aufgenommen: September 1973 in New York, Record-Plant-Studios
Erscheinungsdatum: 16. November 1973
MIND GAMES / TIGHT ASS / AISUMASEN (I'M SORRY) / ONE DAY (AT A TIME) / BRING ON THE LUCIE (FREEDA PEOPLE) / NUTOPIAN INTERNATIONAL ANTHEM
INTUITION / OUT OF THE BLUE / ONLY PEOPLE / I KNOW / YOU ARE HERE / MEAT CITY

LP: WALLS AND BRIDGES
John Lennon und The Plastic Ono Nuclear Band
Aufgenommen: August 1974 in New York, Record-Plant-Studios
Erscheinungsdatum: 4. Oktober 1974
GOING DOWN ON LOVE / WHATEVER GETS YOU THRU THE NIGHT / OLD DIRT ROAD / WHAT YOU GOT / BLESS YOU / SCARED
9 DREAM / SURPRISE SURPRISE / STEEL AND GLASS / BEEF JERKY / NOBODY LOVES YOU / YA YA

LP: ROCK 'N' ROLL
John Lennon
Aufgenommen: Oktober 1973 und Oktober 1974
Erscheinungsdatum: 21. Februar 1975
BE-BOP-A-LULA / STAND BY ME / MEDLEY: RIP IT UP & READY TEDDY / YOU CAN'T CATCH ME / AIN'T THAT A SHAME / DO YOU WANT TO DANCE / SWEET LITTLE SIXTEEN
SLIPPIN' AND SLIDIN' / PEGGY SUE / MEDLEY: BRING IT ON HOME TO ME & SEND ME SOME LOVIN' / BONY MORONIE / YA YA / JUST BECAUSE

LP: SHAVED FISH (COLLECTABLE LENNON)
John Lennon/Plastic Ono Band
Erscheinungsdatum: 24. Oktober 1975
GIVE PEACE A CHANCE / COLD TURKEY / INSTANT KARMA / POWER TO THE PEOPLE / MOTHER / WOMAN IS THE NIGGER OF THE WORLD
IMAGINE / WHATEVER GETS YOU THRU THE NIGHT / MIND

GAMES / # 9 DREAM / HAPPY XMAS (WAR IS OVER) / REPRISE: GIVE PEACE A CHANCE

LP: DOUBLE FANTASY
John Lennon und Yoko Ono
Aufgenommen: Herbst 1980 in New York (Hit Factory)
Erscheinungsdatum: 16. November 1980 (USA)
(JUST LIKE) STARTING OVER / KISS KISS KISS / CLEANUP TIME / GIVE ME SOMETHING / I'M LOSING YOU / I'M MOVING YOU / BEAUTIFUL BOY (DARLING BOY)
WATCHING THE WHEELS / I'M YOUR ANGEL / WOMAN / BEAUTIFUL BOYS / DEAR YOKO / EVERY MAN HAS A WOMAN WHO LOVES HIM / HARD TIMES ARE OVER

Literaturverzeichnis

Anthony Fawcett, „John Lennon – One Day At A Time", 1976;
Jann Wenner, „Lennon Remembers", New York 1971;
Andy Peebles, „The Lennon Tapes – John Lennon and Yoko Ono in conversation with Andy Peebles", London 1981;
Hunter Davis, „The Beatles", München/Zürich 1968;
Siegfried Niedergesäss, „Die Beatles", Hamburg 1976;
Wiliam F. Spencer, „Das war John Lennon", München 1980;
Hans Rombeck/Wolfgang Neumann/Rainer Moers, „Die Beatles (Ihre Karriere – Ihre Erfolge)", 1981;
Ray Coleman, „John W. Lennon", München 1985;
Philip Norman, „Shout! The True Story of the Beatles", London 1981;
May Pang/Henry Edwards, „Loving John", München 1984;
„The Beatles Songbook", herausgegeben von Alan Aldrige (Deutsch von Peter Zentner), München 1971;
„John Lennon in seiner eigenen Schreibe", Gedeutscht von Helmut Kossodo und Wolf D. Rogosky, Reinbek bei Hamburg 1981;
„Beatles In Their Own Words", Compleded by Miles/Edided by Pearce Marchbank, London 1979;
David Sheff, „Playboy-Interview", New York 1981;
Wicke/Ziegenrücker, „Rock–Pop–Jazz–Folk", Leipzig 1985;
Horst Seeger, „Musiklexikon", Leipzig
Siegfried Schmidt-Joos/Barry Graves, „Rock-Lexikon", Hamburg 1979;
„Let it rock", herausgegeben von Franz Schöler, München–Wien 1975;
Rainer Dollase/Michael Rüsenberg/Hans J. Stollenwerk, „Rock People oder Die befragte Szene", Frankfurt am Main 1974;
Helmut Salzinger, „Rock Power oder Wie musikalisch ist die Revolution?", Frankfurt am Main 1972;
Lothar Bisky, „Geheime Verführer", Berlin 1980;
Lothar Bisky, „The show must go on", Berlin 1984;

Thomas Heubner, „Die Rebellion der Betrogenen", Berlin 1985;
Georg Rebscher, „Materialien zum Musikunterricht in Popularmusik", Wiesbaden 1973;
Dieter Baacke, „Jugend und Subkultur", München 1972;
Dörte Hartwich-Wiechell, „Pop-Musik: Analysen und Interpretationen", Köln o. J.
Alfred Mühr, „Die frechen Söhne", Frankfurt am Main 1969;
Helmut Schelsky, „Die skeptische Generation", Düsseldorf–Köln 1963;
Friedrich Hacker, „Aggression", Hamburg 1973;
Peter Wuhrer, „Die Freiheit ist zäh und stirbt endlos (Liverpool – über die Zerstörung einer Region)", Berlin (West) 1983
Alan Posener, „John Lennon", Hamburg 1987

Fotonachweis

ADN-Zentralbild
Privatarchiv des Autors
PAN FOTO GmbH
Tony Sheridan

Inhaltsverzeichnis

BB